"Richard Barrett é um dos pensadores com visão integral mais profundos da atualidade. Em *A Nova Psicologia do Bem-estar Humano,* ele deu um passo além em sua jornada. Reunindo inúmeras vertentes de pesquisa e teoria à sua perspectiva visionária, o autor consegue 'construir uma teoria do bem-estar humano que unifica a psicologia, a espiritualidade e a ciência'. Este é um livro muito atual por muitas razões, e uma delas é porque nos recorda da inter-relacionalidade de todos os seres em uma época em que algumas forças parecem tentar nos distanciar."

Ruth N. Steinholtz,
Fundadora da AretéWork LLP.

"Uma síntese brilhante da psicologia do futuro."
John Gray, autor de *Homens São de Marte, Mulheres São de Vênus.*

"Richard Barrett oferece ao mundo uma nova e empolgante abordagem do entendimento de bem-estar, que se alinha com a sabedoria ancestral e teorias modernas da ciência e da psicologia. Ele reúne as abordagens oriental e ocidental da consciência em um modelo unificador de realidade que junta os mundos material e energético. Um livro brilhante que desafiará sua compreensão de quem você é e do mundo em que vive. Altamente recomendado!"

John Mackey, cofundador e coCEO,
Whole Foods Market.

"Todos querem amor, alegria e felicidade, mas poucos percebem que o bem-estar é a base de tudo isso. O brilhante livro de Richard redefine o significado de bem-estar no século XXI. Leitura obrigatória!"

Patricia Aburdene, autora de *Megatrends 2010:*
O poder do capitalismo responsável e *conscious money.*

"Richard Barrett é um visionário. Ele unifica a sabedoria ancestral da alma com a ciência da medicina moderna para revelar um caminho para a saúde e o bem-estar humanos. Nunca antes nos foi apresentado um mapa tão claro para aquilo que todos buscamos: uma profunda sensação de bem-estar e realização, e uma saúde mental e física vibrante. Este trabalho revolucionário oferece as chaves para o reino da autorrealização."

Sandra de Castro Buffington, diretora-fundadora, Global Media Centre
for Social Impact, UCLA Fielding School of Public Health.

"Daqui a 100 anos, este livro será citado pelas pessoas como a força maior por trás da catalização da transformação da consciência humana. As respostas para muitos dos 'problemas difíceis' dos materialistas científicos estão contidas nestas páginas. Leitura obrigatória para qualquer pessoa que suspeite que a vida é mais do que sugere a atual explicação tridimensional e física."

Tom Evans, autor de *New Magic for a New Era* e *Managing Time Mindfully*.

"Um dos livros mais instigantes que li nos últimos anos. Cada conceito, cada proposta e cada afirmação convida o leitor a dar um passo além da segurança das visões históricas aprendidas e a expandir seu pensamento a cada capítulo. Um livro maravilhoso!"

T.S. Redmond, autor e especialista comportamental.

"'Tudo de que você precisa é amor!' Essas palavras do novo, sábio e instigante livro de Richard Barrett resumem a energia positiva desse pensamento transformacional, que desafia de modo brilhante o pensamento ortodoxo sobre como promover o bem-estar. Ele legitima o uso do termo 'alma', permitindo ao leitor redefinir quem é e qual seu propósito neste planeta. Ele reúne evidências de inúmeras fontes para embasar seu convincente argumento de que, para que o bem-estar (desabrochar humano) aconteça, temos que obter realização em cada etapa de nosso desenvolvimento psicológico. É com muito prazer que recomendo o livro de Richard, pois ele contém uma contribuição profunda e única para a compreensão de como nós, seres humanos, podemos viver alinhados ao propósito de nossa alma. Leitura obrigatória!"

Dr. Neil Hawkes, fundador, International Values Education Trust.

"Este livro superabrangente e inspirador é leitura obrigatória para aqueles sinceramente interessados em avançar não apenas em sua compreensão, mas também em sua consciência sobre sua natureza intrínseca. As correlações entre nossa natureza e nossa jornada na vida são um farol pelo qual todos nós podemos navegar pela vida de modo muito mais efetivo e com maior senso de realização."

Ron Hulnick, Ph.D., reitor da Universidade de Santa Monica e coautor de *Loyalty to Your Soul: The heart of spiritual psychology*.

"O objetivo derradeiro da evolução humana é viver em harmonia por meio do amor e da sabedoria. A contribuição de Richard Barrett é revolucionária. Ele enxerga além da forma e da matéria, usando as leis naturais e a sabedoria ancestral para construir um modelo vibracional integrado para a saúde e o bem-estar."

Fiona, Lady Montagu.

"O novo livro de Richard Barrett é um guia inestimável para um novo panorama para os viajantes em evolução."

Barnet Bain, diretor de *Milton's Secret*
e autor de *The Book of Doing and Being:
Rediscovering creativity in life, love, and work.*

"Tantas pessoas hoje em dia vivenciam uma sensação de inquietação, ou falta de alinhamento, embora achem difícil identificar o que falta em suas vidas. Outras sucumbem a doenças ou problemas emocionais que as impedem de vivenciar seus propósitos mais profundos. Em *A Nova Psicologia do Bem-estar Humano*, Richard Barrett descreve um panorama mais amplo e integrado da vida e nos mostra como os afluentes da psicologia, da ciência e da espiritualidade convergem no rio do bem-estar ideal. Este livro oferece um mapa prático e detalhado de como podemos viver nossa vida plenamente. Não importa onde esteja e qual seja sua jornada, você se encontrará neste livro e receberá uma orientação clara para seus próximos passos."

Judi Neal, Ph.D., autora de *Edgewalkers* e *Creating Enlightened Organizations*.

"A descrição da psicologia do bem-estar humano de Richard foi uma experiência reveladora e me ajudou a entender minha própria experiência de ansiedade alimentada pela depressão e como uma existência mais centrada na alma é essencial para o meu bem-estar. O aspecto mais impressionante deste livro é que a descrição de nossa jornada para o bem-estar psicológico é absolutamente congruente com minha própria experiência nesta jornada para uma existência mais centrada na alma. Leitura obrigatória para todos aqueles interessados em aumentar o próprio bem-estar e daqueles à sua volta em um mundo repleto de ansiedade."

Geoff McDonald, ex-vice-presidente Global de RH da Unilever;
defensor e propagador pela Saúde Mental;
diretor associado de Connecting with People

"Neste livro, Richard Barrett oferece um modelo unificado da fisiologia, psicologia e espiritualidade. Ele mostra como os reinos da mente, do corpo e da alma pertencem a um ecossistema integrado que afeta nossa saúde, nossa paz interior, nossos relacionamentos e nossa habilidade de conhecer e realizar nosso propósito no mundo. Sejam quais forem os dons e os desafios com os quais nascemos, temos o poder de fazer escolhas para ser mais alegres, amorosos e criativos."

Phil Clothier, CEO, Barrett Values Centre.

"Eu adoro este livro. É um trabalho esplendoroso com o qual me identifico fortemente. Os debates sobre liderança estão desgastados e puídos. A última obra de Richard Barrett combina uma pesquisa rigorosa e um pensamento original, que ele oferece (para aqueles com coragem suficiente) como uma nova maneira de enxergar a integridade da humanidade — a chave para restaurar a grandeza de nossas organizações e o bem-estar em nossa vida."

Lance Secretan, fundador e CEO, The Secretan Center Inc.

"A obra de Richard Barrett é muito importante. Ele capta o pulso da evolução. Por meio da evolução progressiva de seus livros, ele merece destaque por mapear e contribuir para esquematizar os próximos saltos de nossa história evolucionária. Barrett não nos diz apenas quem somos e de onde viemos, ele nos convida a pensar sobre quem devemos nos tornar e para onde devemos ir."

Dr. Marc Gafni, presidente, Center for Integral Wisdom.

"A abordagem revolucionária e holística de Richard estabelecerá um novo paradigma de bem-estar. Este livro cria uma ponte entre o espiritual e o físico, o mental e o emocional, e nos devolve nossa integridade. Leitura obrigatória para qualquer praticante do movimento do potencial humano."

Karen Downes, fundador e diretor, The Flourish Initiative.

"Que nossa consciência é importante, dá sentido a nossa vida e tem um papel crucial no desenvolvimento de culturas saudáveis, todos nós sabemos. Mas entender a importância que ela tem em nosso bem-estar fisiológico e psicológico não é tão óbvio para todos. Este livro oferece muitas perspectivas novas, valiosas e embasadas por sólidas pesquisas de antigos e atuais líderes de pensamento sobre este assunto. Acredito que este seja o melhor livro de Richard!"

Tor Eneroth, diretor de Redes, Barrett Values Centre.

A NOVA PSICOLOGIA DO BEM-ESTAR HUMANO

Livros de Richard Barrett

Coaching Evolutivo (2014)
A Organização Dirigida por Valores: Liberando o potencial humano para a
performance e a lucratividade (2013)
O Novo Paradigma da Liderança (2010)
Criando uma Organização Dirigida por Valores (2006)
Libertando a Alma da Empresa (1998)
Um Guia para Libertar Sua Alma (1995)

A NOVA PSICOLOGIA DO BEM-ESTAR HUMANO

RICHARD BARRETT

ALTA CULT
EDITORA
Rio de Janeiro, 2019

A Nova Psicologia do Bem-Estar Humano
Copyright © 2019 da Starlin Alta Editora e Consultoria Eireli. ISBN: 978-85-508-1094-2

Translated from original A New Psychology of Human Well-Being. Copyright © 2017 by Fulfilling Books. All rights reserved. ISBN 978-1-326-59145-8. This translation is published and sold by permission of Fulfilling Books an imprint of Fulfilling Books the owner of all rights to publish and sell the same. PORTUGUESE language edition published by Starlin Alta Editora e Consultoria Eireli, Copyright © 2019 by Starlin Alta Editora e Consultoria Eireli.

Todos os direitos estão reservados e protegidos por Lei. Nenhuma parte deste livro, sem autorização prévia por escrito da editora, poderá ser reproduzida ou transmitida. A violação dos Direitos Autorais é crime estabelecido na Lei nº 9.610/98 e com punição de acordo com o artigo 184 do Código Penal.

A editora não se responsabiliza pelo conteúdo da obra, formulada exclusivamente pelo(s) autor(es).

Marcas Registradas: Todos os termos mencionados e reconhecidos como Marca Registrada e/ou Comercial são de responsabilidade de seus proprietários. A editora informa não estar associada a nenhum produto e/ou fornecedor apresentado no livro.

Impresso no Brasil — 2019 — Edição revisada conforme o Acordo Ortográfico da Língua Portuguesa de 2009.

Publique seu livro com a Alta Books. Para mais informações envie um e-mail para autoria@altabooks.com.br

Obra disponível para venda corporativa e/ou personalizada. Para mais informações, fale com projetos@altabooks.com.br

Produção Editorial Editora Alta Books **Gerência Editorial** Anderson Vieira	**Produtor Editorial** Juliana de Oliveira Thiê Alves **Assistente Editorial** Illysabelle Trajano	**Marketing Editorial** marketing@altabooks.com.br **Editor de Aquisição** José Rugeri j.rugeri@altabooks.com.br	**Vendas Atacado e Varejo** Daniele Fonseca Viviane Paiva comercial@altabooks.com.br	**Ouvidoria** ouvidoria@altabooks.com.br
Equipe Editorial	Adriano Barros Bianca Teodoro Carolinne Oliveira Ian Verçosa	Keyciane Botelho Larissa Lima Laryssa Gomes Leandro Lacerda	Livia Carvalho Maria de Lourdes Borges Paulo Gomes Raquel Porto	Thales Silva Thauan Gomes
Tradução Wendy Campos **Copidesque** Alessandro Thomé	**Revisão Gramatical** Vivian Sbravatti Thaís Pol	**Revisão Técnica** Roberto Ziemer Consultor e facilitador de programas de mudança cultural e desenvolvimento de liderança Caio de Barros Brisolla Sócio proprietário da Culture for Performance e Trainer do BVC		**Diagramação** Lucia Quaresma **Capa** Bianca Teodoro

Erratas e arquivos de apoio: No site da editora relatamos, com a devida correção, qualquer erro encontrado em nossos livros, bem como disponibilizamos arquivos de apoio se aplicáveis à obra em questão.

Acesse o site www.altabooks.com.br e procure pelo título do livro desejado para ter acesso às erratas, aos arquivos de apoio e/ou a outros conteúdos aplicáveis à obra.

Suporte Técnico: A obra é comercializada na forma em que está, sem direito a suporte técnico ou orientação pessoal/exclusiva ao leitor.

A editora não se responsabiliza pela manutenção, atualização e idioma dos sites referidos pelos autores nesta obra.

Dados Internacionais de Catalogação na Publicação (CIP) de acordo com ISBD

B274n	Barrett, Richard
	    A Nova Psicologia do Bem-Estar Humano / Richard Barrett ; traduzido por Wendy Campos. - Rio de Janeiro : Alta Books, 2019.
	    352 p. : il. ; 17cm x 24cm.
	
	    Tradução de: A New Psychology of Human Well-Being
	    Inclui índice e apêndice.
	    ISBN: 978-85-508-1094-2
	
	    1. Psicologia. I. Campos, Wendy. II. Título.

2019-1768	CDD 150 CDU 159.9

Elaborado por Vagner Rodolfo da Silva - CRB-8/9410

Rua Viúva Cláudio, 291 — Bairro Industrial do Jacaré
CEP: 20970-031 — Rio de Janeiro - RJ
Tels.: (21) 3278-8069 / 3278-8419
www.altabooks.com.br — altabooks@altabooks.com.br
www.facebook.com/altabooks

DEDICATÓRIA

Este livro é dedicado à memória dos pais fundadores da disciplina da psicologia — o estudo da mente e do comportamento —, em cujos ombros nos apoiamos hoje, especialmente à memória de Abraham Maslow, Carl Jung e Roberto Assagioli, cujos trabalhos me inspiraram a embarcar no engrandecimento de minha alma.

AGRADECIMENTOS

Escrever um livro pode ser solitário: meses de dedicação, foco e a parte mais difícil de todas: o isolamento. Mas quando você compartilha sua vida com alguém que entende a importância do seu impulso inexorável de criar, é muito mais fácil. Por este motivo, quero agradecer a minha esposa e minha principal conselheira, Christa Schreiber, cujo apoio e palavras de sabedoria são imensamente preciosos.

Quero agradecer também à fonte de minha inspiração, a geradora de minhas percepções: minha alma. Constantemente me impressiono com as ideias que surgem inesperadamente, normalmente por volta das 4 ou 5 horas da manhã, e com a série de experiências sincrônicas e infinitas que guiam minha vida. Esses momentos, esses relances de percepção, me iluminam internamente. Eles me fazem brilhar.

Em um âmbito mais prático, quero agradecer a Pete Beebe, a pessoa que desenhou as capas dos meus livros, a todos aqueles que se ofereceram para revisar meu livro, à minha editora Louise Morgan e à minha equipe no Barrett Values Centre.

SUMÁRIO

Citações xvii

Prefácio xix

Introdução 1

Capítulo 1: Uma Área de Jurisdição Mais Ampla para a Psicologia 17

Capítulo 2: O Problema da Percepção 35

Capítulo 3: Os Filtros da Percepção 49

Capítulo 4: As Motivações do Ego e da Alma 67

Capítulo 5: Os Estágios de Desenvolvimento Psicológico 83

Capítulo 6: Observações sobre os Estágios de Desenvolvimento Psicológico ... 99

Capítulo 7: Entendendo as Necessidades e os Desejos 117

Capítulo 8: Teoria de Emoções e Sentimentos 131

Capítulo 9: Progressão pelos Estágios 145

Capítulo 10: Instabilidade Energética 153

Capítulo 11: O Impacto da Instabilidade Energética 171

Capítulo 12: O Campo Energético Humano 199

Capítulo 13: O Impacto da Psicologia na Fisiologia 219

Capítulo 14: Suicídio e os Estágios de Desenvolvimento 271

Capítulo 15: Um Modelo de Bem-estar Humano 289

Apêndice 1: Lealdade à sua alma: princípios-chave 305

Apêndice 2: O Decatlo de Florescimento, dos 60 aos 80 307

Apêndice 3: Visões de Mundo Culturais 309

Índice 319

Lista de Figuras

Figura I.1:	A criação da percepção tridimensional.	4
Figura 1.1:	Estágios de desenvolvimento psicológico e níveis de consciência.	23
Figura 2.1:	A projeção dos cinco dedos na percepção bidimensional	40
Figura 3.1:	A aplicação dos filtros desde a mente única até a mente-corpo	59
Figura 3.2:	A expansão da percepção consciente	61
Figura 4.1:	O impacto do amor e do ódio no desenvolvimento do ego	68
Figura 4.2:	O impacto que satisfazer os desejos de sua alma tem em sua vida	70
Figura 5.1:	Os Sete Estágios de Desenvolvimento Psicológico e os três estágios evolutivos da dinâmica ego-alma	84
Figure 6.1:	Proporção de pessoas no Reino Unido que escolheram o valor da amizade como um de seus dez valores prioritários	104
Figura 6.2:	Proporção de pessoas no Reino Unido que escolheram o valor da honestidade como um de seus dez valores prioritários	105
Figura 6.3:	Percentual de pessoas com nível de criatividade genial por idade	106
Figura 6.4:	Processo de desenvolvimento normal	109
Figura 6.5:	Processo de desenvolvimento acelerado	110
Figure 12.1:	O campo energético humano, os chacras e os níveis de consciência	204
Figura 12.2:	Ligações entre as camadas do campo energético do ego e da alma	212
Figura 13.1:	Proporção de pessoas com Mal de Alzheimer nos Estados Unidos em 2015	233
Figura 13.2:	Prevalência de AVCs na Austrália em 2009	234
Figura 13.3:	Número de pessoas sofrendo de doença de Parkinson no Reino Unido em 2009	235
Figura 13.4:	Novos casos de câncer de próstata e ovário na Suécia em 2012	238
Figura 13.5:	Novos casos de câncer de próstata por idade no Reino Unido, 2009–2011	240
Figura 13.6:	Novos casos de câncer de próstata por idade na Suécia em 2012	240
Figura 13.7:	Novos casos de câncer de ovário na Suécia em 2012.	241
Figura 13.8:	Novos casos de câncer de mama no Reino Unido, 2009–2011	244
Figura 13.9:	Novos casos de câncer de mama na Suécia em 2012	244
Figura 13.10:	Novos casos de câncer de mama e de ovário na Suécia em 2012	245
Figura 13.11:	Número de mortes por problemas respiratórios na Suécia em 2012	246

A Nova Psicologia do Bem-Estar Humano

Figura 13.12: Número de adultos nos Estados Unidos a cada 100 mil diagnosticados com ataque cardíaco por idade e gênero em 2014 251

Figura 13.13: Número de mortes por gênero provocadas por doenças relacionadas ao coração nos Estados Unidos em 2012 252

Figura 13.14: Número de mortes por gênero provocadas por doenças relacionadas ao coração no Reino Unido em 2014. 252

Figura 13.15: Número de mortes provocadas por doenças hepáticas na Suécia em 2012 256

Figura 13:16: Número de mortes provocadas por diabetes nos Estados Unidos em 2012. 257

Figura 13.17: Percentagem de população nos Estados Unidos considerada obesa 258

Figura 13:18: Percentual da população dos Estados Unidos considerada obesa por faixa etária em 2012 258

Figura 14.1: Incidência de suicídio no Reino Unido por idade e gênero em 2012 277

Figura 14.2: Incidência de suicídio na Suécia por idade e gênero em 2012 281

Figura 14.3: Incidência de suicídio nos Estados Unidos por idade e gênero em 2009......................282

Figura A3.1: A emergência de novas visões de mundo (anos atrás) 312

Lista de Tabela

Tabela 1.1: Da hierarquia das necessidades de Maslow para os níveis de consciência de Barrett 21

Tabela 3.1: Propriedades da percepção do ego e da alma.. 62

Tabela 3.2: A experiência da realidade do ego e da alma.. 63

Tabela 4.1: As motivações do ego 68

Tabela 4.2: As motivações da alma 69

Tabela 5.1: Tarefas, motivações e foco desenvolvimentais associados a cada estágio de desenvolvimento psicológico 88

Tabela 6.1: Preocupações e problemas associados a cada nível de consciência.........................101

Tabela 6.2: Sentimentos e pensamentos associados com a falta de domínio dos níveis de consciência..102

Tabela 8.1: As seis emoções básicas 134

Tabela 8.2: Sentimentos/sensações experimentados pela mente-corpo, mente-ego e mente-alma...138

Tabela 8.3: Intensidade dos sentimentos 139

Tabela 8.4: Os níveis relativos de frequência de vibração de diferentes "emoções" 141

Tabela 10.1: Estágios de desenvolvimento, níveis de consciência e mente dominantes...................155

Tabela 11.1: Resumo das potenciais fontes de instabilidade energética...172

Tabela 11.2: O impacto da satisfação de nossas necessidades em nossas quatro mentes 195

Tabela 12.1: Características de chacras hiperativos e subativos..202

Tabela 12.2: O campo energético humano, os chacras, estágios de desenvolvimento psicológico e níveis de consciência 204

Tabela 12.3: Ligações entre os chacras superiores e inferiores e as partes do corpo.......................213

Tabela 13.1: As principais causas de morte em cinco nações industrializadas 220

Tabela 13.2a: Causas de morte por estágio de desenvolvimento psicológico nos Estados Unidos em 2013... 223

Tabela 13.2b: Causas de morte por estágio de desenvolvimento psicológico no Reino Unido em 2014... 225

Tabela 13.3: Estágios de desenvolvimento psicológico, idades em que as disfunções fisiológicas começam a surgir e idade a partir da qual chegam ao seu ápice................................227

A NOVA PSICOLOGIA DO BEM-ESTAR HUMANO

TABELA 13.4: Problemas fisiológicos associados ao estágio de desenvolvimento psicológico 229

TABELA 13.5: Características do estágio de desenvolvimento psicológico de serviço 230

TABELA 13.6: Características dos estágios de desenvolvimento psicológico de conformidade e integração 236

TABELA 13.7: Características do estágio de desenvolvimento psicológico de autorrealização 242

TABELA 13.8: Características do estágio de desenvolvimento psicológico de individuação 248

TABELA 13.9: Características do estágio de desenvolvimento psicológico da diferenciação 254

TABELA 13.10: Características do estágio de desenvolvimento psicológico de conformidade 262

TABELA 13.11: Características do estágio de desenvolvimento psicológico de sobrevivência 264

TABELA 13.12: Estágios de desenvolvimento e surgimento de problemas fisiológicos....................... 268

TABELA 14.1: Taxas mais altas de suicídio por faixa etária e gênero para os países do Reino Unido em 2012...278

TABELA 14.2: Tendências suicidas entre escritores talentosos.. 284

TABELA 15.1: Planos de existência e escalas de organização...297

TABELA A3.1: A evolução das visões culturais de mundo...310

TABELA A3.2: Estágios de desenvolvimento psicológico individual e visões de mundo culturais 315

CITAÇÕES

Inclui as seguintes citações porque entendo que são pertinentes aos tópicos discutidos neste livro.

Citações de Abraham Maslow

"Todas as evidências indicam que é razoável presumir que em praticamente todo ser humano, e certamente em quase todo recém-nascido, existe um desejo ativo em direção à saúde, e um impulso na direção do crescimento e da realização."

"Pessoas autorrealizadas têm um profundo sentimento de identificação, empatia e afeição por seres humanos em geral. Elas sentem afinidade e conexão, como se todas as pessoas fossem membros de uma única família."

"Se a essência de uma pessoa é negada ou suprimida, ela fica doente, às vezes de maneira óbvia, outras sutil, às vezes imediatamente, outras mais tarde."

Citações de Carl Jung

"Suas visões se tornam claras apenas quando você consegue olhar dentro de seu próprio coração. Quem olha para fora, sonha; quem olha para dentro, desperta."

"Não há conscientização sem dor. As pessoas fazem qualquer coisa, não importa quão absurda seja, para evitar encarar sua Alma."

"O privilégio de uma vida é se tornar quem você realmente é. Quando a sabedoria reina, não há conflito entre o pensamento e o sentimento."

PREFÁCIO

Tudo tem o seu tempo determinado, e há tempo para todo propósito debaixo do céu.[1]

Quando comecei a escrever este livro, algo de muito significativo me aconteceu. Tive uma revelação profunda: percebi que não poderia ter escrito este livro nem um minuto antes em minha vida, pois quem eu sou está sempre em transformação. Minha essência sempre foi a mesma, mas década após década de mudanças sutis gradualmente trouxeram minha personalidade em alinhamento mais próximo à minha essência. Somente agora, olhando para trás, posso rever 70 anos de vida e enxergar como os estágios de desenvolvimento psicológico me levaram à consciência da alma.

Essa percepção me fez entender que a forma como existimos no mundo, o que pensamos, o que consideramos importante, o que incluímos e excluímos da história que contamos a nós mesmos sobre quem somos e por que fazemos o que fazemos é determinada pelas lentes que usamos. Nossas lentes são pessoais e dinâmicas. Elas são condicionadas a múltiplos fatores: a visão de mundo da cultura em que crescemos; o impacto que nossas experiências de vida, especialmente as de nossa infância, têm na formação de nossas crenças; e, o mais importante, o estágio de desenvolvimento psicológico que atingimos.

Embora eu já tivesse consciência da importância que os estágios de desenvolvimento psicológico têm em nossas vidas, somente quando li *Triumphs of Experience*[2] ["Triunfos de Experiência", em tradução livre] de George E. Vaillant, que relata o estudo longitudinal Harvard Grant Study of Social Adjustments [Estudo Grant de Ajustes Sociais de Harvard], reconheci plenamente a real importância da compreensão total dos estágios de desenvolvimento psicológicos para o nível de felicidade, significado e realização que atingimos durante diferentes épocas de nossas vidas.

O Estudo Grant

O *Harvard Grant Study of Social Adjustments* começou em 1938, quatro anos depois do nascimento de George Vaillant. Vaillant se tornou o diretor do estudo em 1972 e se aposentou de seu posto mais de três décadas depois, em 2005. A finalidade do Estudo Grant, como é popularmente conhecido, era aprender sobre as condições que promovem a saúde ideal, pelo acompanhamento das vidas de 268 homens, todos formados em Harvard. É um dos estudos longitudinais prospectivos mais longos sobre o desenvolvimento de homens adultos jamais feito.

Uma das críticas ao Estudo Grant é seu enfoque em um grupo de homens de elite. Vaillant responde às críticas admitindo que essa era uma de suas ponderações quando se envolveu no estudo e que suas preocupações haviam sido posteriormente mitigadas. Ele declara:

> Tive a oportunidade e o privilégio de estudar o curso de vida de dois grupos contrastantes [para o Estudo Grant] — um agrupamento de homens muito desprivilegiados do centro da cidade decadente e outro de mulheres brilhantes. Os resultados de ambos os grupos, cada um estudado prospectivamente por mais de meio século, confirmaram [significativas similaridades com os resultados do Estudo Grant].[3]

Depois de analisar os resultados dos três estudos, Vaillant chegou à conclusão de que as vantagens que atribuímos ao gênero masculino e à classe social nos Estados Unidos não se mostraram significantes ao se acompanhar a vida de mulheres brilhantes e homens desprivilegiados. Em outras palavras, gênero e classe social não se correlacionam necessariamente com uma vida de "sucesso". Suspeito que isso também se aplique para pessoas vivendo em democracias liberais ao redor do mundo. Para aqueles que vivem em regimes autocráticos, nos quais preconceitos étnicos e sociais impedem que determinados gêneros, religiões e classes sociais recebam as oportunidades das quais precisam para expressar plenamente quem são, ter uma vida de "sucesso" pode apresentar muitos desafios.

Estudos prospectivos

Ao contrário dos estudos retrospectivos, os estudos prospectivos acompanham um grupo em tempo real. Isto significa que os resultados de estudos prospectivos não são contaminados pelas lentes do estágio de desenvolvimento psicológico atual

PREFÁCIO

dos participantes que tentam responder perguntas sobre seu passado. Estudos prospectivos evidenciam nossa subjetividade inconstante. Eles nos permitem ver que aquilo que consideramos importante muda com o passar do tempo. Como aponta Vaillant, o tempo é nosso maior ludibriador. Ele considera nossos filtros de idade tão relevantes que chama o primeiro capítulo do livro *Triumphs of Experience* ["Triunfo da Experiência", em tradução livre] de "A maturidade nos transforma a todos em mentirosos".[4]

Como mencionado, o Estudo Grant não foi o único estudo longitudinal prospectivo realizado no século XXI. Há outros, incluindo os grupos analisados pelo Estudo Glueck sobre delinquência juvenil de áreas centrais decadentes[5] e o Estudo Terman sobre mulheres brilhantes.[6,7]

O Estudo Glueck acompanhou um grupo de 500 garotos delinquentes e um grupo contrastante de 500 garotos sem antecedentes de criminalidade. O estudo teve início em 1939, quando os garotos eram adolescentes; as entrevistas finais foram realizadas em 1975, quando os participantes atingiram cerca de 50 anos.

O Estudo Terman acompanhou um grupo de mulheres brilhantes ao longo de 80 anos a partir de 1922. A maioria das 672 mulheres era nascida entre 1908 e 1914. Os principais achados do estudo são relatados em *The Longevity Project*.[8]

Objetivando a subjetividade

O que admiro nos relatos de George Vaillant não são apenas as histórias contadas a partir das percepções resultantes do Estudo Grant, mas sua revigorante honestidade em tornar pública as influências relacionadas à idade e ao desenvolvimento no modo como ele abordava sua pesquisa. Repetidas vezes, Vaillant explica que o que ele considerava importante foi refutado.

O que Vaillant faz, muito explicitamente na minha opinião, é ilustrar o quanto nossas presunções podem ser equivocadas quando nos deixamos cair na armadilha de objetivar nossa subjetividade. Todos fazemos isso, não conseguimos evitar. O racional para tudo que fazemos é baseado naquilo que acreditamos que é importante no exato momento em que tomamos a decisão ou fazemos um julgamento. O que não conseguimos reconhecer é que o que é importante para nós depende de múltiplos fatores: a influência de nossos pais, nossa condição cultural, nossas crenças religiosas, o estágio de desenvolvimento psicológico em que estamos e as necessidades daqueles estágios que não conseguimos superar.

Dependendo dessas influências, você pode facilmente ser levado a desprezar como insignificante algumas das ideias expressas neste livro, ou em qualquer

xxi

livro, pois elas não se alinham ao que você considera importante no estágio de desenvolvimento psicológico que atingiu. É por isso que afirmei no início que não poderia ter escrito este livro nem um momento antes em minha vida, pois ele seria influenciado pelo que eu considerava importante no estágio de desenvolvimento psicológico em que estava.

Isso ainda é verdadeiro hoje, mas tendo passado pelo menos uma década no que considero ser o último estágio de desenvolvimento psicológico, agora posso rever minha vida com uma compreensão profunda de como o que era importante para mim nos meus estágios de desenvolvimento iniciais influenciou minha tomada de decisão e me trouxe para a perspectiva mais ampla que tenho hoje. Não estou pedindo para aceitar os pensamentos e ideias contidos neste livro; estou pedindo para reconhecer que sua reação ao que escrevi depende de muitos fatores, o mais importante sendo o estágio de desenvolvimento psicológico que você alcançou, o nível de consciência em que normalmente opera e seu condicionamento familiar e cultural. O que gostaria que percebesse, ao longo dos capítulos, é que sentimentos este livro desperta em você. Que pensamentos ele instiga? Que ideias você aceita e quais rejeita?

Minha esperança é que se identifique com a maior parte de minhas ideias e que ache este livro prazeroso e interessante, reconhecendo plenamente que é apenas a tentativa de uma pessoa de compreender o que acredita ser necessário para viver uma vida feliz, com significado e que lhe traga realização.

Negando a alma

A diferença deste livro em comparação a quase todas as outras obras sobre assuntos relacionados aos estágios do desenvolvimento e bem-estar humano é que este explora o desenvolvimento psicológico da perspectiva da dinâmica evolucionária entre ego e alma. Esta abordagem não é encontrada em nenhum artigo científico, pois a alma (às vezes chamada de eu-superior ou *inner core*), bem como os temas relacionados à consciência, é, em grande parte, ignorada pelo mundo acadêmico. Permita-me contar uma história que ilustra meu ponto de vista.

Em 2015, fiz uma palestra de abertura em uma conferência organizada por uma das principais escolas de negócios da Europa. O título era *The Spiritual/Psychological Dimension of Creativity and Flow* ["A Dimensão Psicológica/Espiritual da Criatividade e do Fluxo", em tradução livre]. A plateia de aproximadamente 300 pessoas era composta por acadêmicos, *coaches* e pessoas da área de negócios. No início da minha palestra, fiz um experimento com a plateia: pedi que se levantassem caso algumas das declarações que faria a seguir fossem verdadeiras para eles.

Comecei dizendo "Tenho um carro", e quase a plateia toda se levantou. Depois, eu disse: "Eu sou um carro", e ninguém se levantou. Então, falei: "Eu tenho um ego" e, em seguida, "Eu sou um ego". A maioria das pessoas levantou quando afirmei "Eu tenho um ego" e se sentou quando eu disse "Eu sou um ego". Continuei, dizendo: "Eu tenho uma alma", todos se levantaram. Em seguida, falei: "Eu sou uma alma" e todos continuaram em pé.

Esperava um resultado parecido, mas o que me surpreendeu foi que todos ficaram de pé para as duas afirmações finais. Não para apenas uma, para as duas! Depois de brincar apontando o quanto eles deviam estar confusos sobre quem são, propus à plateia a ideia de que ter uma alma é o estágio de desenvolvimento que precede ser uma alma, mas que a verdade derradeira é que sua alma possui você! Desde aquela ocasião, repeti esse exercício com diversas plateias em muitas partes do mundo e todas as vezes obtive o mesmo resultado: a ampla maioria das pessoas acredita que tem uma alma e que é uma alma.

No entanto, foi o que ocorreu em seguida que me fez perceber que havia algo errado com a abordagem científica dominante. Os palestrantes seguintes, dois acadêmicos brilhantes e influentes, falaram sobre pesquisas de neurociência.

O primeiro slide da palestra deles continha a afirmação: "Nossa premissa: não existe alma". Quando vi essa frase, não pude evitar um sorriso. A plateia inteira de acadêmicos, *coaches* e pessoas de negócios acabara de indicar que acreditava que não apenas tinham uma alma, mas que eram almas.

O que essa experiência claramente indicou para mim, e acho que para o resto da plateia, foi como a abordagem científica objetiva tem a tendência de negar nosso conhecimento intrínseco. Felizmente, se você quiser olhar além dos círculos acadêmicos dominantes, encontrará uma pletora de trabalhos sérios que pintam um quadro muito diferente do mundo. Encontrará um número crescente de universidades promovendo abordagens interdisciplinares. Isso deve ser comemorado.

Uma das poucas instituições acadêmicas que adotam a Psicologia Espiritual é a Universidade de Santa Monica (USM), na Califórnia. Os docentes fundadores da USM, Drs. Ron e Mary Hulnick, estabeleceram um Programa de Mestrado globalmente reconhecido e altamente experimental (agora oferecido em um formato de curso de extensão) que busca respostas práticas para as questões essenciais da vida. O livro utilizado no programa é chamado *Loyalty to Your Soul: The heart of spiritual psychology*[9] ["Lealdade à Sua Alma: A essência da psicologia espiritual", em tradução livre]. Seus princípios essenciais para uma vida dedicada à sua alma são reproduzidos no Apêndice 1.

Acredito que existam dois problemas decorrentes da abordagem científica objetiva: a noção dualista de que corpo e mente pertencem a domínios distintos e a pletora de disciplinas que mantêm nossas mentes cegas em relação às maiores realidades da vida. Sobre isso, as seguintes palavras de Peter D. Ouspensky (1878–1947) no início do século passado são quase tão significativas hoje como eram à época:

> Não conseguimos compreender muitas coisas porque nos especializamos de forma muito radical e fácil; a filosofia, a religião, a psicologia, as ciências naturais, a sociologia etc. cada uma tem sua literatura própria. Não há nada que abranja tudo em sua plenitude.[10]

Entretanto, todas as diferentes áreas de conhecimento devem ter inter-relações significativas. Precisamos identificar e explorar essas ligações se quisermos desenvolver teorias que unifiquem a psicologia, a espiritualidade e a ciência.

A proposição que estabeleço neste livro é que existe um modelo unificador. Ademais, só podemos evoluir para compreender esse modelo se removermos nossas vendas, abraçando o autoconhecimento e reconhecendo os limites de nossa percepção física tridimensional. O modelo unificador que proponho transcende o nascimento e a morte e nos leva a uma dimensão energética da realidade em que se encontra a alma.

Minha abordagem ao escrever este livro, portanto, é a de reunir noções de muitas disciplinas, não me limitando à pesquisa acadêmica, mas incorporando os pensamentos e ideias de líderes pensadores reconhecidos, muitos dos quais viveram nos últimos 200 anos. Você encontrará, ainda, referências à sabedoria ancestral; percepções que têm sido passadas adiante por gerações. Entremeado ao longo do livro, e consolidando tudo isso, estão meus pensamentos e ideias.

Referências e notas

1. A Bíblia, Eclesiastes 3, Versículo 1.
2. George E. Vaillant, *Triumphs of Experience* (Boston: Harvard University Press), 2012.
3. George E. Vaillant, *Adaptation to Life* (Boston: Harvard University Press), 1977, Preface to the 1995 Edition, p. *x*.

4. George E. Vaillant, *Triumphs of Experience* (Boston: Harvard University Press), 2012. p. 1–26.
5. Sheldon Glueck e Eleanor Glueck, *Unravelling Juvenile Delinquency* (Nova York: Commonwealth Fund), 1950.
6. Lewis M. Terman e Melita H. Olden, *The Gifted Child Grows Up: Genetic studies of genius*, vol. 4 (Stanford: Stanford University Press), 1947.
7. Melita H. Oden, *The Fulfilment of Promise: Forty-year follow-up of the terman gifted group*, Genetic Psychology Monographs 77, 1968; Carole K. Holahan e Robert R. Sears, *The Gifted Group in Maturity* (Stanford: Stanford University Press), 1955.
8. Howard S. Friedman e Leslie R. Martin, *The Longevity Project* (Nova York: Hudson Street Press), 2011.
9. H. Ronald Hulnick e Mary R. Hulnick, *Loyalty to Your Soul: The heart of spiritual psychology* (Carlsbad: Hay House), 2010.
10. Peter D. Ouspensky, *Tertium Organum: A key to the mysteries of the world* (Nova York: Vintage Books), 1982, p. 262–263.

Introdução

Para progredir neste estágio da evolução humana, precisamos nos apoiar nos ombros daqueles que o percorreram e não reinventar continuamente tudo. Precisamos unir diversas disciplinas de conhecimento humano em um todo indiferenciado.

Embora o estudo da mente e do comportamento humano remonte à antiga civilização grega, a disciplina da psicologia é um acréscimo relativamente recente ao conhecimento humano. Até o final do século XIX, tudo que dizia respeito à mente era considerado como ramo da filosofia.

A primeira pessoa a se intitular psicólogo foi Wilhelm Wundt (1832–1920). Em 1879, em Leipzig, Wundt criou o primeiro laboratório dedicado exclusivamente à pesquisa psicológica. Outros contribuintes precursores do campo da psicologia incluíam William James (1842–1910), o primeiro educador a oferecer um curso de psicologia nos Estados Unidos; Ivan Petrovich Pavlov (1849–1936), um psicólogo russo, conhecido principalmente por seu trabalho sobre condicionamento; e Hermann Ebbinghaus (1850–1909), um psicólogo alemão pioneiro no estudo experimental da memória.

Logo após o surgimento da psicologia experimental, diversos tipos de psicologia aplicada começaram a aparecer; dentre eles uma nova abordagem ao estudo da mente, conhecida como psicanálise. Essa abordagem, iniciada por Sigmund Freud (1856–1939), envolvia um conjunto de teorias e técnicas terapêuticas para o tratamento de distúrbios mentais que consistiam em trazer à mente consciente medos e conflitos reprimidos para promover a cura. Algumas das ideias centrais da abordagem de Freud à psicanálise foram:

- O desenvolvimento de uma pessoa é determinado principalmente por eventos esquecidos na primeira infância.

- O comportamento de uma pessoa é determinado em grande parte por impulsos inconscientes.

- Neuroses e outros distúrbios mentais são provocados por conflitos entre os impulsos conscientes e inconscientes de uma pessoa.

- Conflitos podem ser curados com o reconhecimento dos impulsos inconscientes pela mente consciente e pela identificação e ressignificação de seus significados.

A partir desses fundamentos iniciais, muitas teorias psicológicas e abordagens para o tratamento de distúrbios mentais surgiram, cada uma refletindo a orientação filosófica específica de um indivíduo ou grupo de indivíduos com pensamentos iguais. Essas abordagens são às vezes referidas pelo nome de seu criador, por exemplo, psicologia junguiana, e, às vezes, quando diferentes pessoas concordam em uma abordagem em particular, pelo nome do movimento, por exemplo, behaviorismo (ou comportamentalismo), cognitivismo, humanismo, existencialismo e psicologia transpessoal.

Toda vez que um novo movimento é criado, após alguns anos, acaba dividindo-se em novas ramificações. Os criadores dos novos ramos validam suas abordagens específicas ligando-os ao movimento. Por exemplo, a psicologia transpessoal originalmente conquistou aceitação ao ser reconhecida como ramo da psicologia humanista.

Abraham Maslow (1908–1970), um dos fundadores da psicologia humanista, considerou a psicologia transpessoal como a "quarta força" na psicologia, para distingui-la das três outras forças: psicanálise, behaviorismo e humanismo. Em outras palavras, ele tentou elevar o status da psicologia transpessoal ao de um movimento, diferenciando-a da psicologia humanista.

O fator-chave na diferenciação da psicologia transpessoal de outros movimentos foi a inclusão de experiências e visões de mundo que se estendem além do nível pessoal — experiências envolvendo um maior senso de identidade e uma expansão da consciência —, o que representou uma abordagem mais espiritual da vida.

Quando pesquisamos a evolução da psicologia ao longo dos últimos 130 anos, vemos uma divergência contínua de pensamentos e teorias para explicar a operação da mente humana; uma constante separação e ramificação de abordagens com convergências ocasionais, como a junção do behaviorismo e do cognitivismo em uma abordagem conhecida como terapia cognitivo comportamental (TCC).

Se traçarmos as divergências das diferentes abordagens à psicologia até suas raízes filosóficas, chegamos ao conceito de dualismo — a separação do estudo da experiência humana em duas categorias ontologicamente distintas —, o estudo da matéria (o corpo) e o estudo da mente (a psique).

Antes do dualismo havia o monismo. Enquanto os proponentes do dualismo defendem que nem a mente nem a matéria podem ser reduzidas uma à outra, os proponentes do monismo defendem que apenas uma coisa é ontologicamente básica ou anterior a todo o resto. Se traçarmos o monismo a suas raízes filosóficas, chegamos às origens da religião: um sistema de pensamento "mágico" que nossos ancestrais mais remotos usavam para explicar o fenômeno natural e atribuir significado aos eventos que ocorreriam em suas vidas. Na fonte de todo pensamento mágico havia espíritos, entidades não humanas nas quais nossos ancestrais remotos projetavam as motivações humanas. Da perspectiva da psicologia evolutiva, na origem de todas as religiões humanas, encontramos o conceito de espiritualidade.

Monismo

Este livro é minha tentativa de redescobrir as raízes do monismo: não o religioso, mas uma forma de monismo consistente com a ideia que encontramos na ciência, na psicologia e na espiritualidade. Em outras palavras, o que estou tentando fazer é definir uma área de jurisdição mais ampla para a psicologia, que reúne as disciplinas de conhecimento que individualizamos em um todo único. No centro dessa totalidade está a energia, que revela a propriedade da percepção. Essa energia é chamada mente. Argumentarei que a energia da mente é o fundamento de toda a vida, e tudo que percebemos em nosso universo é composto de energia mental.

Defenderei também que a consciência* surge da percepção** quando os aspectos do todo unificado são separados. Os aspectos individualizados tiveram que se tornar conscientes — ter mente própria — para lidar com sua separação. Para isso, tiveram que limitar sua percepção consciente para o ambiente específico em que eles se encontram para que possam lidar com sua estabilidade interna e o equilíbrio externo de sua identidade energética.

Visto através das lentes da psicologia, a separação — a divisão das partes e a limitação da percepção consciente dessas partes — é conhecida como repressão. A repressão leva a distorções da realidade e distúrbios mentais. Quando o monismo evoluiu para o dualismo, separamos a psique humana — a alma (espiritualidade) —

---

* N. T.: Consciousness no original. Segundo definição do próprio autor é um requisito da perceptividade (awareness), se você está inconsciente não pode ser perceptivo.

** N. T.: Awareness no original. Segundo definição do autor é o estado de ser perceptivo ao que acontece à sua volta, estar presente para que possa entender o que está acontecendo. Essa definição do autor corrobora o uso de perceptividade/perceptivo.
Houaiss: *perceptivo*
[1] relativo à percepção
[2] que é dotado da faculdade de perceber
[3] que tem a capacidade de perceber ou de compreender com facilidade perceptividade: qualidade de perceptivo

em duas partes: corpo (ciência) e mente (psicologia), e criamos o distúrbio mental ou a distorção da realidade que chamamos de percepção material tridimensional. Esse esquema é mostrado na Figura I.1.

FIGURA I.1: A CRIAÇÃO DA PERCEPÇÃO TRIDIMENSIONAL.

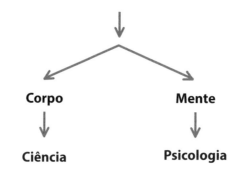

Sob a ótica da psicologia, a cura ocorre quando o que está reprimido é reintegrado na percepção consciente e recebe um significado novo e mais holístico. Esse é exatamente minha finalidade na definição de uma área de jurisdição mais ampla para a psicologia. Proponho a reunião do corpo e da mente com a alma. Devo chamar essa nova percepção de percepção energética quadridimensional ou percepção da alma.

Começarei explorando e desenvolvendo ideias que nos permitam juntar a psicologia com a espiritualidade — curar a separação na mente que resultou na distorção da realidade que chamamos de percepção material tridimensional e depois curar a separação entre a psicologia e a ciência —, curar a separação que ancorou nossas mentes na percepção material tridimensional. Ao fazer isso, mostrarei também como é possível curar a separação da abordagem material ocidental da medicina e a abordagem energética oriental da medicina. Em resumo, este é o cerne deste livro: a definição da teoria psicológica que integra corpo, mente e alma.

Estrutura do livro

Estruturei o livro da maneira como descrevi anteriormente, focando primeiro a cura da separação entre psicologia e espiritualidade e depois a cura da separação entre psicologia e ciência. Na última parte deste livro, foco a cura da separação entre medicina oriental e ocidental.

O primeiro capítulo explora a ideia de que poderia haver uma área de jurisdição mais ampla para a psicologia e introduz o modelo de desenvolvimento psicológico que utilizarei para reintegrar a espiritualidade e a psicologia: o Modelo dos Sete Níveis de Consciência. Introduzo ainda a ideia de que vivemos em um mundo multidimensional. Pensamos que vivemos em um mundo material, mas na verdade nosso mundo é energético.

O Capítulo 2 explora a dicotomia entre nossos mundos material e energético em mais detalhes. Apenas quando percebemos que nosso mundo material tridimensional está contido no mundo energético quadridimensional podemos avaliar nossa verdadeira realidade. Ofereço argumentos e provas para embasar essa afirmação.

O Capítulo 3 leva minha exploração um estágio além. Explica a evolução da consciência e da energia mental desde o Big Bang até os dias atuais. Isso também explica a evolução das diferenças entre a realidade tridimensional — a realidade do ego — e a realidade quadridimensional — a realidade da alma.

No Capítulo 4, explico como nossa realidade tridimensional condiciona as motivações do ego e como nossa realidade quadridimensional condiciona as motivações da alma. Para florescer e prosperar, precisamos aprender a alinhar nossas motivações do ego às motivações da alma. É preciso reconhecer que a mente é a realidade suprema e que a mente influencia a matéria.

O Capítulo 5 oferece um cômputo detalhado dos sete estágios do desenvolvimento psicológico: a evolução das necessidades do ego e os desejos da alma.

O Capítulo 6 fornece uma compreensão profunda de como os estágios do desenvolvimento psicológico se revelam em nossas vidas.

No Capítulo 7, defino o que as necessidades e os desejos são e o que não são. Descrevo ainda a diferença entre sensações deficitárias na mente-corpo e sentimentos deficitários na mente-ego.

O Capítulo 8 descreve nossas seis emoções básicas: a conexão entre nossa realidade energética e física. Mostro como as emoções se originam, como elas levam aos sentimentos e como nossas emoções e sentimentos estão ligados à satisfação ou não satisfação de nossas necessidades.

O Capítulo 9 explica a importância fundamental da atribuição de significado à permanência no presente na realidade material tridimensional. Descrevo ainda como impressões e crenças — as origens de nossa atribuição de significado — são formadas e como elas condicionam nossa realidade.

O Capítulo 10 trata do conceito da estabilidade energética: os fundamentos de toda vida na realidade material tridimensional, e explica como criamos estabilidade e instabilidade em nosso campo energético por meio da atribuição de significado. A ligação entre a instabilidade energética e a dor também é explorada.

O Capítulo 11 esclarece como e por que a alma cria o ego. Eu analiso também como as emoções de medo, raiva e tristeza se relacionam com as necessidades e por que não suprir nossas necessidades cria instabilidades energéticas que por sua vez conduzem a distúrbios físicos e mentais.

No Capítulo 12, descrevo a estrutura do campo energético humano: como suas camadas se relacionam aos sete estágios de desenvolvimento psicológico e como os sete níveis de consciência se relacionam ao sistema de chacras.

O Capítulo 13 identifica as principais causas de morte no Reino Unido e nos Estados Unidos e mostra como as instabilidades energéticas associadas com as dificuldades em dominar os estágios de desenvolvimento psicológico estão ligadas à saúde psicológica.

O Capítulo 14 explicita como as instabilidades energéticas associadas às dificuldades em dominar os estágios de desenvolvimento psicológico estão relacionadas com a incidência do suicídio no Reino Unido, nos Estados Unidos e na Suécia.

Finalmente, o Capítulo 15 resume todo o livro. Ele explica como o Modelo dos Sete Níveis de Consciência unifica diferentes abordagens psicológicas e como a ciência, a espiritualidade e a psicologia podem ser reunidas em uma única filosofia que ofereça uma área de jurisdição mais ampla para a psicologia e uma compreensão mais abrangente do bem-estar e do florescimento humano.

Se quiser ir direto ao ponto principal antes de ler o livro inteiro, tenho duas sugestões para você. Primeiro: leia este capítulo e o último. Segundo: leia os resumos dos pontos importantes no final de cada capítulo. Os resumos também são úteis se pausar a leitura por alguns dias e quiser refrescar sua memória antes de continuar.

Definições

Como a disciplina da psicologia ainda está em sua infância, não há consenso universal sobre a terminologia usada para explicar a estrutura e a operação da psique humana. Portanto, antes de continuar, acho que seria útil fornecer algumas definições da terminologia usada neste livro.

Psique

O termo "psique" tem uma longa história de utilização, remontando à antiguidade. Na época da Antiga Civilização Grega (800 a.C.–146 d.C.), o termo "psique" era utilizado para se referir à alma. A ideia de alma era central na filosofia de Platão. Platão considerava a psique imortal. Na era moderna, o significado do termo sofreu significativa mudança.

Carl Jung faz uma distinção entre psique e alma. Ele se referia à psique como a totalidade de todos os processos mentais humanos, conscientes e subconscientes; considerava a alma como um complexo funcional claramente demarcado que possui uma personalidade única. Para Jung, a alma era um aspecto da psique e, portanto, sua abordagem à psicanálise incluía não apenas os aspectos do ego de nossa personalidade, mas também os aspectos da alma. Para ele, a alma era parte de nosso inconsciente.

Na últimas décadas, os termos "psique" e "alma" caíram em desuso, principalmente porque a ciência moderna não pode lidar com o que não consegue ser percebido pelos sentidos ou se origina de um domínio que é considerado desconhecido. O que não é conhecido, e não pode ser cientificamente provado, não existe no que diz respeito aos psicólogos modernos. O conteúdo inconsciente que se infiltra na percepção consciente e experiências sincrônicas não recebe a atenção que merece. Em geral, esses impulsos originados no mundo energético quadridimensional da mente são desconsiderados.

Neste livro, minha posição estará alinhada à de Carl Jung. Usarei o termo "psique" para me referir à totalidade de nossos processos mentais — consciente, subconsciente e inconsciente —, e usarei o termo "alma" para me referir ao complexo funcional que contém nossa própria e única personalidade que transcende a vida — a origem de nossa percepção quadridimensional.

O ego

Seu ego é um campo de percepção consciente que se identifica com o corpo físico. Como o ego acredita que habita um corpo e vive em um mundo material, ele vive em uma realidade tridimensional e acredita que é capaz de morrer. Por pensar que pode morrer, o ego acredita que tem necessidades, e por pensar que tem necessidades, desenvolve medos sobre não ser capaz de atendê-las. As necessidades principais do ego são sobrevivência, segurança e proteção. A mente-ego é uma criação da mente-alma. A alma cria o ego para se proteger da dor (instabilidade energética) que vivencia por estar presente em uma consciência material tridimensional.

O ego não é *quem* você é, mas quem pensa que é. É a máscara que você usa para ter suas necessidades atendidas na estrutura física, social e cultural de sua existência material. O ego representa seu senso de identidade em relação aos outros e ao contexto social em que vive. A identidade de seu ego começa a se formar durante os primeiros dois a três anos de vida, e, se tudo correr bem, ela atinge uma resolução natural durante os 20 e poucos anos, enquanto você se transforma em um membro viável e independente de sua comunidade na estrutura cultural de sua existência. Quando chega neste estágio de sua vida, normalmente responde à pergunta: "Quem sou eu?", dizendo sua idade, sexo, ocupação, raça, religião e nacionalidade. Essas são coisas que definem sua identidade de ego.

Quando o conteúdo e as memórias da mente-ego são conhecidos por nós em nossa percepção do momento presente, são considerados conscientes. Quando o conteúdo e as memórias da mente-ego não são conhecidos por nós em nossa percepção do momento presente, são considerados subconscientes ou inconscientes. Conteúdo e memórias subconscientes podem ser facilmente trazidos para a percepção consciente da mente-ego. Conteúdo e memórias inconscientes se enquadram em duas categorias: aquelas que podem ser trazidas para a percepção consciente por meio de intervenções psicoterapêuticas direcionadas e aquelas que não podem ser trazidas para a percepção consciente.

Na primeira categoria, estão os traumas que experimentamos *in utero* e durante os primeiros dois anos de nossas vidas, quando o cérebro/mente reptiliano é a autoridade de tomada de decisão dominante. Na segunda categoria, estão o conteúdo e as memórias do cérebro/mente reptiliano que controlam as funções homeostáticas (biológicas) que nos mantêm vivos. Nós só nos tornamos conscientes de nossas funções homeostáticas quando as necessidades de sobrevivência do corpo não estão sendo atendidas: sempre que experimentamos sensações físicas desconfortáveis ou dor psicológica.

A alma

Sua alma é um campo de percepção consciente que se identifica com seu campo de energia. É quem você é. Você não tem uma alma, você é uma alma. Sua alma e a alma de todos os seres humanos é um aspecto individualizado do campo de energia universal a partir do qual surge tudo que existe em nosso mundo físico. Como a alma se identifica com seu campo de energia e não com seu corpo físico, sua alma vive em uma realidade energética quadrimensional. A alma sabe que é imortal e, consequentemente, não possui medos. Não apenas a alma não tem medo, como também não tem necessidades, pois, no nível energético de sua existência, ela cria o que deseja pelos pensamentos.

Por nossas almas serem aspectos individualizados do campo de energia universal, elas vivenciam um sentimento de conectividade entre si. Consequentemente, no nível da alma, vivemos em unicidade. Não existe separação. Quando você vive em um mundo de unicidade, doar é o mesmo que receber: quando doamos aos outros, doamos a nós mesmos.

Apesar de a alma não ter necessidades da mesma forma que o ego tem necessidades, ela tem desejos. Os desejos principais da alma são autoexpressão, conexão e contribuição. A alma encarna em uma percepção material tridimensional para atender a seus desejos. A finalidade dos desejos da alma é recriar sua realidade quadridimensional (4-D) em percepção tridimensional (3-D). Você sabe que os desejos de sua alma estão sendo atendidos quando sente que sua vida tem propósito; quando consegue se conectar com as outras pessoas em um nível profundo e quando é capaz de usar seus dons e talentos para fazer a diferença no mundo. As únicas coisas que impedem a alma de atender seus desejos são os medos do ego sobre suas necessidades deficitárias: nossas necessidades de sobrevivência, segurança e proteção. Os medos do ego em atender suas necessidades deficitárias estão firmemente ligados a sua identidade cultural, física e social.

A alma encarna em um feto humano ao desejar se apresentar em uma realidade material tridimensional. E esse desejo é a origem do desejo do ego de sobreviver.

O campo energético universal

O campo de energia universal, às vezes chamado de Grande Campo ou Campo de Energia de Ponto Zero, é a base de todo ser, a partir do qual tudo em nosso mundo material surge. A origem dessa base para todos os seres é atribuída pela comunidade científica em nossa realidade material tridimensional, como o "Big Bang", o evento cosmológico ocorrido há 13,8 bilhões de anos, que deu origem ao nosso universo físico.

O "Big Bang" produziu, a partir do nada, um universo composto de fótons, radiações cheias de energia, inimaginavelmente quentes e comprimidas, uma sopa de energia, quase toda homogênea. O universo nasceu como uma unidade indiferenciável.1

O campo de energia universal é o reservatório energético para tudo que existe. É um campo de percepção universal que cria as circunstâncias a partir das quais tudo em nosso mundo físico se origina.

O consciente pessoal

O consciente pessoal é o centro executivo de tomada de decisão que interpreta o que está acontecendo em nosso mundo. Ele contém as memórias de que estamos imediatamente conscientes. Usamos nossa percepção consciente para fazer o que acreditamos ser decisões lógicas e racionais sobre como reagir às mudanças em nosso ambiente externo para que possamos atender nossas necessidades. Enquanto adultos, os processos, conteúdo e memórias do consciente pessoal estão relacionados ao funcionamento do cérebro/mente neocórtex.

O subconsciente pessoal

O subconsciente pessoal auxilia a mente consciente na tomada de decisões quando o consciente pessoal está envolvido no pensamento sobre outros assuntos. O subconsciente pessoal contém as memórias, que, embora não sejam imediatamente acessíveis, podem ser trazidas para a percepção consciente. O conteúdo e as memórias armazenados no subconsciente pessoal podem afetar o modo como reagimos às situações quando uma experiência no momento presente aciona uma memória emocional armazenada na mente subconsciente. Enquanto adulto, os processos, o conteúdo e as memórias do subconsciente pessoal são relacionados ao funcionamento do cérebro/mente límbico, a que eu também me refiro como mente-ego subconsciente.

O inconsciente pessoal

O inconsciente pessoal auxilia a mente consciente na tomada de decisões sobre a regulação do funcionamento do corpo. O inconsciente pessoal contém as memórias ou impressões que não estão prontamente disponíveis para verificação. Acessar seu conteúdo requer habilidades terapêuticas especiais ou hipnoterapia. O conteúdo e as memórias guardados no inconsciente pessoal não apenas afetam nosso humor, comportamento e tomada de decisão, eles também afetam nossa saúde mental e física. Os processos, o conteúdo e as memórias do inconsciente pessoal estão relacionados ao funcionamento do cérebro/mente reptiliano, a que eu me refiro também neste livro como mente-corpo.

Todas as criaturas vivas têm alguma forma de mente-corpo que controla o funcionamento do corpo. A percepção e os processos que controlam a mente-corpo não são acessíveis à mente consciente, pois esta se comunica com a mente consciente por meio de sensações percebidas no corpo. Os principais canais de comunicação entre a mente-corpo e a mente-ego consciente são sensações físicas, dor e desconforto corporal.

Cérebro/mente

Você perceberá que, ao longo deste livro, eu me refiro às modalidades de tomada de decisão das mentes consciente, subconsciente e inconsciente como pertencentes ao "cérebro/mente". Faço isso porque acredito que a mente é parte de nossa existência energética e que o cérebro é parte de nossa existência material. O cérebro é mortal, mas a mente vive no campo de energia da alma. O cérebro, assim como o corpo, pertence ao que me refiro como nossa realidade material tridimensional (3-D). A realidade tridimensional é o mundo com o qual a mente-ego se identifica, mesmo que seu habitat seja o mundo energético. A mente-alma pertence ao que me refiro como nossa realidade energética quadridimensional (4-D).

Instintos

Instintos são crenças da mente-corpo que existem no nível da mente da espécie. Eles são designados para atender às necessidades de sobrevivência do corpo. Um organismo não precisa de um cérebro para ter instintos, mas precisa de uma mente. Células, por exemplo, não têm cérebro, mas têm respostas instintivas que permitem que respondam a ameaças, se protejam e encontrem fontes de energia que possibilitem sua sobrevivência. Onde quer que exista percepção, existe uma mente, e a mente está sempre no campo energético.

Crenças

Crenças são sempre pessoais. Algumas podem se originar no nível cultural, mas elas sempre pertencem ao indivíduo. Crenças são suposições que aceitamos como verdades. Elas podem ou não serem verdadeiras; por isso são chamadas de suposições.

Crenças são sempre contextuais. Nossas principais crenças são formadas em estruturas de existência físicas, sociais e culturais específicas que construímos durante os primeiros 24 anos de nossas vidas, quando nossa mente e cérebro estão crescendo e se desenvolvendo e quando estamos aprendendo como atender a nossas necessidades deficitárias. Crenças podem ser inconscientes, subconscientes ou conscientes.

Crenças inconscientes

Estas são as crenças (que às vezes chamarei de impressões) que aprendemos enquanto o cérebro/mente reptiliano está crescendo e se desenvolvendo. O cérebro/mente reptiliano é dominante — a principal interface entre o "eu" e o mundo externo e a autoridade executiva de tomada de decisões — a partir do primeiro trimestre de gestação até a idade de dois anos. Nossas impressões pessoais são acionadas sempre que vivenciamos um evento que nos recorda de um trauma ou de um tempo em que lutávamos para atender a nossas necessidades de sobrevivência durante o período que o cérebro/mente reptiliano estava crescendo e se desenvolvendo.

Crenças subconscientes

Estas são as crenças que aprendemos enquanto o cérebro/mente límbico está crescendo e se desenvolvendo. O cérebro/mente límbico é dominante a partir de aproximadamente dois anos até os sete anos de idade. Nossas crenças subconscientes são acionadas sempre que vivenciamos eventos que nos recordam de uma situação que ocorreu enquanto o cérebro/mente límbico estava crescendo e se desenvolvendo: tanto experiências positivas, quando temos nossas necessidades de segurança atendidas, quanto experiências negativas, quando lutamos e não conseguimos atender a nossas necessidades de segurança.

Crenças conscientes

Estas são as crenças que aprendemos enquanto o cérebro/mente neocórtex está crescendo e se desenvolvendo. O cérebro/mente neocórtex é dominante a partir de aproximadamente oito anos de idade. Nossas crenças conscientes são acionadas sempre que experimentamos mudanças em nossas vidas. Usamos nossas crenças para compreender o que está acontecendo para que possamos tomar decisões sobre se a situação que estamos experimentando é uma ameaça à nossa segurança ou uma oportunidade para aumentar nossa segurança.

Aprendizagem emergente rápida

Chamo o aprendizado que ocorre durante os primeiros 24 anos de nossas vidas de aprendizado emergente rápido, pois estamos aprendendo ao mesmo tempo que nosso cérebro/mente está formando-se. Consequentemente, as impressões e crenças durante este período de nossas vidas tendem a ficar gravadas em nossos cérebros na forma de conexões sinápticas. O que aprendemos, especialmente durante os primeiros dois anos de vida, quando o cérebro/mente reptiliano (mente-corpo) está crescendo e se desenvolvendo, e os cinco anos seguintes, quando o cérebro/mente límbico (mente emocional) está crescendo e se desenvolvendo, condiciona nossas reações e respostas aos eventos pelo resto de nossa vida. Aprendizado emergente normal ocorre depois que nosso cérebro/mente racional se torna plenamente funcional, por volta dos 20 e tantos anos.

Valores

Tudo que consideramos importante e está ausente em nossas vidas ou tudo aquilo que queremos mais, é o que valorizamos. As três principais coisas que o ego valoriza são permanecer vivo, seguro e protegido. As três principais coisas que a alma valoriza são autoexpressão, conexão e contribuição.

Nossos valores podem ser positivos ou potencialmente limitantes. Valores positivos, como amizade, confiança e criatividade, nos ajudam a construir relacionamentos, conectar-se com outros e contribuir com o mundo. Valores potencialmente limitantes fazem exatamente o oposto. Eles podem nos ajudar a atender as necessidades de curto prazo de nosso ego, mas no longo prazo são desagregadores. Eles são contraproducentes aos desejos da alma; suprimem a autoexpressão e impedem a conexão e a contribuição. Valores potencialmente limitantes são embasados pelos medos que o ego tem de atender a suas necessidades. Valores potencialmente limitantes apoiam o egoísmo do ego. Exemplos de valores potencialmente limitantes incluem ganância, culpa e busca por status.

Enquanto a mente-ego é dominante, durante pelo menos a primeira metade de nossas vidas deixamos que nossas crenças guiem nosso processo de tomada de decisões; quando a mente-alma começa a evidenciar sua presença, durante a segunda metade de nossas vidas, deixamos nossos valores guiarem nosso processo de tomada de decisões. Se não conseguirmos ativar a alma, tendemos a usar nossas crenças para a tomada de decisões ao longo de toda nossa vida.

Na esfera da alma, compartilhamos os mesmos valores, pois somos todos aspectos individualizados do mesmo campo de energia universal; portanto, desejamos as mesmas coisas. Na esfera do ego, somos todos criados em diferentes contextos, por conseguinte, as crenças aprendidas sobre como satisfazer nossas necessidades podem ser diferentes. Por essa razão, crenças são sempre contextuais, enquanto que valores são universais. Crenças dividem; valores unem.

DNA

Visto pelas lentes da percepção material 3-D, o ácido desoxirribonucleico (DNA) é uma molécula que carrega as instruções genéticas usadas no desenvolvimento, funcionamento e reprodução de organismos vivos. Visto pelas lentes da percepção energética 4-D, o DNA é um campo energético de informações e instruções que pertencem em parte ao campo de energia das espécies e em parte ao campo de energia dos modelos de alma dos pais que formam uma criança. Na percepção material 3-D, partes específicas da molécula de DNA são chamadas genes. Na percepção energética 4-D, genes são aspectos específicos do campo de energia da molécula de DNA.

Convenções

Depois de esclarecer um pouco a terminologia que uso neste livro, explico agora algumas das convenções e abordagens estruturais que utilizo.

Mentes e cérebros

Frequentemente uso as palavras "cérebro" e "mente" justapostas formando uma só palavra "cérebro/mente". Utilizo essa forma de expressão para enfatizar que a mente e o cérebro não são a mesma coisa. Eles existem em reinos diferentes de realidade. O cérebro é um instrumento material 3-D da mente energética 4-D que coordena o funcionamento do corpo. A causalidade começa na mente energética 4-D e é traduzida em ação física pelo cérebro material 3-D. Quando quero enfatizar o aspecto físico ou material do cérebro/mente, utilizo o termo "cérebro". Quando quero enfatizar o mecanismo energético de tomada de decisão do cérebro/mente, uso o termo "mente". Como tudo que é composto de matéria possui um campo de energia, me refiro ocasionalmente ao termo "mente" como "o campo de energia do cérebro".

Mais uma vez, para enfatizar os diferentes reinos de operação da mente e do cérebro, às vezes utilizo o termo "mente-corpo" para me referir ao aspecto de tomada de decisão do cérebro/mente reptiliano e uso o termo "mente emocional" para me referir ao aspecto de tomada de decisão do cérebro/mente límbico. Uso ainda o termo "mente racional" para me referir ao aspecto de tomada de decisão do cérebro/mente neocórtex. Normalmente, quando me refiro à mente-ego, usarei os termos mente emocional e mente racional como uma única unidade de tomada de decisão para diferenciá-lo da mente-corpo e da mente-alma.

Estágios e níveis

Crescemos em estágios de desenvolvimento psicológico e operamos em níveis de consciência. Normalmente, o nível de consciência em que você opera será o mesmo estágio de desenvolvimento atingido. Às vezes, por exemplo, quando deparamos com uma ameaça à nossa sobrevivência, segurança ou proteção, passaremos a um nível de consciência mais baixo do que aquele no qual está operando. Isso não significa que estamos passando para um estágio de desenvolvimento mais baixo. Simplesmente significa que estamos passando para um nível de consciência mais baixo para enfrentarmos alguns dos mesmos problemas que tínhamos quando estávamos naquele estágio de desenvolvimento mais baixo.

Às vezes, para fins de eficiência, remove o termo "psicológico" e simplesmente me refiro apenas aos estágios de desenvolvimento.

Expectativa de vida

Para oferecer um contexto histórico aos tópicos que discuto, a primeira vez que menciono um indivíduo, que já não está vivo, indico seu ano de nascimento e morte. Se não oferecer essa informação, presuma que o indivíduo em questão ainda estava vivo em 2015.

Um resumo dos pontos importantes, referências e notas

Ao final de cada capítulo, ofereço um breve resumo dos pontos principais e uma lista de referências e notas.

Resumo dos pontos principais

Estes são alguns dos principais pontos da Introdução:

1. A disciplina da psicologia é um acréscimo relativamente recente do conhecimento humano.
2. Existem muitas teorias e abordagens psicológicas para o tratamento de distúrbios mentais, cada uma delas refletindo a orientação filosófica particular de um indivíduo ou grupo de indivíduos específico.

3. Se traçarmos a divergência de diferentes abordagens da psicologia até suas raízes filosóficas, chegaremos ao conceito de dualismo — a separação do estudo da experiência humana naquilo que é considerado duas categorias ontologicamente separadas — o estudo da matéria (o corpo) e o estudo da mente (a psique).

4. Antes do dualismo havia o monismo. Enquanto que os proponentes do dualismo mantêm que nem mente nem matéria podem ser reduzidas uma à outra de qualquer maneira, os proponentes do monismo mantêm que apenas uma coisa é ontologicamente básica ou anterior a todo o resto.

5. O que estou tentando fazer neste livro é definir uma área de jurisdição mais ampla para a psicologia que una as disciplinas de conhecimento que nós separamos, de volta para um todo unificado. No centro desse todo está a energia que revela a propriedade da percepção, energia essa chamada mente. Argumentarei que a energia da mente é a base para toda a vida, e tudo que percebemos em nosso universo é composto de energia da mente.

6. Argumentarei ainda que a consciência decorre da percepção quando aspectos do todo unificado são separados do todo. Vista através das lentes da psicologia, a separação — a divisão das partes e a limitação da percepção consciente — é conhecida como repressão. A repressão leva a distorções de realidade e distúrbios mentais.

7. Quando o monismo evoluiu para o dualismo, separamos a psique humana — a alma (espiritualidade) — em duas partes, corpo (ciência) e mente (psicologia), e criamos o distúrbio mental ou a distorção de realidade que chamamos percepção material tridimensional.

8. Pelas lentes da psicologia, a cura ocorre quando o que tem sido reprimido é reintegrado em uma percepção consciente e recebe um significado novo e mais holístico. Esse é exatamente meu propósito na definição de uma área de jurisdição mais ampla para a psicologia. Proponho a reunião do corpo e da mente com a alma. Chamarei essa nova percepção de percepção energética quadridimensional ou percepção da alma.

9. Em resumo, este é o cerne deste livro: definir uma teoria psicológica que integre corpo, mente e alma.

Referências e notas

1. Gerald L. Schroeder, *The Hidden Face of God: Science reveals the ultimate truth* (Nova York: Touchstone), 2001, p. 41.

1

Uma Área de Jurisdição Mais Ampla para a Psicologia

*Pensamos em nós mesmos como seres materiais, enquanto, na realidade,
somos seres energéticos. Não temos um eu interior, um eu superior ou uma
alma: somos o eu-interior; somos o eu-superior; somos a alma.*

Minha principal inspiração para escrever este livro foi a seguinte declaração da introdução da segunda edição de *Introdução à Psicologia do Ser*, de Abraham Maslow.

> Está surgindo agora no horizonte uma nova concepção de doença
> humana e de saúde humana, uma Psicologia que acho tão emocionante
> e tão cheia de maravilhosas possibilidades que cedi à tentação de apre-
> sentá-la publicamente, mesmo antes de ser verificada e confirmada,
> e antes de poder ser denominada conhecimento científico confiável.[1]

O que Maslow estava corajosamente tentando fazer era estabelecer as regras básicas para uma área de jurisdição mais ampla para a psicologia. O que pretendo fazer neste livro é ir além: estou tentando construir uma teoria do bem-estar humano que unifique psicologia com espiritualidade e ciência. Proponho fazer isso me apoiando nas ideias de pensadores pioneiros que construíram o modelo de realidade energético 4-D, que transcende as limitações de nosso modelo material 3-D.

O Modelo dos Sete Níveis

No coração da teoria que apresentarei está aquilo a que me refiro como o Modelo dos Sete Níveis. Há dois aspectos desse modelo: o Modelo dos Estágios de Desenvolvimento Psicológico e o Modelo de Níveis de Consciência. Crescemos em estágios de desenvolvimento psicológico e operamos em níveis de consciência. Em circunstâncias normais, o nível de consciência em que operamos será o mesmo do estágio de desenvolvimento psicológico que atingimos.

A ideia para o Modelo dos Sete Níveis surgiu em 1995, quando me deparei com a noção de hierarquia das necessidades de Abraham Maslow. À medida que estudava o modelo de Maslow, percebi que, com algumas pequenas modificações, seu modelo poderia ser transposto para um modelo de consciência.

Mudando de necessidades para consciência

A primeira modificação que fiz no modelo de Maslow foi deslocar o foco das necessidades para a consciência. Ficou evidente para mim que, quando as pessoas têm ansiedades subjacentes ou medos subconscientes sobre ser capaz de atender às suas necessidades deficitárias — de sobrevivência, relacionamento e autoestima —, sua mente subconsciente continua focada em encontrar os meios de satisfazer essas necessidades.

Por exemplo, quando uma pessoa tem uma crença baseada no medo de que não tem o bastante para sobreviver, não importa quanto dinheiro ganhe, sempre vai querer mais. Ela continuará subconscientemente focada no nível de consciência de sobrevivência até que possa se libertar da crença baseada em medo de que não tem o bastante. O mesmo vale para os níveis de consciência de relacionamento e autoestima. Quando você tem uma crença baseada em medo de não ser amado ou não ser reconhecido, sua percepção consciente ou subconsciente permanecerá focada nos níveis de consciência do relacionamento ou autoestima até que se liberte desses medos.

Expandindo o conceito de autorrealização

A segunda modificação que fiz no modelo de Maslow foi expandir seu conceito de autorrealização. Eu quis oferecer mais definição aos desejos de nossa alma. Alcancei esse objetivo integrando os aspectos da filosofia védica com a hierarquia das necessidades de Maslow. De acordo com a filosofia védica, nossa mente tem a capacidade de experimentar sete estados de consciência.

Enquanto todos nós experimentamos os primeiros três estados de consciência — vigília, sonho e sono profundo — quase todos os dias, raramente vivenciamos os estados superiores de consciência. A frequência com que experimentamos os estados superiores depende em grande parte da evolução da consciência pessoal — o grau em que aprendemos como controlar nossas necessidades deficitárias e o quanto avançamos no domínio dos desejos de nossa alma.

De acordo com a filosofia védica, no quarto estado de consciência, você começa a se identificar com sua alma. É possível alcançar esse estado de consciência por meio da atenção plena. O quinto estado de consciência é conhecido como consciência cósmica. Nele, você começa a viver em um estado de funcionamento mental e fisiológico livre de medos. É possível alcançá-lo com a meditação. No sexto estado de consciência, conhecido como consciência de Deus, você começa a perceber que não há "outros" lá fora. Assim como você, todo mundo é um aspecto individualizado do campo de energia universal. Quando você é caridoso com os outros, é caridoso consigo mesmo. Quando critica os outros, está criticando a si mesmo. No sétimo estado de consciência, conhecido como consciência de unidade, você se torna um só com tudo mais que existe.

Os estados superiores de consciência são transitórios, eles vêm e vão. Enquanto você estiver vivendo nos estágios de consciência do ego, não terá controle sobre a frequência dessas experiências, pois elas ocorrem por vontade própria. É possível aumentar a frequência de suas experiências em estados superiores de consciência ao se libertar de seus medos e ao aprender a ouvir a voz de sua alma. Eventualmente, você se torna um só com sua alma e vive em permanente estado de graça.

Transformação

A primeira compreensão que tive depois de traduzir os estados de consciência védica para os níveis de consciência foi a de que a consciência da alma corresponde às necessidades de Maslow para "saber e compreender" e ao conceito de "individuação" de Carl Jung. Chamo isso de nível de consciência de transformação. Nele, você começa a investigar a verdadeira natureza de quem você é, independentemente da estrutura de existência social, cultural e ambiental na qual é criado. Você abandona a crença baseada em medos da programação feita por seus pais e pelo condicionamento social e se torna responsável por todos os aspectos de sua vida. Você se torna o autor de seu destino, uma alma independente.

O primeiro nível de autorrealização

A segunda compreensão que tive foi a de que a consciência cósmica corresponde ao primeiro nível de autorrealização. Chamo esse de nível de consciência de coesão interna. Nesse nível de consciência, você começa a alinhar as motivações de seu ego com as motivações de sua alma. Encontra sua vocação na vida. Você abraça o propósito de sua alma e alinha plenamente as crenças de seu ego com os valores dela.

O segundo nível de autorrealização

A terceira compreensão que tive foi a de que a consciência de Deus corresponde ao segundo nível de autorrealização. Chamo este de nível de consciência de fazer a diferença. Nele, você ativa plenamente os desejos de sua alma a uma conexão profunda, e começa a cooperar com outros para fazer a diferença no mundo. Você ainda desenvolve um senso de conhecimento que vai além da lógica e do raciocínio, deixando sua intuição guiar sua tomada de decisões.

O terceiro nível de autorrealização

Minha última compreensão foi a de que a consciência de unidade corresponde ao terceiro nível de autorrealização. Chamo este de nível de consciência de servir. Nele, você ativa plenamente o desejo de contribuição de sua alma, disponibilizando seus dons, talentos e sabedoria a todos que encontra, embarcando, assim, em uma vida de serviço altruísta orientado pela inspiração de sua alma.

Embora aceite que as correlações que fiz entre os estados de consciência védicos e os níveis de autorrealização possam não ser precisas, esses aspectos são suficientemente próximos para oferecer perspectivas sobre a significância espiritual subjacente dos processos de autorrealização.

Renomeando os níveis inferiores de consciência

A última modificação feita na hierarquia das necessidades de Maslow foi combinar seu nível de sobrevivência fisiológica e nível de segurança em uma única categoria. Denominei esse nível combinado de "consciência de sobrevivência", porque foca questões de sobrevivência e saúde físicas.

Renomeei ainda o nível de amor e pertencimento de Maslow como nível de consciência de "relacionamento", e desloquei o foco principal desse nível do pertencimento para a razão de nossa necessidade de pertencimento: a necessidade de estabelecer relacionamentos amorosos que nos permitam uma sensação de segurança. Quando não nos sentimos seguros, não conseguimos confiar. Se não conseguimos confiar, os relacionamentos padecem. Não renomeei o nível de autoestima de Maslow.

Enquanto o nível de sobrevivência foca nossas necessidades fisiológicas, os níveis de relacionamento e de autoestima focam nossas necessidades emocionais. O nível transformacional foca nossas necessidades mentais, particularmente nossa necessidade de entender quem somos e conhecer a nós mesmos mais profundamente. Os três níveis de consciência superiores focam nossas necessidades espirituais.

Com essas três modificações — de necessidades para consciência, expandindo o conceito de autorrealização e com a renomeação de nossas necessidades básicas —, construí um modelo de consciência que corresponde à evolução do ego humano e à atividade da alma humana. A correspondência entre o Modelo dos Sete Níveis e a hierarquia das necessidades é mostrada da Tabela 1.1.

TABELA 1.1: DA HIERARQUIA DAS NECESSIDADES DE MASLOW PARA OS NÍVEIS DE CONSCIÊNCIA DE BARRETT

Hierarquia das necessidades de Maslow	Níveis de consciência de Barrett
	7. Serviço
Necessidades de autorrealização	6. Fazer a diferença
	5. Coesão interna
Necessidades de saber e compreender	4. Transformação
Necessidades de autoestima	3. Autoestima
Necessidade de pertencimento	2. Relacionamento
Necessidades fisiológicas	1. Sobrevivência

Instrumentos de Transformação Cultural

Logo depois de desenvolver o Modelo dos Sete Níveis de Consciência, percebi que valores específicos podem ser atribuídos a cada nível de consciência, e, consequentemente, se você conseguir determinar os valores de um indivíduo, organização, comunidade ou nação, poderá identificar em quais níveis de consciência eles estão operando.

Em 1997, constituí uma companhia, a Barrett Values Centre (BVC), e comecei a usar o Modelo dos Sete Níveis para mapear a consciência de líderes, organizações e comunidades ao redor do mundo. O sistema de mensuração de valores que desenvolvi, baseado no Modelo dos Setes Níveis de Consciência, ficou conhecido como Instrumentos de Transformação Cultural (CTT). Uma visão de como usar o modelo para medir a consciência pode ser encontrada em meu livro *The Metrics of Human Conscious*[2] ["As Métricas da Consciência Humana", em tradução livre], e uma descrição mais detalhada de sua aplicação à cultura dos negócios e ao *coaching* de liderança podem ser encontrados em *A Organização Dirigida por Valores: Liberando o potencial humano para a performance e a lucratividade*[3] e *Coaching Evolutivo*.[4]

Ao longo dos anos seguintes, baseados no feedback dos usuários, afinamos o sistema de mensuração, aprimorando sua confiabilidade e validade. Agora, quase 20 anos depois, temos um conjunto de instrumentos bem estabelecido e globalmente reconhecido para mapear os valores e mensurar a consciência de indivíduos e todas as formas de estruturas de grupos humanos. Até o 1º semestre de 2016, a CTT foi usada para medir a consciência de mais de 6.000 organizações, 4.500 líderes e 25 nações.[5]

Por volta de 2007, comecei a reconhecer que, além de mapear os valores dos níveis de consciência, o Modelo dos Sete Níveis poderia ainda ser usado como estrutura para identificar os estágios de desenvolvimento psicológico, a jornada passo a passo do desenvolvimento pessoal que é comum a todo ser humano. A Figura 1.1 mostra a correspondência entre os Modelos do Sete Estágios de Desenvolvimento Psicológico e dos Sete Níveis de Consciência.

Figura 1.1: Estágios de desenvolvimento psicológico e níveis de consciência.

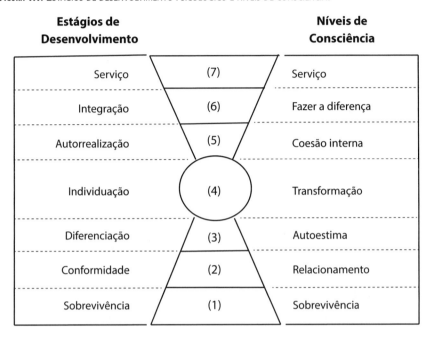

Necessidades deficitárias e necessidades de crescimento

Maslow se referiu às necessidades associadas aos primeiros estágios de desenvolvimento psicológico como necessidades "deficitárias", e às necessidades associadas aos últimos três estágios de desenvolvimento psicológico como necessidades de "crescimento" ou "do ser". De uma perspectiva psicológica, as necessidades dos primeiros três estágios de desenvolvimento correspondem às necessidades do ego, e as necessidades dos últimos três estágios de desenvolvimento correspondem aos desejos de nossa alma. Assim, podemos afirmar:

Necessidades do ego = Necessidades deficitárias

e

Necessidades de crescimento = Necessidades do ser = Desejos da alma

Sentimos ansiedade e medo quando não somos capazes de atender a nossas necessidades deficitárias, mas, uma vez que elas são atendidas, não prestamos mais atenção a elas. A alegria que experimentamos quando conseguimos satisfazer os desejos de nossa alma nos deixa querendo mais. Maslow aponta a importância de satisfazer nossas necessidades deficitárias como uma fundação para a satisfação de nossas necessidades de crescimento:

> A natureza superior do homem repousa sobre a natureza inferior do homem, precisando desta última como alicerce... A melhor forma de desenvolver essa natureza superior é satisfazer e preencher primeiro a natureza inferior.[6]

Maslow também faz uma conexão direta entre a satisfação de nossas necessidades e saúde. Ele afirma:

> ... a satisfação de deficiências evita a doença; as satisfações do crescimento produzem a saúde positiva.[7]

Em outras palavras, quando conseguimos satisfazer as necessidades de nosso ego, ficamos bem, e quando podemos satisfazer as necessidades de nossa alma, florescemos. Maslow faz a seguinte afirmação:

> As necessidades deficitárias são compartilhadas por todos os membros da espécie humana... todas as pessoas necessitam de segurança, amor e status em seu próprio meio... uma vez saciadas essas necessidades elementares de toda a espécie... cada pessoa passa a se desenvolver em seu estilo próprio, singularmente... o desenvolvimento torna-se, pois, mais determinado de dentro para fora do que de fora para dentro... autorrealização é idiossincrática.[8]

Maslow chamou os momentos em que estamos conscientemente cientes em satisfazer nossas necessidades de crescimento como experiências de "pico". Ele descreve essas experiências da seguinte maneira:

> ... os poderes da pessoa se conjugam e unem de um modo particularmente eficiente e intensamente agradável, em que ela está mais integrada e menos dividida, mais aberta à experiência, mais idiossincrática, mais perfeitamente expressiva ou espontânea, em pleno funcionamento, mais criadora, mais bem humorada, mais egotranscendente, mais independente de suas necessidades inferiores etc.[9]

Aqui Maslow expressa duas importantes ideias: a ideia de que a autoexpressão está ligada à satisfação de nossas necessidades de crescimento, e a ideia de que alinhar as motivações de nosso ego com as motivações de nossa alma — tornando-as mais integradas e menos divididas — nos permite expressar a nós mesmos de uma maneira particularmente eficiente e intensamente agradável.

Podemos concluir a partir dessas declarações que o caminho para a saúde e o bem-estar envolve a satisfação das necessidades de nosso ego e os desejos de nossa alma. Se não conseguimos satisfazer o primeiro, será difícil satisfazer o último. Sem uma base sólida para operar nas estruturas física, social e cultural de sua existência, você não será capaz de focar a satisfação dos desejos de sua alma. Em outras palavras, satisfazer as necessidades de seu ego é uma base fundamental para a satisfação dos desejos de sua alma. Quando você é capaz de atender às necessidades do seu ego *e* aos desejos de sua alma, encontra realização pessoal e experimenta uma sensação de bem-estar mais profunda.

Entendendo experiências espirituais/religiosas

Nesse ponto — a exigência de focar as necessidades do ego *e* os desejos da alma — Maslow está intimamente alinhado ao pensamento do psiquiatra e psicanalista suíço Carl Jung (1875–1961). Maslow e Jung consideravam a teoria do inconsciente de Freud incompleta e desnecessariamente negativa. Ambos discordavam da obsessão de Freud pela sexualidade como forma de explicar os distúrbios psicológicos e de seu foco na patologia. Maslow resumiu a diferença entre sua abordagem e a de Freud da seguinte forma:

> Para simplificar a questão, é como se Freud nos tivesse fornecido a metade doente da Psicologia e nós devêssemos preencher agora a outra metade sadia.[10]

Além do conceito de Freud do inconsciente pessoal, Jung postulou outro nível do inconsciente, a que ele se referia como inconsciente coletivo: um repositório de conhecimento e informação referente à experiência humana coletiva que transcende tempo e espaço. Para Jung, a integração consciente do inconsciente coletivo e pessoal resulta em uma pessoa mais íntegra. Ele chamou esse processo de individuação, para cujo termo nos é oferecida uma compreensão mais profunda na seguinte citação:

> O conceito de individuação desempenha um papel maior em nossa psicologia. Em geral, ela é o processo pelo qual seres individuais são criados e diferenciados; em especial, ela é o desenvolvimento do indivíduo psicológico... como um ser distinto a partir da psicologia coletiva geral [da cultura]. Individuação, portanto, é o processo de diferenciação... tendo como objetivo o desenvolvimento da personalidade individual.[11]

Jung considerava a individuação — a integração do inconsciente coletivo e pessoal — como tendo uma finalidade espiritual/religiosa, ou seja, a realização de nosso potencial inato. Em *Modern Man in Search of a Soul* ["Homem Moderno à Procura de uma Alma", em tradução livre], Jung torna essa ligação explícita. Ele afirma:

> Tratei de muitas centenas de pacientes. Entre aqueles na segunda metade da vida — ou seja, acima de 35 — não houve um cujo problema, em última análise, não fosse o de encontrar um ponto de vista religioso da vida.[12]

Maslow se referia a esse nível do inconsciente mais profundo como a natureza interna de uma pessoa ou o núcleo essencial. Assim como Jung, ele considerava a recuperação do eu-interior (a alma) essencial para nossa saúde mental. Maslow afirma:

> A natureza interna de cada pessoa é, em parte, singularmente sua e, em parte, universal na espécie... Como essa natureza humana é boa ou neutra, e não má, é preferível expressá-la e encorajá-la, em vez de suprimi-la.[13]

A ideia de que todos temos um eu-interior que precisa ser recuperado é comum a quase todas as teorias transpessoais de psicologia. Em algumas dessas teorias, o ego é referido como o falso eu: a máscara usada para atender a suas necessidades deficitárias. O ego é considerado uma identidade que você adota para sobreviver, se manter seguro e se sentir protegido na estrutura cultural de sua existência. R. D. Laing (1927–1989), um psiquiatra escocês que escreveu extensivamente sobre doença mental, escreveu sobre a máscara da seguinte forma:

> Um homem sem uma máscara é, de fato, muito raro. Há quem duvide da possibilidade de existir homem assim. Todo mundo usa uma máscara em determinado grau.[14]

Normalmente definimos a identidade de nosso ego nos referindo às identidades de gênero, etnia, religião, profissão, comunidade e nacionalidade que assumimos na estrutura cultural de nossa existência. Quando me aproximei dos 40 anos de idade, percebi que todas essas identidades criaram camadas de separação entre mim e aqueles que não compartilhavam minhas identidades. Essas identidades me separavam não apenas dos outros, elas me separavam também de minha alma, pois, no nível da alma, todos estamos conectados por meio do campo de energia universal.

Como, mesmo nesse estágio de minha vida, estava determinado a recuperar minha alma, tomei a decisão consciente de remover todas as formas de separação de minha vida. Em vez de me identificar como branco, britânico, do sexo masculino e protestante, decidi me tornar uma alma vivenciando a experiência humana e um cidadão do planeta. Decidi, também, abraçar minhas energias femininas e me considerar um membro de todas as religiões. Com o senso de identidade expandido que essas modificações me proporcionaram, fui capaz de buscar meus objetivos espirituais e eliminar as principais camadas de separação entre mim e o resto da humanidade.

O que não percebi na época foi que escolher minha identidade era um passo significativo em meu desenvolvimento psicológico. Isso me permitiu remover a máscara de meu falso eu e abraçar meu verdadeiro eu.

Quanto mais cedo aprendemos a nos desfazer da máscara do falso eu — a identidade de nosso ego — e aceitar quem somos, nosso verdadeiro eu, mais cedo encontramos paz no mundo. Marc Gafni, um filósofo e mestre espiritual, escreveu sobre o falso eu e o verdadeiro eu da seguinte maneira:

> O que você precisa para transcender é sua identificação exclusiva com seu egoico eu separado. Para isso, deve abandonar seu sentimento de ser um ego envolto em um corpo, que cria a sensação de sufocamento, medo e monotonia que se torna sua vida. Esse erro fundamental na identidade é a raiz de praticamente todo o sofrimento.[15]

Depois de descobrirmos nossa conexão com nosso verdadeiro eu, ao nos libertarmos dos medos de nosso falso eu, podemos passar para o próximo estágio de nosso desenvolvimento, abraçando nosso eu único. Identificar-se com seu eu único permite que você expresse seus dons e talentos inatos.

Viktor Frankl (1905–1997), psiquiatra e neurologista austríaco, descreve a tarefa do eu único da seguinte forma:

> Todo mundo tem uma vocação específica ou missão na vida; todos
> precisam executar uma atribuição concreta que requer realização.
> Nisso não se pode ser substituído, nem a vida pode ser repetida, assim,
> a tarefa de cada um é única, assim como a oportunidade específica
> de executá-la.[16]

Com base nas informações precedentes, quando me refiro ao ego, estou me referindo ao falso eu, e quando falo de alma, estou me referindo ao verdadeiro eu *mais* o eu único. Assim, podemos afirmar que:

$$\text{Falso eu} = \text{Ego}$$

$$\text{Verdadeiro eu} + \text{Eu único} = \text{Alma}$$

Na esfera do eu verdadeiro, todos compartilhamos os mesmos valores: na esfera do eu único, temos habilidades, dons e talentos diferentes. Era a isso, acredito, que Maslow estava se referindo quando escreveu:

> A natureza interna de cada pessoa é, em parte, singularmente sua e,
> em parte, universal na espécie.[17]

O aspecto universal da espécie é nosso verdadeiro eu; a parte única é nosso eu único.

Você começa a abandonar seu falso eu e abraçar seu verdadeiro eu no estágio de individualização do desenvolvimento psicológico. Você começa a aceitar seu eu único no estágio de desenvolvimento da autorrealização; expressa plenamente seu eu único nos estágios de desenvolvimento de integração e de servir.

Quando aceita plenamente seu eu verdadeiro e seu eu único, torna-se uma força potente de mudança no universo. O que você aprende sobre se conectar para fazer a diferença no estágio de desenvolvimento de integração fornece um alicerce para a sabedoria que traz ao mundo no estágio de desenvolvimento de servir. Nesse estágio, você atinge seu mais alto poder, o zênite de sua potencialidade.

Você está agora totalmente conectado com sua alma, e criatividade e sincronicidade são abundantes em sua vida. Desde que ouça as sugestões de sua alma, sua vida estará em um estado de fluxo. É possível, de tempos em tempos, sentir alguma resistência às diretrizes de sua alma, mas é necessário vencer essa resistência; aprenda a se tornar servo de sua alma. É preciso deixar sua alma guiar a expressão de sua personalidade única, conectando-se com as outras pessoas e contribuindo para o bem comum.

Em diversas ocasiões por volta de meus 60 anos tentei resistir aos impulsos de minha alma, mas no final sempre achei os argumentos de minha alma persuasivos. O que experimentei quando me comprometi integralmente com as sugestões de minha alma foi que o acaso em minha vida também mudou. As palavras do explorador e autor William H. Murray resumem minha experiência com precisão.

> Toda uma corrente de eventos impulsionada [dessa] decisão, criando em [meu] favor toda a sorte de incidentes, encontros e assistência material não previstos, os quais [eu] que só em sonhos imaginei surgirem [em meu] caminho.[18]

Aprendi a não resistir mais. Deixei de ser "servo de minha alma" para "ser minha alma". Aceitei os pensamentos de minha alma como meus pensamentos. Posso agir como minha alma, pois eliminei o medo de minha vida. Entretanto, sendo humano, ainda tenho lapsos momentâneos, esqueço quem sou e fico na defensiva. Espero que um dia esses momentos não mais ocorram.

Como mencionei anteriormente, a maioria das teorias de consciência transpessoal reconhece a importância fundamental da libertação do eu interior. Uma dessas teorias, conhecida como psicossíntese, é um movimento criado e desenvolvido por Roberto Assagioli (1888–1974), que chamava nosso eu interior de alma. Ele também se referia à alma como o "Eu" espiritual ou Eu Superior.

Assagioli, como Jung e Maslow, considerava que o "eu" tinha natureza dual: indivíduo (eu único) e universal (eu verdadeiro) ao mesmo tempo. Assagioli se referia a "experiências de pico" como experiências do Inconsciente Superior ou "Superconsciente". Ao comparar sua abordagem com a de Maslow, Assagioli afirma:

> Ele [Maslow] usa o termo "ser" para a gama geral de experiências que chamamos de superconsciente, pois uma de suas características é dar um senso de "plenitude de ser", um sentimento de intensidade em existir e viver.[19]

Jung, Maslow e Assagioli não foram os primeiros a fazer a ligação entre psicologia e religião/espiritualidade. No fim do século XVIII e início do XIX, diversos pesquisadores norte-americanos se aventuraram na área do "superconsciente". O mais conhecido é William James (1842–1910), um psicólogo que se tornou filósofo.

James escreveu sobre a interseção de práticas psicológicas e religiosas/espirituais em seu livro revolucionário *As Variedades da Experiência Religiosa*, publicado em

1902. Embora ele nunca tenha usado o termo experiências de "pico", sua definição prática de religião é sugestiva dessa terminologia. Ele afirma:

> Religião, portanto, como agora peço arbitrariamente que aceite, deve significar para nós os sentimentos, atos e experiências dos homens (ou mulheres) em sua solidão, desde que compreendam a si mesmo como pertencendo ao que quer que considerem o divino.[20]

Em *The Further Reaches of Human Nature* ["Os Novos Alcances da Natureza Humana", em tradução livre], um livro dos artigos de Maslow publicado postumamente em 1971, Maslow afirma:

> O que tudo isso significa é que a pretensa vida espiritual ou vida de valor [metamotivação], ou vida "superior", está no mesmo continuum (é o mesmo tipo ou qualidade de coisa) que a vida da carne ou do corpo, isto é, a vida animal, a vida material, a vida "inferior". Ou seja, a vida espiritual é parte de nossa vida biológica. É sua parte "suprema".[21]

Eu também assumo essa posição neste livro, mas inverto essa frase: *nossa vida biológica é parte de nossa vida espiritual (energética)*. Sei que pode parecer estranho, mas só é estranho por causa da forma como fomos treinados a olhar para nós mesmos através de lentes de percepção material 3-D e nossos cinco sentidos físicos. Pensamos em nós mesmos como seres materiais, enquanto, na realidade, somos seres energéticos. O mundo material 3-D em que vivemos está inserido no mundo energético 4-D. É por isso que digo que nossa vida biológica é parte de nossa vida espiritual; a física e material está contida na energética.

Quando olhamos o mundo em que vivemos através de lentes de percepção energética 4-D, torna-se muito claro que nós não somos quem pensamos ser. Não temos um eu interior, um eu superior ou uma alma: somos o eu-interior, o eu-superior, somos a alma.

Quando vivemos nossa vida alinhados às motivações de nossa alma, experimentamos uma profunda sensação de bem-estar e uma sólida saúde física, pois estamos vivendo em um estado de coerência psicológica e energética. Quando não conseguimos viver em coerência psicológica e energética, vivenciamos perturbações emocionais, sofrimento mental, estresse e distúrbios psicossomáticos.

É importante lembrar que o estresse não é derivado do que está acontecendo em sua vida, e sim de seus pensamentos sobre o que está ocorrendo em sua vida, sobre o significado que você atribui às situações. Não é seu trabalho nem seu relacionamento que estão induzindo seu estresse, é a crença baseada em medos sobre ter suas necessidades atendidas que criam o estresse.

O mesmo é verdade para a pressão. Estresse e pressão são o espelho de seu cenário interno, de suas crenças baseadas em medos sobre como satisfazer suas necessidades de sobrevivência, segurança e proteção nas circunstâncias atuais.[22] Estresse e pressão possuem uma origem interna, não externa. Seu chefe pode lhe pressionar a concluir uma tarefa, mas é você quem converte essa exigência em pressão e estresse. Sem seus medos internos, não há pressão e estresse, existe apenas o fato.

Como muitos outros cientistas modernos, o Dr. Alan Watkins, professor honorário em neurociência e medicina psicológica na Imperial College, em Londres, atribui firmemente a culpa pelo estresse e pelas doenças à esfera psicológica. Em *Coherence: The Secret Science of Brilliant Leadership*[23] ["Coerência: A ciência secreta da liderança brilhante", em tradução livre], Watkins pergunta: "O que impacta a saúde e a felicidade?". E responde:

> Bem, provavelmente não é o que você pensa. Existe agora uma quantidade considerável de dados científicos mostrando que emoções mal administradas são a causa. A emoção mal administrada é a "pista expressa" para a doença e o sofrimento.[24]

De meu ponto de vista, o termo "emoção mal administrada" é outra forma de dizer desalinhamento entre ego e alma, que, por sua vez, é outra maneira de dizer que seu campo de energia está sofrendo de instabilidade energética, ou porque você não é capaz de atender às necessidades do seu ego, ou porque não consegue satisfazer os desejos de sua alma.

Você sabe que seu campo de energia está instável quando se sente inquieto, impaciente, frustrado, irritado, ansioso, ciumento, estressado, deprimido etc. Todos esses sentimentos associados ao sofrimento emocional são indicadores de desalinhamento entre ego e alma.

Watkins justifica sua declaração de que *emoções mal administradas são a pista expressa para doença e sofrimento* com páginas de fatos e figuras referentes a doenças cardíacas, câncer, derrames e depressão.[25] Resumi suas conclusões a seguir:[26]

- Há uma montanha de provas conectando emoções negativas prolongadas a doenças cardíacas, câncer, derrames e depressão.

- A emoção é significativamente mais importante para a saúde e felicidade do que o exercício ou a alimentação.

- Sentimentos surgem de nossa percepção das emoções. Todos experimentam emoções. Nem todo mundo está ciente de suas emoções.

- Domínio emocional é essencial para a saúde e felicidade, o pensamento crítico, a tomada de decisão e a clareza de raciocínio.

- Coerência emocional é criada pelo desenvolvimento de inteligência emocional, proficiência emocional e autogestão emocional.

Watkins descreve a coerência de maneira semelhante àquela com que Maslow descreve uma experiência de pico. Watkins declara:

> Coerência é, na essência, o sustentáculo biológico daquilo que pessoas de alto desempenho chamam de estado de fluxo... um estado de eficiência máxima e superefetividade, em que o corpo e a mente são um só.[27]

Como a biologia pode ser reduzida à energia — todas as células são compostas por moléculas, que são compostas por átomos, que são compostos por elétrons, nêutrons e prótons, que são compostos por partículas elementares, que são ondas de informação em seu campo de energia —, reconfigurei a afirmação de Watkins para "coerência é o sustentáculo energético do estado de fluxo".

A dicotomia entre nossa experiência física e nossa experiência energética repousa na raiz do sofisma humano. É parte do que chamo de problema de dois mundos. Pensamos que vivemos em um mundo físico, mas, na realidade, vivemos em um mundo energético. Como mostro no capítulo seguinte, não existe um problema de dois mundos, é tudo uma questão de percepção.

Resumo dos pontos principais

Os principais pontos do Capítulo 1:

1. Crescemos em estágios de desenvolvimento psicológico e operamos em níveis de consciência. Em circunstâncias normais, o nível de consciência em que operamos será o mesmo do estágio de desenvolvimento psicológico que atingimos.

2. Maslow se referiu às necessidades associadas com os primeiros três estágios de desenvolvimento psicológico como necessidades "deficitárias", e às neces-

sidades associadas aos três últimos estágios de desenvolvimento psicológico como necessidades de "crescimento" ou de "ser".

3. Sentimos ansiedade e medo quando não somos capazes de satisfazer nossas necessidades deficitárias, mas, uma vez que elas são atendidas, não prestamos mais atenção nelas. A alegria que experimentamos quando satisfazemos nossas necessidades de crescimento nos deixa querendo mais.

4. Prefiro chamar as "necessidades" dos primeiros três estágios de desenvolvimento de necessidades do ego. Para mim, os termos "necessidades do ego" e "necessidades deficitárias" são equivalentes. Prefiro também chamar as necessidades dos últimos três estágios de desenvolvimento de "desejos da alma". Para mim, os termos "necessidades de crescimento ou de ser" e "desejos de alma" são equivalentes.

5. O caminho para a saúde e o bem-estar envolve satisfazer as necessidades de seu ego. Se você não é capaz de satisfazer a primeira, será difícil satisfazer a segunda.

6. Seu falso eu é a máscara que você cria para atender a suas necessidades deficitárias durante os estágios de ego de seu desenvolvimento.

7. Seu verdadeiro eu é o aspecto de sua alma que está energeticamente conectado a todos os outros seres humanos, independentemente de raça, religião, nacionalidade ou gênero.

8. Seu eu único é o aspecto de sua alma que é único a você: suas habilidades, dons e talentos.

9. Pensamos em nós mesmos como seres materiais, enquanto, na realidade, somos seres energéticos. Não temos um eu interior, um eu superior ou uma alma. Somos o eu-interior, somos o eu-superior, somos a alma.

10. Quando vivemos em alinhamento com as motivações de nossa alma, experimentamos uma sensação mais profunda de bem-estar e uma sólida saúde física, pois estamos vivendo em um estado de coerência energética.

Referências e notas

1. Abraham Maslow, *Toward a Psychology of Being* (Second Edition) (Van Nostrand Reinhold: Nova York), 1968, p. 3. Publicado no Brasil com o título *Introdução à Psicologia do Ser* (Ed. Eldorado).

2. Richard Barrett, *The Metrics of Human Conscious* (Londres: Fulfilling Books), 2015.

3. Richard Barrett, *The Values-Driven Organization: Unleashing human potential for performance and profit* (Londres: Fulfilling Books), 2014.

4. Richard Barrett, *Evolutionary Coaching: A values-based approach to unleashing human potential* (Londres: Fulfilling Books), 2014.

5. Abraham H. Maslow, *Toward a Psychology of Being* (Second Edition) (Nova York: Van Nostrand Reinhold), 1968, p. 173.

6. Ibid., p. 32.

7. Ibid., pp. 33–34.

8. Ibid., p. 97.

9. Ibid., p. 5.

10. Ibid.

11. Carl Jung, *Collected Works*, 6, p. 757.

12. Carl Jung, *Modern Man in Search of a Alma*, 1933, p. 229.

13. Abraham Maslow, *Toward a Psychology of Being* (Second Edition) (Nova York: Van Nostrand Reinhold), 1968, pp. 4–5. Publicado no Brasil com o título *Introdução à Psicologia do Ser* (Ed. Eldorado).

14. R. D. Laing, *The Divided Self* (Londres: Penguin Books), 2010, p. 95.

15. Marc Gafni, *Your Unique Self: The radical path to personal enlightenment* (Tucson: Integral Publishers), 2012, p. 17.

16. www.brainyquote.com/quotes/authors/v/viktor_e_frankl.html#W3iAZs5WS-1pFl1sM.99 (conteúdo em inglês)

17. Abraham Maslow, *Toward a Psychology of Being* (Second Edition) (Nova York: Van Nostrand Reinhold), 1968, pp. 4–5. Publicado no Brasil com o título *Introdução à Psicologia do Ser* (Ed. Eldorado).

18. William H. Murray, *The Scottish Himalayan Expedition* (Londres: Dent), 1951.

19. Roberto Assagioli, *Transpersonal Development: The dimension beyond psychosynthesis* (Findhorn: Smiling Way), 2007, p. 23.

20. William James, *The Varieties of Religious Experience* (Nova York: Penguin Books), 1982, p. 31.

21. Abraham Maslow, *Toward a Psychology of Being* (Second Edition) (Nova York: Van Nostrand Reinhold), 1968, p. 97. Publicado no Brasil com o título *Introdução à Psicologia do Ser* (Ed. Eldorado).

22. Andrew Bernstein, *The End of Stress* (Londres: Piatkus), 2010, p. 12.

23. Dr. Alan Watkins, *Coherence: The Secret Science of Brilliant Leadership* (Londres: Kogan Page), 2014.

24. Ibid., p. 79.

25. Ibid., pp. 77–139.

26. Ibid., pp. 138–139.

27. Ibid.

2

O PROBLEMA DA PERCEPÇÃO

Percepção é a raiz da realidade. Aquilo em que você acredita é o que percebe. Sua percepção se torna clara quando você olha através dos olhos de sua alma.

A pergunta em minha mente quando comecei a escrever este livro era uma versão mais ampla da pergunta proposta por Abraham Maslow no início de *Introdução à Psicologia do Ser*: "Existe uma área de jurisdição mais ampla para a psicologia?" Assim que comecei a pesquisar essa questão, encontrei o que chamo de problema de dois mundos, também conhecido como dualismo. Veja o que a Wikipédia tem a dizer sobre o dualismo:

> O dualismo está intimamente associado à filosofia de René Descartes (1596–1650), que afirma que a mente é uma substância imaterial. Descartes foi o primeiro a assimilar claramente o espírito (substância imaterial) à consciência e distingui-lo do cérebro, que seria o suporte da inteligência. Foi Descartes, portanto, quem primeiro formulou o problema do corpo-espírito do modo como se apresenta modernamente.[1]

O dualismo defende uma rígida distinção entre os domínios da mente e da matéria. O monismo sustenta que existe uma única realidade unificadora a partir da qual tudo pode ser explicado. O dualismo, ou o problema do corpo-mente, como é também conhecido na filosofia, diz respeito à relação entre mente e matéria e, em particular, ao relacionamento entre a consciência e o cérebro, no qual a mente é vista como sendo um sinônimo de consciência, e o cérebro é visto como sinônimo de matéria.

Em anos mais recentes, o problema do corpo-mente se tornou conhecido como o Difícil Problema da Consciência. O difícil problema é como explicar experiências fenomenológicas: a consciência decorre da matéria (o cérebro) ou a matéria decorre da consciência (a mente)?

Está claro para mim que, se a consciência surgisse da matéria, que é a atual hipótese da ciência, não haveria uma grande jurisdição para a psicologia, porque a mente não poderia influenciar a matéria, e os pensamentos não poderiam influenciar o bem-estar físico de nosso corpo, e, assim, não haveria doenças psicossomáticas. Se a matéria surge da consciência, ou é dependente da consciência, então existe uma jurisdição mais ampla para a psicologia, pois a mente é capaz de influenciar a matéria.

Estas palavras de E. F. Schumacher explicam meu ponto:

> Em uma estrutura hierárquica, o superior não apenas detém poderes que são adicionais e excedem àqueles detidos pelos inferiores: ele também tem poderes sobre os inferiores, o poder de organizar e usar os inferiores para propósitos próprios.[2]

Em outras palavras, se a consciência é superior à matéria, então a consciência detém poderes sobre a matéria. Veja alguns exemplos de como isso acontece.

Girassóis recebem esse nome porque a parte superior da planta acompanha o sol. O girassol é capaz de seguir o sol porque consegue perceber os raios solares. Ele não tem um cérebro, mas possui percepção. Essa percepção permite que a flor supra suas necessidades de energia em um processo chamado de fotossíntese. Em outras palavras, como a flor segue o sol, podemos afirmar que a percepção (consciência) tem poder sobre a matéria, e a finalidade dessa percepção, no que diz respeito ao girassol, é maximizar o suprimento de energia para que ele possa sobreviver e crescer.

Átomos também têm percepção. Por exemplo, os elétrons orbitando em um átomo de um elemento específico conseguem diferenciar os elétrons de outros elementos. Quando os elétrons orbitantes do átomo A estão próximos aos elétrons orbitantes do átomo B, os átomos se ligam para formar uma nova substância, mas quando os elétrons orbitantes do átomo A estão próximos dos elétrons orbitantes do átomo C, eles não se ligam. Sem percepção, os elétrons do átomo A não seriam capazes de diferenciar entre os elétrons do átomo B e C. Portanto, a consciência, na forma de percepção, afeta como os elementos constituintes da matéria (os átomos) se organizam.

O DNA é outro exemplo. Ele é uma molécula que contém todas as instruções para a vida. O DNA, assim como todas as moléculas, é composto por átomos, que em nosso mundo 3-D de percepção material são compostos de partículas energéticas. Em nosso mundo 4-D, essas partículas são ondas energéticas de informação (instruções) e são elas, não as partículas materiais, que direcionam nosso crescimento e desenvolvimento. Com o passar do tempo, e com base no feedback da espécie, o conteúdo das ondas de informação contidas na molécula de DNA muda. Essas modificações permitem que a espécie evolua. A direção geral que a evolução toma é sempre no sentido de um aumento das possibilidades de sobrevivência e a evolução da percepção consciente.

Finalmente, gostaria de recorrer ao trabalho de Bernardo Kastrup, cientista e empreendedor de sucesso, que afirma:

> ...a função do cérebro é localizar a consciência, fixando-a ao ponto de referência tempo-espaço indicado pelo corpo físico... Quando não está sujeita a esse mecanismo de localização, a mente é livre... Portanto, ao localizar a mente, o cérebro filtra nossa consciência de tudo que não está correlacionado com a perspectiva do corpo, como um receptor de rádio escolhendo entre uma variedade de estações.[3]

Apesar de o cérebro/mente humano estar cercado de frequências de vibração vindas de um mais amplo continuum energético multidimensional, está restrito às frequências que consegue interceptar através dos cinco sentidos do corpo. Assim como o seletor de um rádio, os sentidos do corpo só conseguem registrar uma banda estreita de frequências, evitando que interceptemos e interpretemos o domínio mais amplo de nossa existência: as frequências energéticas 4-D da alma e o campo de energia universal. O que não percebemos ainda está lá, apenas não está em sua percepção consciente.

Embora os místicos e xamãs estejam cientes da unicidade de nossos mundos físicos e energéticos há milênios, somente no começo do século XXI, com o desenvolvimento da teoria quântica dos campos, os cientistas começaram a reconhecer que havia uma fenda em nossa interpretação material 3-D do mundo. Albert Einstein (1879–1955) estava ciente dessa fenda. Ele reconheceu plenamente que vivemos em um continuum energético 4-D, declarando isso da seguinte forma:

> Os não matemáticos são dominados por uma misteriosa tremedeira quando ouvem falar de coisas quadridimensionais, por um sentimento que não é diferente do oculto. Mas não existe afirmação

mais lugar-comum do que o mundo que vivemos ser um continuum quadridimensional.[4]

Einstein não estava sozinho nesse modo de pensar. Ervin László, filósofo húngaro, descreve o problema de dois mundos da seguinte forma: ele chama o mundo 3-D físico, observável, manifesto, de dimensão-M (M de material ou manifesto), e chama o mundo 4-D, energético, inobservável — o mundo da alma —, de dimensão-A. A dimensão-A (dimensão Akasha ou energética) é um campo universal de informação e potencialidade que está em constante interação com a dimensão-M.

> ... a dimensão-A [energética] é anterior: ela é a base geradora das partículas e sistemas de partículas que emergem na dimensão-M [material].[5]

Max Planck (1858–1947), físico teórico, um dos criadores da teoria quântica, é citado por dizer: "Considero a consciência fundamental. Considero a matéria como sendo derivada da consciência. Não podemos atrasar a consciência."

Apesar de derivarmos nosso senso de realidade pessoal focando nossa atenção no mundo material 3-D, o que observamos é apenas uma fina camada de um mundo energético muito mais amplo.

Uma das conexões que temos com o mundo energético são nossos pensamentos. Eles são impulsos energéticos de intenção positiva, neutra ou negativa. Consequentemente, sejam quais forem seus pensamentos, eles não apenas influenciam a vibração energética de seu campo de energia (o corpo-mente), mas também a vibração energética do mundo que o cerca. Quando você entra em um ambiente que está sendo usado para práticas energéticas, é possível sentir literalmente a vibração energética de amor e paz. Se já esteve no refúgio sagrado do Taj Mahal, uma bela criação para celebrar o amor, sabe o que quero dizer.

Pensamentos baseados em medo fazem com que as coisas pareçam pesadas e sérias, enquanto pensamentos baseados em amor tornam as coisas leves e agradáveis. Isso se deve ao fato de que a energia do medo tem uma vibração de baixa frequência, e a energia do amor tem uma vibração de alta frequência. A energia do amor é leve, pois ela conecta (pessoas). A energia do medo é pesada, pois separa (as pessoas), ela vai contra o estado natural da ordem energética. A sensação é de estar "em casa" em nossa alma quando amamos, e nos sentimos "separados" de nossa alma quando temos medo. Sentimentos são a antena que nos permite a sintonização com o estado da nossa dinâmica ego-alma.

Quando as energias baseadas em medo da mente-ego são justapostas com as energias baseadas em amor da mente-alma, experimentamos um sentimento de instabilidade em nosso campo de energia e sensações de desconforto em nosso corpo. À medida que você se liberta das energias baseadas em medo de sua mente-ego e se alinha com as energias baseadas em amor de sua mente-alma, a mente-ego e a mente-alma entram em alinhamento energético, e seu corpo se sente vigoroso e saudável. A citação de Maslow que mencionei anteriormente descreve esse processo:

> ... os poderes da pessoa se conjugam e unem de um modo particularmente eficiente e intensamente agradável, em que ela está mais integrada e menos dividida.[6]

As palavras-chave aqui são "ela está mais integrada e menos dividida". Em outras palavras, quando elevamos a frequência da vibração da mente-ego, nos libertando de nossos medos, nos alinhamos com a frequência da vibração da mente-alma.

Ao falar de campo de energia humana, John James, pesquisador de psicologia transpessoal da Austrália, descreve nossa situação da seguinte forma:

> Desde que Einstein escreveu "o campo é a única realidade", percebemos cada vez mais que o universo incorpora esses dois reinos [energia e matéria], e, embora eles possam parecer contraditórios, são, na verdade, mutuamente envolventes [porque] tudo é vibração e matéria... tudo está intimamente conectado através dos campos de energia. A separação é, portanto, uma ilusão.[7]

Para que você possa compreender mais profundamente a relação entre nossa realidade física/material 3-D e a realidade energética 4-D de nossa alma, peço que participe de um exercício.

O exercício dos cinco dedos

Pegue uma folha de papel e imagine que há uma pequena pessoa vivendo na superfície do papel na chamada "Planolândia". Para essa pessoa, o mundo tem comprimento e largura, mas não tem altura. Em outras palavras, essa pessoa opera em um mundo de percepção bidimensional (percepção 2-D). Ela não consegue perceber altura. Surge, então, um ser humano (você) com percepção 3-D (você é capaz de perceber altura) e apoia as pontas dos dedos de uma mão no papel, na superfície de Planolândia. Veja a Figura 2.1.

Figura 2.1: A projeção dos cinco dedos na percepção bidimensional

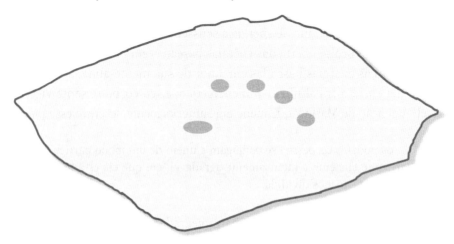

Imagine agora que a pessoa vivendo na Planolândia saiu para um passeio matinal. Quando passou por esse local ontem, ela não percebeu nada de anormal. De repente, da noite para o dia, cinco círculos apareceram (a projeção na percepção bidimensional das pontas de seus cinco dedos). O ser bidimensional está perplexo pela aparição dos cinco círculos. Ele chama um amigo, um cientista bidimensional, e pede que ele explique a natureza dos cinco círculos. O cientista analisa os círculos usando a lógica bidimensional.

Seus experimentos mostram que os círculos podem se mexer de modo independente dentro de determinados limites, mas se ele empurrar um círculo com força suficiente, este parece arrastar os outros junto com ele (embora os dedos da mão estejam separados, eles estão conectados, mas em uma dimensão de percepção que o cientista não consegue perceber).

O cientista bidimensional repete seus experimentos. Cria conjuntos de equações para explicar as relações dos círculos entre si e logo acredita saber tudo que é possível conhecer sobre os cinco círculos. Ele publica um artigo sobre os cinco círculos e convoca uma reunião da Academia de Cientistas Bidimensionais para mostrar a descoberta. Os cientistas bidimensionais repetem os experimentos e obtêm resultados muito parecidos. Todos no mundo bidimensional acreditam conhecer tudo que há para saber sobre os cinco círculos.

Visto pela perspectiva da percepção 3-D, sabemos que não se tratam de cinco círculos. Eles são cinco dedos conectados que formam uma parte de um organismo vivo. Os seres bidimensionais ignoram completamente a visão geral. Eles acreditam que os cinco círculos são coisas separadas, mas que estão conectadas de alguma maneira que não conseguem perceber. Eles têm equações para explicar essas ligações. Essas equações são simbólicas: elas não transmitem a realidade completa da conexão que existe na terceira dimensão da consciência. Os cientistas bidimensionais estão sintonizados às frequências de percepção bidimensionais e não conseguem captar as frequências de percepção 3-D.

Essa é exatamente a situação em que nos encontramos com relação à quarta dimensão de percepção. Vivenciamos incontáveis experiências que parecem desconexas, mas que, na realidade, estão ligadas. Elas estão conectadas na quarta dimensão da consciência. Algumas dessas experiências conseguimos explicar com nossa lógica 3-D — que é do domínio da ciência —, e outras, não. Existe uma gama de nomes que podemos usar para as experiências que não podemos explicar. Dependendo do contexto, podemos chamá-las de paranormais, mágicas, milagrosas, espirituais ou sincrônicas.

Essas palavras são disfarces para nossa ignorância. Por confiarmos em nossa percepção 3-D, não podemos perceber as ligações existentes nas dimensões superiores da consciência, onde essas experiências se originam. A razão pela qual elas estão além de nossa compreensão é que nossa mente está focada na informação parcial que recebemos de nossos cinco sentidos físicos, que só estão sintonizados em interpretar o que está acontecendo em nossa realidade material 3-D. Enquanto nos identificarmos com nosso corpo físico e seus sentidos, continuaremos alheios ao que está acontecendo em nossa realidade energética 4-D.

Uma de nossas conexões mais importantes com as dimensões superiores da realidade são nossas emoções e sentimentos — as mudanças no campo de energia da mente-ego e mente-alma que ocorrem quando satisfazemos ou deixamos de satisfazer nossas necessidades. À medida que você busca seu desenvolvimento psicológico, acaba se conectando com a realidade energética 4-D de sua alma através de sua intuição e inspiração.

A analogia do pente

Há outra forma de explicar o problema de dois mundos. Pegue um pente e cubra a metade superior. O que você vê são as cerdas do pente totalmente desconexas, a separação. Quando revela a parte superior do pente, vê que as cerdas estão unidas em um nível superior. Nota a conectividade, a unidade. Sem a conexão superior, o pente desmontaria e não atenderia à sua finalidade.

A Nova Psicologia do Bem-Estar Humano

Como seres humanos, somos assim. O que percebermos por nossa percepção 3-D é que somos seres separados (os dentes de um pente). Quando elevamos nossa percepção para a "quarta dimensão" da consciência, começamos a entender e sentir a conexão com outras almas, começamos a apreciar a unidade.

Assim como é difícil entender o significado e o propósito das cerdas separadas até que percebamos que elas pertencem a um pente, também é difícil entender nosso significado e propósito até estarmos cientes de quem somos e de nossa conexão com outras almas. Não estamos separados, estamos conectados através de nosso campo de energia na quarta dimensão da consciência. Somos todos aspectos individuais do mesmo campo de energia universal.

Mecânica newtoniana *versus* mecânica quântica

Com base nessa compreensão, rapidamente se torna óbvio que, se confiarmos unicamente em nossa percepção 3-D para explicar nossa realidade, não teremos uma ideia completa de quem somos ou do mundo em que vivemos.

Assim como os cientistas bidimensionais que acreditavam que conheciam tudo que era possível saber sobre os cinco círculos, até cerca de um século atrás nossos cientistas 3-D acreditavam que sabiam tudo sobre nosso mundo material. Tudo poderia ser explicado pela mecânica newtoniana.

Em 1900, Lord Kelvin (1824–1907), físico, matemático e engenheiro britânico, resumiu o status da ciência na seguinte afirmação: "Não há nada de novo a ser descoberto em física agora. Tudo que resta é mensuração mais e mais precisa."

Vinte anos depois, a teoria do campo quântico começou a surgir no cenário científico. Nossos cientistas 3-D tiveram que enfrentar o fato de que havia uma fenda na realidade material 3-D. Eles descobriram que havia um mundo macro de objetos (composto de partículas) encontrados em nosso mundo material 3-D e um mundo micro de energia (ondas de informação) que encontramos em nosso mundo energético 4-D.

Descobrimos pela teoria quântica que tudo que precisávamos para ligar esses dois mundos era um observador. Quando uma pessoa está presente, as ondas de energia de potencialidade desmoronam em um resultado específico que se alinha com as crenças do observador.

A razão pela qual ficamos tão impressionados com a mecânica newtoniana (clássica) é que ela descreve precisamente o movimento dos objetos e sistemas

O Problema da Percepção

suscetíveis à nossa percepção humana 3-D: objetos maiores que uma molécula e menores que um planeta, em temperaturas próximas das quais organismos vivos conseguem sobreviver e movendo-se em velocidades significativamente menores do que a velocidade da luz. Quando essas condições limítrofes são violadas e passamos ao mundo das micropartículas atômicas, a mecânica clássica não mais domina. É aqui que a mecânica quântica assume o comando. Físicos foram capazes de ligar a energia causal da mente com nossa realidade material 3-D. Tudo no universo tem uma dimensão energética, incluindo cada aspecto de nosso corpo físico. Até mesmo o cérebro e nossos sentidos físicos, que são usados para interpretar nossa realidade, são, em essência, energéticos.

> [Se você focasse] a estrutura do átomo, não veria coisa alguma; observaria um vazio físico. O átomo não tem estrutura física, nós não temos estrutura física. Átomos são compostos de energia invisível, não de matéria tangível.[8]

Niels Bohr (1885–1962), um dos criadores da teoria quântica, afirma que "Tudo que chamamos de real é feito de coisas que não podem ser consideradas reais". O que é "real" não é o que vemos, ouvimos, cheiramos, provamos ou tocamos; é o que sentimos. Tudo que vemos, ouvimos, cheiramos, provamos ou tocamos é uma representação material 3-D de um campo de energia. Nossas emoções e nossos sentimentos são nossa conexão com o mundo energético. O que sentimos são deslocamentos de energias: energia em movimento. É por isso que sentimentos são tão importantes para gerenciar nossa dinâmica ego-alma. Não conseguimos saber o que está acontecendo em nosso campo de energia se não estivermos em contato com nossos sentimentos. Sempre que bloqueamos nossos sentimentos, nos desligamos do mundo de nossa alma e nossa verdadeira realidade.

O que podemos concluir a partir do exercício dos cinco dedos é que a materialidade não é uma propriedade do mundo, mas sim de nossos sentidos. O que observamos no mundo 3-D é energia na forma de matéria.

Edward O. Wilson, professor emérito da Universidade de Harvard e um dos biólogos e naturalistas mais proeminentes do mundo, também aponta as limitações de nossos sentidos físicos. Ele afirma:

> A visão é baseada no *Homo sapiens*, em uma camada de energia quase infinitesimal.[9]

Wilson conclui:

> … nós estamos cientes de apenas diminutas camadas do espaço-tempo, e ainda menos dos campos de energia nos quais existimos.[10]

A caverna de Platão

Outra forma de pensar sobre nossa percepção 3-D limitada é descrita pela história da caverna de Platão. Nessa alegoria, Platão descreve a realidade do grupo de prisioneiros que passaram toda a vida em uma caverna, acorrentados de frente para uma parede. Esses prisioneiros observavam as sombras na parede, projetadas pelas coisas que passavam em frente à fogueira atrás deles, e lhes davam nomes. As sombras e os nomes representavam sua realidade.

Platão usou essa história para explicar que os filósofos eram como prisioneiros que escaparam da caverna e passaram a entender que as sombras na parede são símbolos de outra realidade. Podemos considerar que as sombras na parede representam nossa percepção 3-D; apenas quando saímos da caverna descobrimos nossa percepção 4-D. A partir desse nível superior de percepção, conseguimos entender mais claramente o verdadeiro significado das sombras que vimos em nossa percepção 3-D.

Em outras palavras, enquanto nos identificarmos com nosso corpo e usarmos de nossos sentidos físicos para interpretar nossa realidade, seremos como os prisioneiros na caverna. O que podemos ver, ouvir, cheirar, provar e tocar são apenas os objetos e sons que vibram nas frequências que nossos sentidos conseguem detectar. O resto de nosso mundo energético continua indetectado. A única maneira de conseguirmos solucionar o problema dos dois mundos é pararmos de nos identificar com o mundo material do ego e começarmos a nos identificar com o mundo energético da alma.

Essa mudança de percepção, da material para a energética, traz uma nova perspectiva para nossa compreensão do significado de saúde, mais proximamente alinhado com as tradições orientais.

Além da morte

Finalmente, para ajudar a ilustrar de modo mais pragmático as conexões invisíveis com o mundo energético 4-D das almas, gostaria de relatar duas histórias.

Em 2008, minha mãe, com 98 anos, foi morar em uma casa de repouso. O único motivo de ela ter se mudado para lá foi um problema nos joelhos; ela sentia dificuldade em subir escadas na casa dela. Fora isso, sua saúde era boa. Logo após sua mudança, deixei os Estados Unidos e fui morar na Inglaterra, para ficar mais perto dela. Fui morar na casa de minha mãe.

Pouco tempo depois de completar 99 anos, minha mãe teve pneumonia e quase morreu no hospital. Ela sobreviveu e voltou para a casa de repouso. Estava agora acamada e incapaz de tomar conta de si, e sua saúde se deteriorou gradualmente ao longo dos dez meses seguintes.

Uma manhã, por volta das seis horas, poucos dias depois do centésimo aniversário de minha mãe, tive um sonho incomum. Sonhei com uma figura feminina que surgia de repente e me abraçava. Meu sonho foi muito vívido, bem diferente de qualquer outro sonho que tivera até então ou tive depois. Pouco tempo depois, por volta das sete e meia da manhã, logo após terminar meu café da manhã, o telefone tocou. Era a diretora da casa de repouso em que minha mãe morava, dizendo que ela havia morrido. Então me dei conta de que meu sonho tinha sido uma visita da alma de minha mãe.

Em 24 horas, uma profunda sensação de alegria tomou conta de mim. Ela perdurou por cerca de duas semanas. Embora não possa provar, acreditei que a alegria que estava sentindo era a da minha mãe ao se libertar de seu corpo. Normalmente, as pessoas ficam tomadas pelo luto quando alguém querido morre. Não foi isso que senti. Minha mãe tinha desejado deixar seu corpo por muitos meses. Ela sempre me dizia: "Por que não posso morrer como minhas irmãs?" Todas haviam morrido subitamente e sem sofrimento.

Minha mãe foi quase totalmente surda por grande parte de sua vida e quase sempre usou aparelho auditivo. Algumas semanas depois, juntei todas as roupas dela e as levei para um bazar de caridade perto da casa de repouso onde ela vivia. Eu não conhecia aquele local, e somente notei que estava ali quando me dirigia para retirar a certidão de óbito de minha mãe. Quando perguntei à atendente para qual obra assistencial se destinavam as doações, ela respondeu: "Pessoas surdas e com problemas de audição." Deixo que você tire suas próprias conclusões sobre o que me guiou para aquele bazar.

A NOVA PSICOLOGIA DO BEM-ESTAR HUMANO

Enquanto escrevia este livro, deparei-me com outra história que chamou minha atenção. O protagonista é Michael Shermer, um homem muito respeitado em sua comunidade. Ironicamente, como você poderá avaliar depois de ler sua história, ele foi o editor fundador da revista *Skeptic* (que significa cético) e *presidential fellow* na Chapman University, nos Estados Unidos. Veja a história em suas próprias palavras:

> Frequentemente me perguntam se já vivenciei algo que não consegui explicar… eventos incomuns ou misteriosos que sugerem a existência do paranormal ou sobrenatural. Minha resposta é: sim.
>
> O evento ocorreu no dia 25 de junho de 2014. No dia em que me casei com Jennifer Graf, de Köln, Alemanha. Ela tinha sido criada pela mãe. Seu avô, Walter, era a figura paterna mais próxima, mas ele morreu quando ela tinha 16 anos. Ao enviar seus pertences para minha casa antes de nosso casamento, a maioria das caixas se danificaram e muitas de suas relíquias de família se perderam. O rádio Philips de 1978 de seu avô chegou são e salvo, então decidi que traria o rádio de volta à vida depois de décadas de silêncio. Coloquei novas pilhas e o abri para verificar se havia alguma conexão solta. Tentei até mesmo a "manutenção percussiva" — que dizem funcionar nesses tipos de aparelhos — batendo o rádio algumas vezes sobre uma superfície. Silêncio! Desistimos e colocamos o aparelho de volta na gaveta da mesa em nosso quarto.
>
> Três meses depois, após o casamento civil em Beverly Hills, voltamos para casa e, na presença de nossa família, recitamos nossos votos e trocamos alianças. Jennifer estava se sentindo só, queria que seu avô estivesse lá para conduzi-la na cerimônia. Ela sussurrou em meu ouvido que queria me dizer uma coisa em particular, pedimos licença e fomos para outro cômodo, onde podíamos ouvir uma música tocando no quarto. Não tínhamos nenhum aparelho sonoro lá, então procuramos por notebooks e iPhones e até abrimos a porta dos fundos para ver se a música vinha dos vizinhos. Seguimos o som até a impressora na mesa, imaginando — de modo absurdo — se o aparelho multifuncional pudesse ter um rádio. Nada.
>
> Naquele momento, Jennifer me lançou um olhar que eu não via desde que o filme *O Exorcista* assustava plateias. "Não pode ser o que estou pensando, não é?", disse ela. Ela abriu a gaveta da mesa e tirou o rádio do avô, de onde soprava uma música romântica. Sentamos estupefatos em silêncio por alguns minutos. "Meu avô está aqui conosco", disse Jennifer, com os olhos cheios de lágrimas. "Eu não estou sozinha."
>
> Logo depois voltamos para nossos convidados, e o rádio continuava tocando enquanto eu contava a história. Minha filha, Devin, que saiu

de seu quarto um pouco antes de a cerimônia começar, acrescentou: "Ouvi a música vindo do seu quarto assim que a cerimônia estava prestes a começar." O estranho é que estávamos nos arrumando no quarto minutos antes disso, e não havia música alguma.

Mais tarde, naquela noite, adormecemos ao som da música clássica do rádio de Walter. Convenientemente, o rádio parou de funcionar no dia seguinte e permaneceu em silêncio desde então.[11]

Apenas quando percebermos que o mundo material em que vivemos está contido no mundo energético 4-D da alma é que poderemos compreender que eventos como esses que acabo de descrever são intervenções significativas de uma dimensão superior da consciência. Eles parecem ser comunicações propositais destinadas a nos enviar mensagens de amor: uma mensagem de conexão.

Resumo dos pontos principais

Os primeiros pontos do Capítulo 2:

1. Apesar de o cérebro/mente humano estar cercado por frequências de vibrações vindas de um continuum energético multidimensional mais amplo, está restrito às frequências que consegue interceptar através dos cinco sentidos físicos do corpo.

2. Uma de nossas conexões mais importantes com as dimensões superiores da realidade são nossas emoções e sentimentos, mudanças no campo de energia da mente-ego e mente-alma que ocorrem quando satisfazemos ou deixamos de satisfazer nossas necessidades.

3. Não conseguimos saber o que está acontecendo em nosso campo de energia se não estivermos em contato com nossos sentimentos. Sempre que bloqueamos nossos sentimentos, nos desligamos do mundo de nossa alma e de nossa verdadeira realidade.

4. Quando as energias baseadas em medo da mente-ego são justapostas com as energias baseadas em amor da mente-alma, experimentamos um sentimento de instabilidade em nosso campo de energia e sensações de desconforto no corpo.

5. À medida que você se liberta das energias baseadas em medo de sua mente-ego e se alinha com as energias baseadas em amor de sua mente-alma, a mente-ego e a mente-alma entram em alinhamento energético.

6. Nós temos consciência de apenas diminutas camadas do espaço-tempo, e ainda menos dos campos de energia nos quais existimos.

A NOVA PSICOLOGIA DO BEM-ESTAR HUMANO

7. As formas físicas e a materialidade são propriedade de percepção 3-D, não propriedades da realidade em que vivemos.
8. A mudança de percepção, da percepção material para a energética, traz uma nova perspectiva para nossa compreensão do significado de saúde, mais proximamente alinhada com as tradições orientais.

Referências e notas

1. *Wikipedia: The Free Encyclopaedia*. Wikimedia Foundation, Inc. 22 jul 2004. Web. 10 ago 2004 (Tradução adaptada da versão em inglês).
2. E. F. Schumacher, *A Guide for the Perplexed* (Londred: Random House), 1995, p. 35.
3. Bernardo Kastrup, *Why Materialism is Baloney* (Winchester: Iff Books), 2014, p. 40.
4. R. W. Clarke, *Einstein the Life and Times* (Nova York: World Publishing), 1971, p. 159.
5. Ervin László, *The Self-actualizing Cosmos: The akasha revolution in science and human conscious* (Rochester: Inner Traditions), 2014.
6. Abraham H. Maslow, *Toward a Psychology of Being* (second edition) (Nova York: Van Nostrand Reinhold), 1968, p. 97. Publicado no Brasil com o título *Introdução à Psicologia do Ser* (Ed. Eldorado).
7. John James, *The Great Field*, 2007, p. 22.
8. Arjun Walia, *Nothing is Solid, Everything is Energy* — Scientists Explain The World of Quantum Physics, Collective Evolution, 27 set 2014.
9. E. O. Wilson, *The Meaning of Human Existence* (Nova York: Liveright Publishing), 2014, p. 48.
10. Ibid., p. 166.
11. www.scientificamerican.com/article/anomalous-events-that-can-shake-one-
-s-skepticism-to-the-core (conteúdo em inglês)

3

Os Filtros da Percepção

Pensamos viver em um mundo material tridimensional, enquanto, na verdade, vivemos em um mundo energético multidimensional. A razão dessa falta de percepção são os nossos filtros. Um progresso adicional na evolução da consciência humana requer que paremos de filtrar e comecemos a expandir nossa percepção.

No último capítulo, discuti como nossos sentidos criam nossa realidade material 3-D filtrando a maior parte do que está acontecendo no mundo energético 4-D. Neste capítulo, quero explorar o conceito dos filtros pessoais e coletivos em mais detalhes, em especial, desejo explorar como a utilização de filtros se relaciona com a consciência e os impactos, que podem ser tanto negativos quanto positivos, desses filtros sobre nosso senso de identidade e nossa vida em geral.

Aspectos positivos dos filtros

Existem muitos benefícios associados aos filtros. A seguir apresento quatro.

Atividades criativas

Os filtros permitem que nos concentremos naquilo que estamos *fazendo,* eliminando quaisquer ruídos ou distrações externas, especialmente quando estamos envolvidos em atividades criativas ou fazendo algo que demande atenção total. Filtrar nos possibilita focar nossa mente em uma intenção ou em um objetivo e, ao fazer isso, nos ajuda a alcançar o que queremos na vida.

Percepção subconsciente

Filtros permitem que você esteja totalmente presente em seu *pensamento* enquanto seu subconsciente cuida de quaisquer tarefas rotineiras que esteja fazendo. Muitas pessoas experimentam este tipo de filtro enquanto dirigem longas distâncias sozinhas. Elas ficam com seus pensamentos e permitem que sua mente subconsciente as conduza. Se algo de incomum ocorrer, elas sabem que podem contar com seu subconsciente para alertá-las do perigo.

Atenção plena

Os filtros também permitem que você experiencie a atenção plena, que envolve ser o observador de sua experiência consciente interna. Você atinge esse estado ao focar sua respiração: quando está suficientemente relaxado, consegue observar seus pensamentos. Não se envolve com seus pensamentos, permanece distante deles. Durante esse processo, você é apenas uma testemunha.

A atenção plena e a meditação são muito parecidas. Mas, embora elas envolvam o mesmo processo, a intenção é diferente. Na atenção plena, a intenção é observar seus pensamentos; na meditação, é se mover para além dos pensamentos, para que possa experimentar a consciência pura, um lugar de puro ser.

Filtros culturais

Os filtros podem ainda ocorrer em um nível cultural em todas as formas de estruturas de grupos: organizações, nações e grupos religiosos. Sempre que você se identifica com uma cultura específica, bloqueia sua atenção de todo o resto que não seja considerado importante por aquela cultura e foca a atenção em tudo que é importante naquele contexto cultural. É por isso que as organizações criam visões e missões e adotam um conjunto de valores. A visão, a missão e os valores de uma empresa pretendem manter os funcionários focados nos objetivos e motivações daquela organização.

Em todos esses casos, usamos os filtros, quer seja para se concentrar no que é importante para nós, quer seja para manifestar nossas intenções.

Aspectos negativos dos filtros

Existem muitos aspectos negativos associados com a utilização de filtros. Veja três deles.

Ruminação

A ruminação envolve bloquear sua atenção de qualquer pensamento que possa ser considerado positivo. É a atitude de focar compulsivamente sua atenção nos sintomas de seu infortúnio, em seu fracasso em atingir suas metas. Foca a causa de seus problemas, e não a solução. Você permite que a raiva ou o medo guie sua percepção consciente. Isso pode levar a uma espiral energética negativa, que normalmente acaba em depressão.

Repressão

A repressão envolve suprimir suas emoções e bloquear de sua mente consciente quaisquer sentimentos ou pensamentos negativos associados às situações em que falhou em atingir seus objetivos. A energia associada com esses sentimentos e pensamentos dolorosos é reprimida para a mente subconsciente. A repressão tem tanto aspectos positivos quanto negativos.

O lado positivo é que ela permite que sua percepção consciente continue funcionando — você é capaz de se concentrar em atender a suas necessidades e desejos atuais —, cuidando de suas necessidades deficitárias e dos desejos de sua alma. O lado negativo da repressão é que a instabilidade energética associada às emoções, sentimentos e pensamentos reprimidos não desaparece. Eles criam instabilidade energética em sua mente subconsciente.

Mais tarde, quando surgirem situações que acionem a memória dessas experiências, as emoções, os sentimentos e os pensamentos voltam a inundar sua percepção consciente, perturbando seu equilíbrio. Sua consciência fica sobrecarregada, e você não é capaz de tomar decisões racionais. Nesse estado, você pode fazer coisas das quais se arrependerá mais tarde.

A sombra pessoal e coletiva

Os aspectos sombrios de sua personalidade são as partes "obscuras" que você bloqueia de sua percepção consciente. Sua sombra contém as emoções, os sentimentos e os pensamentos que não quer ter, as coisas das quais não se orgulha, todos os aspectos de sua personalidade que não quer que os outros vejam e que não refletem os valores de sua alma. Você os esconde porque quer ser querido e respeitado pelas outras pessoas. Quer ser querido para se sentir amado e protegido, e quer ser respeitado para que possa se sentir reconhecido e seguro.

Mesmo que sejam reprimidos, os aspectos sombrios de sua personalidade não desaparecem. Quando as emoções, os sentimentos e os pensamentos de sua sombra são despertados para a percepção consciente, você pode lidar com eles de duas maneiras: se aceitar sua cumplicidade na criação da dor associada a seus fracassos prévios, fica sobrecarregado de culpa ou vergonha; se negar essa cumplicidade, fica com raiva e projeta a dor que está sentindo em outras pessoas na forma de criticismo. Tudo que o irrita nos outros é uma indicação de um problema que você mesmo não conseguiu resolver.

Quando julgamos e criticamos os outros, trazemos à luz o que está em nossa própria sombra — tornamos nossa dor visível, o que é um modo aceitável pelo ego. Quando rebaixamos outras pessoas, estamos tentando nos exaltar, o ego está tentando se sentir melhor sobre seus fracassos.

Não fazemos isso apenas individualmente, mas também no coletivo. Cada estrutura de grupo humana com uma história quase com certeza terá uma sombra, um aspecto do passado coletivo do grupo sobre o qual ele se envergonha. Com os indivíduos, a vergonha surge da incapacidade de atender aos valores da alma. Embora aspectos sombrios da história de um grupo raramente sejam discutidos, eles ainda influenciam o processo de tomada de decisões desse grupo.

Três conclusões sobre os filtros

Há três principais conclusões que extraio desse breve resumo sobre a utilização de filtros: eles são, sobretudo, um mecanismo de sobrevivência. Permitem que você se mantenha focado no que está acontecendo em sua estrutura existencial para que possa assegurar sua sobrevivência, proteção e segurança.

O filtro é sinônimo de separação e afeta nossa identidade. Você retira ou permite que entre em sua percepção consciente, respectivamente, aspectos que se distanciem ou se aproximem de si mesmo.

Quanto mais remove de sua percepção consciente, mais isolado se torna; quanto mais permite adentrar em sua percepção consciente, mais conectado se torna. Portanto, quando se identifica com seu corpo físico tridimensional, e não com seu corpo energético quadridimensional, você se afasta de sua alma. Sua alma, quem você é, está sempre presente em segundo plano, mas, enquanto se identificar com seu ego e sua realidade material, continuará inconsciente de sua alma e de sua realidade energética.

Disfunções dos filtros

Existem dois principais tipos de disfunção de filtros: um que envolve excesso de filtros, como o transtorno obsessivo-compulsivo (TOC), e outro que envolve limitação de filtros, por exemplo, o transtorno do déficit de atenção e hiperatividade (TDAH), ambos são condições associadas ao medo.

Transtorno obsessivo-compulsivo (TOC)

O TOC é uma obsessão com uma urgência de atender a uma necessidade. Quando a necessidade assume uma importância significativa, ela se torna uma compulsão. Se a necessidade não for satisfeita, ficamos extremamente ansiosos. Filtramos de nossa consciência todas as outras necessidades até que satisfaçamos a compulsão. Os sintomas do TOC podem variar de leves a severos, e normalmente começam no início da fase adulta. Geralmente envolvem medos gerados durante os estágios de desenvolvimento psicológico de adequação e diferenciação associados a nossas necessidades de segurança e proteção não atendidas. Os sintomas do TOC podem ser abrandados trazendo-se o medo associado a uma necessidade não satisfeita para a percepção consciente e aprendendo-se a conviver com o medo por períodos cada vez mais longos sem ceder à compulsão.

Transtorno do déficit de atenção e hiperatividade (TDAH)

No que tange aos filtros, o TDAH é o oposto do TOC. Em vez de focar uma coisa, nossa mente é continuamente distraída por muitas coisas. Pessoas que sofrem de TDAH tendem à desatenção, hiperatividade e impulsividade.

O TDAH é mais frequente em crianças pequenas. Acredito que o motivo seja estar relacionado às experiências durante o estágio de desenvolvimento de sobrevivência, em especial quaisquer dificuldades em satisfazer nossas necessidades ainda no útero. Minha presunção vem do fato de a incidência dos sintomas do TDAH serem mais comuns em crianças nascidas prematuramente ou abaixo do peso e cujas mães fumaram ou consumiram álcool ou drogas durante a gestação.

Os desafios e as experiências dolorosas vivenciadas no útero levam o cérebro/mente reptiliano do feto em formação a desenvolver uma impressão psicológica (crença) de que o mundo não é seguro. O bebê nasce hipervigilante, sempre em busca de informações de mudanças no ambiente e do que poderia comprometer sua capacidade de atender a suas necessidades.

Agora que já discutimos os aspectos positivos e negativos dos filtros e as disfunções associadas ao excesso ou ausência de filtro, quero passar para questões mais relevantes: o contexto evolucionário dos filtros. Como e por que passamos a utilizar os filtros, e como eles se relacionam com nossa experiência material tridimensional da realidade?

O surgimento dos filtros

De acordo com a ciência moderna, tudo que existe em nosso universo surgiu a partir do "big bang"[1] ocorrido há aproximadamente 14 bilhões de anos.

> O big bang criou, a partir do nada, um universo composto de fótons, radiações carregadas de energia, inimaginavelmente quentes e super-comprimidas, uma sopa de energia quase totalmente homogênea. O universo nascia como uma unidade indiferenciada.[2]

Depois do big bang, segundo nossos cientistas tridimensionais, começou a evolução: da energia para a matéria, da matéria para organismos vivos, e de organismos vivos para criaturas. Uma dessas criaturas sendo nós, a espécie conhecida como *Homo sapiens*. Essa é a história que criamos para explicar nossa realidade 3-D, pois ela se encaixa nas evidências físicas de nossos sentidos, de modo semelhante às histórias criadas pelos cientistas bidimensionais da Planolândia no Capítulo 2.

Quando digo que tudo em nosso universo material 3-D teve sua origem por volta de 14 bilhões de anos atrás, quero dizer tudo mesmo, incluindo não apenas o mundo tangível dos átomos, células e criaturas, mas também o mundo intangível das emoções, sentimentos, pensamentos e crenças. De fato, a evolução não teria acontecido se as capacidades de compreensão de sentido — nossos cinco sentidos e o cérebro — não tivessem evoluído em paralelo com as faculdades intangíveis de compreensão de sentido — nossa mente.

Se a teoria do big bang estiver correta, então o resultado é que o mundo físico emergiu do mundo energético. Sabemos não apenas que a energia precedeu a matéria, graças a Einstein, como também que a energia e a matéria estão ligadas intimamente ($E=mc^2$). O que realmente observamos por meio de nossos sentidos tridimensionais são campos de energia que interpretamos como matéria.

Seguindo a percepção do critério de Einstein de que energia e matéria estão relacionadas, o físico francês Louis de Broglie (1892–1987) apresentou a ideia de que toda a matéria tem propriedades de onda, e diferentes tipos de matéria têm sua própria frequência energética de vibração, uma assinatura particular de energia. Ele apresentou esse conceito pela primeira vez em 1927 e ganhou o Prêmio Nobel por essa descoberta em 1929.

O físico Gerald Schroeder, escrevendo por volta do ano 2000, declarou:

> Setenta anos de experimentos sustentaram tanto as alegações de Einstein quantos as de Broglie. Por mais absurdos que esses princípios pareçam para a mente humana, esse conhecimento possibilitou a criação de transistores, lasers e telefones celulares.[3]

Parece que vivemos em dois mundos. Em um, tudo está na forma de ondas — a dimensão da energia, um mundo que não somos capazes de perceber por meio de nossos sentidos físicos. No outro, tudo está na forma de partículas — a dimensão material, um mundo que podemos perceber por meio de nossos sentidos físicos. A dimensão da energia é a realidade da alma, e a dimensão material é a percepção filtrada dessa realidade. Uma chamamos de percepção 4-D, e a outra, percepção 3-D. Vista através das lentes de nossa percepção 4-D, podemos considerar a percepção 3-D uma forma de ilusão, pois é baseada em informações incompletas.

A barreira entre a realidade tridimensional e a quadridimensional não é real, é um trabalho de nossa percepção e, portanto, permeável. Essa permeabilidade aumenta à medida que expandimos nossa consciência dominando progressivamente os estágios mais altos de desenvolvimento psicológico e de identificação com sua alma. Em outras palavras, a expansão de nossa consciência leva a uma maior percepção de nossa realidade 4-D.

A forma mais direta de experienciarmos a percepção 4-D é através das sensações vivenciadas pelo corpo e os sentimentos experimentados na mente. A fonte dessas sensações e sentimentos são alterações nas vibrações energéticas no campo energético da mente-corpo, mente-ego e mente-alma. Outros exemplos de percepção 4-D são:

- Clarividência: a capacidade de perceber coisas ou eventos futuros.
- Clarisciência: a capacidade de "ler" os sentimentos dos outros.
- Clariaudiência: a capacidade de ouvir vozes de seres não sensíveis.
- Claripercepção: a capacidade de receber *insights* perspicazes.

Essas capacidades representam rachaduras na percepção 3-D de nosso ego através das quais podemos vivenciar a percepção 4-D.

Consciência pura

Depois de estabelecido o ponto de partida para tudo o que existe em nosso mundo 3-D ser um campo energético multidimensional indiferenciado, vamos descer a escada dos filtros que nos levam do big bang para a realidade material 3-D.

Imediatamente depois do big bang, a única coisa que existia era o campo energético universal. Não havia filtros. Não havia nada além do campo de energia universal e nada dentro do campo que pudesse ser considerado como algo separado do restante. O campo era tudo o que havia. Tudo era parte do campo. Não havia nada para o campo de energia ter consciência, exceto si mesmo. Portanto, podemos considerar o campo energético universal como um campo de consciência pura.

A mente única

Em nossa realidade 3-D, começamos a perceber que consciência e mente são sinônimos. Em outras palavras, a consciência é uma propriedade fundamental da mente. Não é possível haver consciência sem mente, e não pode haver mente sem consciência. Já que o campo energético universal é um campo de consciência pura, podemos nos referir a ele como a mente única.

O físico pioneiro Sir James Jeans (1877–1946) expressa um pensamento similar. Ele escreve:

> A corrente do conhecimento está se movendo na direção de uma realidade não mecânica; o universo começa a parecer cada vez mais um grande pensamento, e não uma grande máquina. A mente não parece mais ser um intruso acidental no reino da matéria; temos que reverenciá-la como o criador e governante do reino da matéria. Entenda de uma vez e aceite a conclusão indiscutível. O universo é imaterial, mental e espiritual.[4]

Vista de uma perspectiva monoteísta, poderíamos equiparar a mente única com Deus, e podemos comparar o campo energético da mente única com o Espírito. Em outras palavras, o Espírito é o campo energético de Deus que abrange tudo que existe, que dá vida a tudo no universo. A essência desse espírito é o amor. O termo "inspiração" significa um *insight* da consciência da alma ofertado com amor. Quando sentimos inspiração, somos revigorados pela energia do amor: passamos a fazer parte do espírito.

Percepção consciente

Consciência e mente são sinônimos. Onde existe mente, existe consciência *e* percepção. No campo da consciência pura, a consciência pode estar presente, mas não há razão para que esteja ativa: ela é ativada apenas quando há um motivo para isso. O que a torna ativa é a separação. Tudo que se separa de seu contexto (ambiente) precisa ganhar consciência para que possa lidar com a separação. A consciência não é apenas uma consequência da separação, é um pré-requisito para a separação.

Para manter a separação, é preciso haver um limite entre o que uma entidade reconhece como "eu" e "não eu". Em outras palavras, é preciso haver um reconhecimento do que é externo e do que é interno, um senso de identidade. Sem esse senso de identidade, é difícil determinar um limite entre o "eu" e o "não eu".

Se uma entidade não consegue estabelecer uma identidade — um limite entre o eu e o não eu —, ela não é capaz de se separar e emergir do segundo plano. Isso é individuação: você emerge da cultura em que está inserido e encontra sua verdadeira identidade, ou permanece incorporado na cultura. Algumas pessoas se referem a identidade cultural como identidade tribal, pois ela liga um grupo de pessoas àqueles com quem compartilhamos nossas características étnicas.

Podemos concluir que mente, percepção, consciência *e* identidade não são apenas requisitos para a separação, são também essenciais para a sobrevivência. Concluímos que a finalidade principal da consciência é manter uma entidade em um estado de estabilidade (energética) interna e equilíbrio externo para que ela possa conservar sua separação e sua identidade.

Baseado nisso, podemos definir a consciência como a *percepção com um propósito*, e o propósito da consciência é administrar a estabilidade energética da entidade. Se a entidade não conseguir manter a estabilidade interna e o equilíbrio externo — se não permanecer viva —, retornará ao contexto do qual foi originalmente separada. Primeiro ela emerge e depois retorna: se desdobra e depois se redobra.

Localização

Assim que uma entidade se separa do campo energético universal e estabelece uma identidade (um limite entre o eu e o não eu), a consciência dessas entidades é ativada, para que possam se manter separadas e sobreviver — elas tinham que estar alertas sobre o que está acontecendo em seu ambiente. Para estar atentas e focadas no que é importante para sua sobrevivência em seu ambiente, tiveram que filtrar de sua percepção tudo o que não era importante — tudo o que não fosse ameaçador ou mutável. E com o senso de identidade surgiram os filtros e a localização.

A progressão dos filtros

A progressão dos filtros de percepção (níveis crescentes de separação) vai desde a mente única até a experimentação da alma da percepção 3-D em um corpo físico, como mostrado na Figura 3.1.

Figura 3.1: A aplicação dos filtros desde a mente única até a mente-corpo

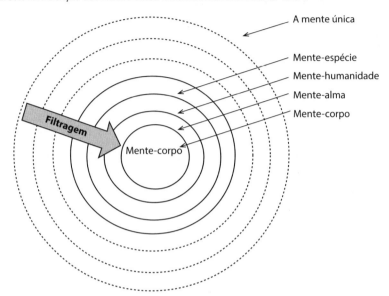

Existem muitos estágios de filtragem envolvidos entre a mente única (o campo energético universal) e o campo de energia individual da alma humana. Os últimos três estágios envolvem a filtragem da mente de espécie, da mente da humanidade e da mente-alma 4-D da mente humana 3-D. Pode-se dizer que a mente-alma 4-D representa o subconsciente da mente humana 3-D, e a mente da humanidade 5-D representa o inconsciente da mente humana 3-D, e assim por diante. A teoria das cordas sugere que existem 11 dimensões. Essas mentes, juntamente com todas as mentes muito mais expandidas, estão sempre presentes, nós apenas não estamos cientes delas, pois as filtramos de nossa percepção. Essa ideia é a raiz de quase todas as religiões: Deus está sempre presente, nós apenas não o percebemos.

A maior parte deste livro foca o último estágio do processo de filtragem, o que ocorre entre a consciência 4-D e a 3-D. Meu foco é a relação entre a alma, operando com percepção 4-D, e o ser humano individual, operando com percepção 3-D. Não estou me concentrando muito na relação entre o campo energético universal (a mente única) e a mente-alma. Estou filtrando grande parte dessa relação.

A jornada para a percepção 3-D

A jornada da alma para a percepção 3-D começa quando a alma encarna em um corpo humano, quando ela se apodera do campo energético criado no processo de concepção. Conforme o embrião e depois o feto crescem e se desenvolvem, a percepção material tridimensional da alma aumenta. A alma é auxiliada nesse processo pela criação da mente-corpo (o cérebro/mente reptiliano).

As primeiras experiências que a alma tem da existência material 3-D são as sensações experimentadas pela mente-corpo. Algumas dessas experiências são positivas — enriquecem a vida (as necessidades da mente-corpo são atendidas) —, e outras são negativas — extenuam a vida (as necessidades da mente-corpo não são satisfeitas). A alma vivencia experiências enriquecedoras na forma de energia de amor, e experiências extenuantes como energia de medo. A alma continua a vivenciar os dois tipos de experiência (amor e medo) durante o processo de nascimento e os dois primeiros anos de idade. Quando as necessidades do embrião, do feto e do bebê são atendidas, a alma experimenta a energia do amor. Quando elas não são atendidas, a alma vivencia as energias da raiva e do medo.

Por volta dos dois anos de idade, quando a percepção 3-D da alma já se desenvolveu a ponto de começar o processo de separação, ela entende que existem outras pessoas no mundo. Ela não está vivendo mais no mundo da unicidade. Neste ponto, a dor (instabilidade energética) associada com as sensações negativas da mente-corpo e a experiência de separação faz com que a alma se proteja criando um escudo que chamamos de ego.

A mente-ego se desenvolve em três estágios: ela aprende a sobreviver com a ajuda da mente-corpo (cérebro/mente reptiliano), aprende a se manter segura com a ajuda da mente emocional (cérebro/mente límbico), e como se proteger com o auxílio da mente racional (cérebro/mente neocortical).

Somente depois que a mente-ego aprendeu a manter sua estabilidade interna e seu equilíbrio externo em suas estruturas de existência física, social e cultural é que a mente-alma se aventura novamente na percepção 3-D. A mente-ego precisa se libertar de seus medos antes que a mente-alma possa ser reativada. A ativação da mente-alma ocorre em três estágios: da autorrealização, da integração e de serviço. O processo todo é descrito pelos Sete Estágios de Desenvolvimento Psicológico, e cada estágio requer uma expansão na percepção consciente.

Para que a consciência se expanda, é preciso haver uma diminuição da separação e um aumento no senso de identidade. Os filtros, na forma de repressão, impedem a expansão. O que tem sido reprimido pelo ego precisa ser reintegrado à percepção consciente antes que a alma possa concluir sua jornada.

O processo de expansão da consciência é mostrado na Figura 3.2. Expandimos nossa percepção consciente ao aprender gradativamente a vencer as necessidades associadas a cada estágio de desenvolvimento. Os números na figura se referem aos Sete Estágios de Desenvolvimento Psicológico.

Figura 3.2: A expansão da percepção consciente

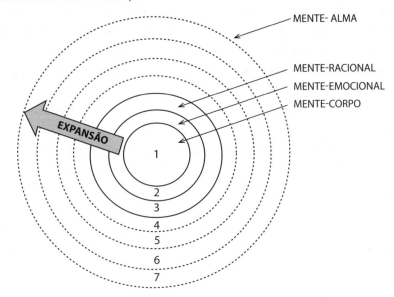

Em termos gerais, podemos dizer que a mente-corpo corresponde ao estágio de desenvolvimento da sobrevivência (1); a mente emocional, ao estágio de desenvolvimento de conformidade (2); e a mente racional, ao estágio de desenvolvimento da diferenciação (3). A mente emocional, com a mente racional, representa a mente-ego. No quarto estágio de desenvolvimento (4), o ego reintegra à sua percepção consciente o que havia sido suprimido.

Se não formos capazes, por qualquer motivo, de reintegrar o que foi reprimido ou não conseguirmos nos desligar de nossa estrutura de existência cultural, nossa mente-ego continuará dominante pelo resto de nossa vida, e a mente-alma não será reativada. O que impede a consciência da mente-alma de emergir é a energia de medo do ego. Essa energia tem uma baixa frequência de vibração, enquanto a energia do amor tem uma alta frequência de vibração.

A diferença entre a percepção do ego e a percepção da alma

Para encerrar este capítulo, penso que é importante descrever as diferenças entre a percepção do ego e a percepção da alma sobre a realidade.

Do ponto de vista do ego, as propriedades fundamentais da dimensão material de realidade são tempo, espaço e matéria. Ao unir tempo e espaço, criamos a ilusão da separação; ao juntar tempo e matéria, criamos a ilusão de morte e deterioração; e ao conjuminar espaço e matéria, criamos a ilusão de massa e formas físicas. Juntos, considerados como um todo, todos esses conceitos se alinham à clássica interpretação física 3-D de realidade explicada pela mecânica newtoniana e a primeira e segunda leis da termodinâmica.

Do ponto de vista da alma, as propriedades fundamentais da dimensão energética são eternidade, onipresença e energia. Como a alma não tem percepção de tempo ou espaço para lhe proporcionar a ilusão de separação, ela experimenta um senso de unicidade e conectividade. Por não ter consciência do tempo e da matéria para lhe oferecer a ilusão de morte e deterioração, ela experimenta um "estado de ser" (consciência do momento). Porque a alma não tem percepção de espaço e matéria para lhe fornecer a ilusão de forma e massa, ela vivencia alterações nas vibrações energéticas. Juntos, considerados como um todo, esses conceitos se alinham com a interpretação da mecânica quântica de realidade, que é explicada pela Teoria Quântica.

No mundo da alma, tudo está na forma de ondas com diferentes frequências de vibração — a dimensão energética —, e, no mundo do ego, tudo está na forma de partículas com diferentes densidades de matéria — a dimensão material.

A Tabela 3.1 compara as propriedades fundamentais do ego e a percepção da alma, e a Tabela 3.2 mostra a maneira como o ego experimenta sua realidade material e a maneira como a alma vivencia a realidade energética.

TABELA 3.1: PROPRIEDADES DA PERCEPÇÃO DO EGO E DA ALMA

Propriedades da percepção do ego	Propriedades da percepção da alma
Tempo	Eternidade
Espaço	Onipresença
Matéria	Energia

Os Filtros da Percepção

TABELA 3.2: A EXPERIÊNCIA DA REALIDADE DO EGO E DA ALMA

A experiência da realidade do ego	A experiência de realidade da alma
Morte e deterioração	Ser
Separação	Conexão de unicidade
Limitação	Possibilidade
Carência	Abundância
MEDO	AMOR

Na dimensão material da realidade, o ego vive em um mundo limitado pelo tempo e pela matéria. Portanto, ele acredita em morte e deterioração e experiencia a separação. E, por isso, acredita na limitação. Porque acredita na limitação, experiencia carência. Por vivenciar a carência, acredita que tem necessidades. E por acreditar nisso, experiencia raiva quando as necessidades não são atendidas, e medo, se acredita que elas podem não ser supridas.

Na dimensão energética da realidade, não há tempo ou espaço. Por não haver tempo e espaço, a alma vive em constante estado de ser e conexão. E, por isso, experimenta a unicidade e não está ciente da separação. Por não ter consciência da separação, não experiencia a limitação. Ela vive em um mundo de possibilidade e abundância. Cada pensamento da alma é um ato de criatividade. Ela cria instantaneamente em seus pensamentos tudo de que precisar. Por não ter necessidades, não tem medos, e a experiência primordial de seu mundo é o amor incondicional.

A primeira lei da termodinâmica confirma a natureza eterna da alma. Ela declara que a energia não pode ser criada ou destruída, mas pode ser modificada de uma forma para outra, por isso, a alma pode continuar existindo para sempre, a menos que escolha se transformar em uma diferente forma de energia.

A segunda lei da termodinâmica confirma o efeito desestabilizante que o medo do ego tem no campo energético da alma e declara que sempre que a energia é transformada de uma forma para outra, a quantidade de desordem e instabilidade (entropia) em um sistema aumenta. Uma baixa entropia é uma indicação de ordem e estabilidade, e uma alta, uma indicação de desordem e instabilidade. Quando a entropia é alta, a quantidade de energia disponível para a tarefa de manter a estabilidade interna e o equilíbrio externo diminui.

Em seu estado natural, o campo energético da alma é composto apenas de energia de amor: ela vive em um mundo de ordem e equilíbrio. Sempre que o campo energético da alma experiencia a energia de medo do ego, seu nível de entropia — o nível de desordem e instabilidade — aumenta. Em outras palavras, quando deixamos que os medos do ego influenciem nossos pensamentos, o nível de instabilidade energética no campo energético da alma aumenta, e a quantidade de energia de amor disponível para "realizar as funções úteis" diminui. Da perspectiva da alma, a energia associada à emoção de raiva — experienciada pelo ego quando suas necessidades não são atendidas — e a energia associada à emoção de medo — quando suas necessidades podem não ser atendidas — são vivenciadas pela alma como a falta de amor.

Necessidades não atendidas = Raiva/medo = Falta de amor

Foram identificadas as fontes de instabilidade energética no campo energético da alma como sendo a raiva e o medo do ego, então tenha essa informação em mente enquanto exploramos as motivações da alma em mais detalhes.

Resumo dos pontos principais

Veja os principais pontos do Capítulo 3:

1. Os filtros têm aspectos negativos e positivos.
2. Filtros são, sobretudo, um mecanismo de sobrevivência. Eles permitem que você se mantenha focado no que está acontecendo em sua estrutura existencial para que possa assegurar sua sobrevivência, proteção e segurança.
3. O filtro é sinônimo de separação e afeta nossa identidade. Você retira ou permite que entre em sua percepção consciente, respectivamente, aspectos que se distanciem ou se aproximem de si mesmo. Quanto mais remove de sua percepção consciente, mais isolado se torna; quanto mais permite adentrar em sua percepção consciente, mais conectado se torna.
4. Tudo que existe — no mundo tangível de células e criaturas e no mundo intangível das emoções e dos sentimentos — originou-se do big bang.
5. Parece que vivemos em dois mundos. Em um, tudo está na forma de ondas — a dimensão da energia, um mundo que não somos capazes de perceber por meio de nossos sentidos físicos. No outro, tudo está na forma de partículas — a dimensão material, um mundo que podemos perceber por meio de nossos sentidos físicos.

6. A dimensão da energia é a realidade da alma, e a dimensão material é a percepção filtrada dessa realidade. Uma chamamos de percepção 4-D, e a outra, percepção 3-D.

7. Para a autoconsciência estar presente, é preciso haver uma mente, pois a consciência é uma propriedade da mente. Podemos nos referir ao campo energético universal como a mente única.

8. Tudo que se separa de seu contexto (ambiente) precisa ganhar consciência para que possa lidar com a separação. A consciência não é apenas uma consequência da separação, é um pré-requisito para ela.

9. Podemos definir a consciência como a *percepção com um propósito,* e o propósito da consciência é administrar a estabilidade interna e o equilíbrio externo da entidade que tem consciência para que possa manter sua separação do contexto.

10. A jornada da alma para a percepção 3-D começa quando a alma encarna em um corpo humano, quando ela se apodera do campo energético criado no processo de concepção. Conforme o embrião e depois o feto crescem e se desenvolvem, a percepção material tridimensional da alma aumenta.

11. Por volta dos dois anos de idade, quando a percepção 3-D da alma já se desenvolveu a ponto de começar o processo de separação, ela entende que existem outras pessoas no mundo. Ela não está vivendo mais no mundo da unicidade. Nesse ponto, a dor (instabilidade energética), associada com as sensações negativas da mente-corpo e a experiência de separação, faz com que a alma se proteja criando um escudo que chamamos de ego.

12. Somente depois que a mente-ego aprendeu a manter sua estabilidade interna e seu equilíbrio externo em suas estruturas de existência física, social e cultural é que a mente-alma se aventura novamente na percepção 3-D.

Referências e notas

1. O big bang é um modelo científico prevalente de como o universo se desenvolveu. De acordo com essa teoria, o universo em que vivemos teve início há aproximadamente 13,798 bilhões de anos.

2. Gerald L. Schroeder, *The Hidden Face of God: Science reveals the ultimate truth* (Nova York: Touchstone), 2001, p. 41.

3. Ibid., p. 27.

4. R. C. Henry, *The Mental Universe*; Nature 436: 29, 2005.

4

AS MOTIVAÇÕES DO EGO E DA ALMA

Toda decisão que tomamos na vida é motivada pelo ego ou pela alma. Não há exceções quanto a essa regra. A razão pela qual tomamos decisões é atender a nossas necessidades.

Agora que temos uma ideia mais clara das realidades do ego — o mundo de formas materiais 3-D e as realidades da alma — o mundo dos campos energéticos 4-D —, podemos alcançar um entendimento mais profundo dos impulsos e motivações do ego e da alma. Podemos também desenvolver uma compreensão mais profunda do que significa recriar a realidade 4-D na percepção 3-D.

Motivações do ego

Como o ego acredita que é dependente do corpo para existir, sua motivação primária é a sobrevivência física. O ego também tem duas motivações secundárias: proteção física e emocional e segurança física e emocional. Proteção física significa manter o corpo a salvo, e proteção emocional significa se sentir aceito e amado em seu ambiente social/familiar. Segurança física significa manter o corpo seguro em sua comunidade ou ambiente cultural, e segurança emocional significa se sentir reconhecido e respeitado em sua comunidade ou ambiente cultural.

Primeiro aprendemos a sobreviver em nosso corpo, e depois aprendemos a nos manter a salvo em novo ambiente familiar/social, e finalmente aprendemos a nos sentir seguros em nossa comunidade e ambiente cultural. A necessidade de satisfazer cada uma dessas motivações se alinha aos estágios de sobrevivência, conformidade e diferenciação do desenvolvimento psicológico, respectivamente (veja Tabela 4.1).

Tabela 4.1: As motivações do ego

O grau com que você consegue atender às necessidades de sobrevivência, segurança e proteção de seu ego é o mesmo com que vivencia o amor em sua vida. O amor traz saúde, felicidade e satisfação durante os anos de sua infância, adolescência e início da fase adulta. Quando você é capaz de vencer as necessidades do ego, energeticamente, vivencia um senso de estabilidade interna.

O grau de sua incapacidade de atender às necessidades de sobrevivência, segurança e proteção é o mesmo grau com que experimenta a raiva e o medo em sua vida. O medo traz ansiedade, e a raiva traz tristeza durante os anos de sua infância, adolescência e início da fase adulta. Quando estamos envolvidos em uma luta constante para satisfazer as necessidades de sobrevivência, segurança e proteção do ego, o medo e a raiva criam instabilidade energética em nossa mente-corpo.

Os impactos que o amor e o medo têm na vida durante os estágios de desenvolvimento do ego são mostrados na Figura 4.1

Figura 4.1: O impacto do amor e do ódio no desenvolvimento do ego

Quando você não se sente aceito, experimenta a solidão e cresce com a sensação de não ser amado. Não vivencia uma sensação de pertencimento e, consequentemente, não se sente apoiado pelas outras pessoas e entende estar desprotegido. Quando não nos sentimos reconhecidos, vivenciamos a rejeição e crescemos nos percebendo como insignificantes. Não nos sentimos respeitados e, consequentemente, temos um baixo senso de valor próprio e não nos sentimos seguros.

Motivações da alma

A motivação primária da alma é a autoexpressão, que significa permitir que a paixão e a criatividade da alma fluam através de seu ser. A alma tem duas motivações secundárias: conectar-se e contribuir. Nós nos conectamos quando criamos relacionamentos de amor incondicional e levamos uma vida conduzida por valores. Contribuímos quando usamos nossas habilidades, dons e talentos para auxiliar no bem-estar dos outros e levamos uma vida conduzida por um senso de propósito.

Recriar a realidade 4-D da alma na percepção 3-D significa aprender a expressar quem você é, aprender como se conectar através de um amor incondicional e aprender como contribuir para o bem-estar das pessoas que conhece. A necessidade de satisfazer essas motivações se alinha com os estágios de desenvolvimento psicológico da autorrealização, integração e de serviço, respectivamente (veja a Tabela 4.2).

TABELA 4.2: As motivações da alma

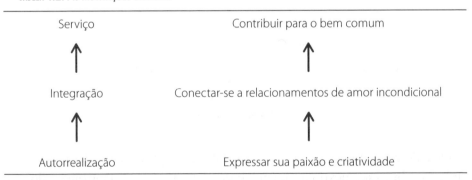

Seu sucesso em levar uma vida conduzida por um senso de propósito depende em grande medida de sua capacidade de levar uma vida conduzida por valores. No nível da alma, todos compartilhamos dos mesmos valores. Quando você aprende a viver de acordo com esses valores, identifica-se com as outras pessoas e consegue se conectar. Se não consegue essa identificação, não pode se conectar e não é capaz de contribuir com o bem-estar dos outros.

O grau de satisfação dos desejos de autoexpressão, conexão e contribuição de sua alma é o mesmo grau em que experiencia bem-estar, satisfação e alegria em sua vida adulta e na fase mais madura. Quando consegue atender aos desejos de sua alma, energeticamente, você experimenta uma sensação de estabilidade interna.

O grau de insatisfação dos desejos de autoexpressão, conexão e contribuição de sua alma é o mesmo grau em que experiencia tristeza, depressão e saúde debilitada durante a vida adulta e a fase mais madura. Quando você é incapaz de atender aos desejos de sua alma, energeticamente, vivencia uma sensação de instabilidade interna.

O impacto que satisfazer ou não os desejos de sua alma tem em sua vida é mostrado na Figura 4.2.

FIGURA 4.2: O IMPACTO QUE SATISFAZER OS DESEJOS DE SUA ALMA TEM EM SUA VIDA

Expressão da alma

Bem-estar, realização e alegria

Conexão   **Contribuição**

Inclusão   Servir a comunidade

ALMA   **ALMA**

EGO   **EGO**

Servir a si mesmo   Separação

Não há contribuição   **Não há conexão**

Tristeza, depressão
e saúde debilitada

Supressão da alma

Quando comparamos as Figuras 4.1 e 4.2, fica claro que a satisfação das motivações da alma está inextricavelmente ligada à satisfação das motivações do ego.

Se o ego se esforça para satisfazer suas necessidades de sobrevivência, a alma encontrará dificuldade em atender a seus desejos de autoexpressão: as necessidades de sobrevivência sempre têm precedência sobre as de autoexpressão. Se o ego se esforça para satisfazer suas necessidades de proteção, a alma encontrará dificuldades para satisfazer seus anseios por conexão: quando você não se sente amado, é difícil amar os outros. Se o ego luta para satisfazer suas necessidades de segurança, a alma encontrará dificuldade em atender aos seus anseios por contribuição: quando você não se sente reconhecido em sua comunidade, é difícil contribuir.

Ou, como Maslow diria, é preciso atender a suas necessidades deficitárias antes que possa satisfazer suas necessidades de crescimento.

Teoria do bem-estar

É um tanto óbvio que satisfazer as motivações de seu ego e de sua alma tem muito a ver com o bem-estar. Se você é incapaz de atender às necessidades de seu ego, não conseguirá satisfazer os anseios de sua alma e, com isso, não encontrará realização. Por essa razão, acredito que as atuais teorias que sustentam o movimento do bem-estar, e que sucederam o movimento da felicidade, são falhas, por duas razões: não reconhecem a primazia da satisfação das necessidades do ego nas primeiras fases de nossa vida e não reconhecem a primazia da satisfação dos desejos da alma nas fases finais de nossa vida. Em outras palavras, o atual movimento do bem-estar não presta atenção no impacto que o desenvolvimento psicológico relacionado ao estágio tem naquilo que nos faz feliz e no modo como encontramos alegria em nossa vida. Nossa felicidade depende se sermos capazes de superar os estágios de desenvolvimento do ego — satisfazer as necessidades do ego —, e nossa alegria depende de sermos capazes de superar os estágios de desenvolvimento da alma — satisfazer os anseios de nossa alma.

Não fui o único a notar as falhas nos movimentos de felicidade e de bem-estar. David Harper, professor adjunto de psicologia clínica na Universidade do Leste de Londres, escrevendo para o jornal *The Guardian*, também vê esses movimentos com certa desconfiança. Ele expõe alguns pontos que acredito serem bastante válidos. Seu primeiro ponto é que insistir que a felicidade é uma construção interna não é útil quando confrontado com pessoas que sofreram significativo abuso infantil. Elas não são felizes porque, sem qualquer responsabilidade sobre isso, suas experiências de infância as ensinaram que satisfazer suas próprias necessidades é uma constante batalha.[1] Harper também aponta que criar as condições que trazem felicidade está, às vezes, fora de nosso controle. Ele afirma:

> Evidências mostram que uma grande contribuição para sérios distúrbios emocionais é a iniquidade de renda — a diferença crescente entre as pessoas mais ricas e mais pobres na sociedade. Para aumentarmos a felicidade, precisamos de uma ação sólida contra a iniquidade.[2]

A lacuna nas teorias que embasam os movimentos de felicidade e de bem-estar não chega a me surpreender, pois pesquisas sobre felicidade e bem-estar são feitas em universidades, onde, como informei anteriormente, a alma é *persona non grata* e a significância do desenvolvimento relacionado ao estágio não é bem compreendida e integrada.

Corroboração

Finalmente, gostaria de oferecer algumas evidências para corroborar minhas declarações sobre a importância da autoexpressão, conexão e contribuição para a experiência de bem-estar e realização na fase madura de nossa vida. Extraio informações de diversos recursos, mas principalmente nos resultados do estudo Harvard Grant reportado no livro de George Vaillant, *Triumphs of Experience* ["Triunfos da Experiência", em tradução livre].[3]

Como parte de sua pesquisa, Vaillant desenvolveu o que chamou de Decatlo da Prosperidade:[4] dez fatores que ele utilizou para avaliar o sucesso na vida. Eles são reproduzidos no Apêndice 2. Vaillant descobriu que a capacidade que mais contribui para esses dez fatores é a capacidade para relacionamentos íntimos.[5]

Essa descoberta se alinha com minha alegação de que a satisfação do desejo da alma por conexão é um dos principais preditores de bem-estar. A importância da conexão é reforçada pela pesquisa de Vaillant sobre a relação entre felicidade e amor:

> Existem dois pilares para a felicidade revelados pelo Estudo Grant, que durou 75 anos. Um é o amor. O outro é encontrar uma maneira de enfrentar a vida que não afaste o amor.
>
> [...] amor nas primeiras fases da vida facilita não apenas o amor na fase mais madura, mas também os outros componentes do sucesso, como o prestígio e até mesmo uma alta renda. Ele também estimula o desenvolvimento de estilos de enfrentamento que facilitam a intimidade, em oposição àqueles que o desestimulam. A maioria dos homens que prospera descobriu o amor antes dos 30 anos, e é por isso que prosperaram.[7]

Vaillant conclui:

> Os 75 anos e os US$20 milhões gastos no Estudo Grant levam, pelo menos para mim, a uma conclusão clara: felicidade é amor. Ponto-final. [...] O amor vence tudo.[8]

Vaillant não é a única pessoa a reconhecer a importância fundamental de relacionamentos amorosos em nossa vida. O Dr. Arthur Janov, autor de *The Biology of Love* ["A Biologia do Amor", em tradução livre], concorda com Vaillant. Ao falar da importância do amor em nossa vida, ele declara:

> [...] o amor, em última análise, determina seu modo de pensar, sentir, perceber e agir como adulto. Ele determina de quais doenças seremos vítimas mais adiante na vida. Não é exagero dizer que a ausência de amor nas primeiras fases da vida estabelece os limites de nossa expectativa de vida e o grau de nossa felicidade.[9]

A Dra. Barbara L. Fredrickson, diretora do Laboratório de Emoções Positivas e Psicofisiologia na Universidade da Carolina do Norte, em Chapel Hill, chama o amor de "emoção suprema".[10] Ela declara:

> [amor] talvez seja a experiência emocional mais essencial para a prosperidade e a cura.[11] Seu corpo foi criado para utilizar esse poder — viver à custa dele.[12] O amor é muito mais onipresente do que você jamais pensou ser possível pelo simples fato de que amor é conexão.[13]
>
> O amor é afloramento momentâneo de três eventos intimamente interligados: primeiro, um compartilhamento de uma ou mais emoções positivas entre você e outro ser; segundo, uma sincronia entre você e os comportamentos e a bioquímica de outra pessoa; e terceiro, um motivo ponderado para investir no bem-estar um do outro que proporciona um cuidado mútuo.[14] Meu resumo para esses três fatores é ressonância positiva.[15]

Para mim, e desconfio que para a maioria das pessoas, a ideia de "ressonância" positiva oferece um elo com o mundo energético. A ressonância ocorre como resultado de um sistema de energia que aumenta sua amplitude de vibração em resposta a outro sistema que está vibrando em uma frequência semelhante. Quando você experimenta essa sensação de alinhamento com outra pessoa, não apenas vivencia o amor, como também conexão. Quando experimenta essa sensação de alinhamento dentro de si — quando ama a si mesmo —, seu ego se alinha com sua alma. As pessoas que não se amam, e negam sua autoexpressão, ficam doentes.

No que tange à contribuição e à autoexpressão pela criatividade, a análise de Vaillant dos resultados do estudo Terman de mulheres (veja o Prefácio) mostra uma ligação significativa entre generatividade — manifestar preocupação pelo desenvolvimento dos mais jovens — e criatividade. Vaillant define a criatividade como "acrescentar no mundo o que não estava lá antes".

As mulheres mais criativas apoiaram e cuidaram dos mais jovens e demonstraram uma preocupação altruísta pelo bem-estar dos outros. Na meia-idade, as mulheres criativas eram mais propensas a atividades fora de casa; aos 60, elas eram mais propensas a expressar a alegria de viver.[16]

> Entre as 20 mulheres mais criativas, havia 9 que alcançaram seu maior sucesso público depois dos 60.[17]

Quando Vaillant voltou sua atenção para os homens do Estudo Grant, encontrou resultados parecidos, mas as distinções não eram tão marcantes entre os mais e os menos criativos. Ele concluiu:

> Assim como a criatividade nas mulheres do estudo Terman, a criatividade em homens universitários [do Estudo Grant] estava associada ao envelhecimento bem-sucedido.[18] Para resumir, a criatividade estava positivamente relacionada à generatividade, sublimação e altruísmo.[19]

A criatividade é um dos componentes-chave para a autorrealização. Quando nos conectamos com o propósito de nossa alma, a criatividade e a paixão por nosso trabalho transbordam.

Outra pesquisa confirma que ter um senso de propósito na vida leva a uma redução nas chances de sofrer um AVC. O AVC ocorre quando o fluxo de sangue em nosso cérebro é bloqueado. A equipe de pesquisa conduziu autópsias em 453 adultos de mais idade participantes do Rush Memory and Aging Project. Todos os participantes passaram por exames físicos e psicológicos anuais, incluindo uma avaliação padrão sobre propósito de vida, que foi mensurado em uma escala de cinco pontos, sendo a pontuação mais alta indicativa de um senso de propósito maior. Nas autópsias, descobriu-se que 154 dos falecidos tiveram infartes macroscópicos (áreas de lesão do AVC visíveis a olho nu).

Os pesquisadores descobriram que a cada ponto extra na medição do propósito, a probabilidade de ter um ou mais infartes macroscópicos diminuía cerca de 50%. Aqueles com um forte senso de propósito na vida tinham 44% menos probabilidade de ter sofrido o tipo de lesão importante de tecido cerebral que provoca aumento do risco de Mal de Alzheimer e incapacidade ligadas ao envelhecimento. Essa ligação persistiu mesmo depois de ajustar os fatores contribuintes, como obesidade, tabagismo, diabetes, pressão alta e sedentarismo.

O renomado autor Lei Yu, estatístico no Rush Alzheimer's Disease Centre e professor assistente de Ciências Neurológicas na Universidade Rush, disse à agência de notícias Reuters:

> Nós e outros colegas temos demonstrado que o propósito de vida protege contra múltiplas consequências prejudiciais à saúde em idades avançadas. O mais importante, o propósito de vida pode ser aprimorado através de mudanças nos comportamentos ou participação em atividades voluntárias, por exemplo, entre outras.[20]

Ocorre que ter um senso de propósito na vida é um componente-chave do bem-estar psicológico. Quando experimentamos um senso de propósito, nossa vida tem significado e somos movidos por uma necessidade de fazer a diferença. De acordo com o estudo:

> Pessoas mais velhas com um maior senso de propósito têm menor probabilidade de desenvolver condições prejudiciais à saúde, incluindo mortalidade precoce, declínio das funções físicas, debilidade, incapacidade, Mal de Alzheimer e AVC.[21]

Se a capacidade de se conectar e contribuir na fase mais avançada da vida reduz o advento e a ocorrência de problemas físicos e mentais, poderíamos esperar que aqueles que dominaram essas habilidades viveriam mais.

Os resultados da extensa pesquisa sobre longevidade corroboram essa hipótese. Em seu livro, intitulado *The Blue Zones*[22] ["Zonas Azuis", em tradução livre], Dan Buettner relata as pesquisas realizadas por ele e sua equipe sobre longevidade.

> Para identificar os segredos da longevidade, nossa equipe de demógrafos, cientistas médicos e jornalistas foi direto às melhores fontes. Viajamos para as Zonas Azuis — cinco dos recantos mais saudáveis no mundo —, onde um percentual incrivelmente alto das pessoas com maior longevidade consegue evitar muitas das doenças que matam norte-americanos. São lugares onde as pessoas desfrutam de uma probabilidade três vezes maior de chegar aos 100 anos de idade do que os norte-americanos.[23]

Buettner descreve os resultados de sua pesquisa, a que ele se refere como "Nove lições para viver mais". Dividi suas noves lições em três grupos: físicas, de conexão e de contribuição.

A Nova Psicologia do Bem-Estar Humano

Entre as lições físicas descobrimos exercícios regulares, consumo reduzido de alimentos, uma dieta principalmente vegetariana, ingestão de pequena dose de álcool por dia e um ritmo de vida tranquilo e sem estresse. Entre as lições de conexão estão: ter a família como prioridade e a conectividade social. E entre as lições de contribuição temos o propósito de vida e afiliação com uma sólida comunidade de fé. Buettner conclui:

> [...] as estrelas da longevidade do mundo não apenas vivem mais, também tendem a viver melhor. Elas têm fortes conexões com a família e os amigos. São ativas. Acordam todas as manhãs sabendo que têm um propósito, e o mundo, por sua vez, reage a elas de uma maneira que as impulsiona ainda mais. A esmagadora maioria ainda desfruta da vida. E [não é de surpreender] não há ranzinzas entre elas.[24]

Estabelecida a importância da autoexpressão, conexão e contribuição para uma vida mais longa, saudável e agradável, vamos agora analisar os fatores-chave que nos impedem de desfrutar a fase mais madura da vida. Novamente, vamos nos embasar nos resultados do Estudo Grant de Harvard:

> [...] é a qualidade da experiência total da criança, não qualquer trauma ou relacionamento em especial, que exerce a influência mais evidente na psicopatologia adulta.[25]

Essa descoberta — que as experiências da infância desempenham um papel significativo no desenvolvimento adulto — também é corroborada por um trabalho recente conduzido por Lord Richard Layard e seus colegas da Faculdade de Economia de Londres (LSE). A pesquisa da LSE aponta que a saúde emocional de uma criança é muito mais importante para seus níveis de satisfação quando adultos do que outros fatores, seja para obter sucesso acadêmico quando jovens ou prosperidade quando mais velhos.[26]

Uma falha em promover o desenvolvimento emocional de nossas crianças durante os primeiros 20 anos de vida — durante o período que estavam focados em aprender a satisfazer suas necessidades de sobrevivência, proteção e segurança — tem impactos significativos em sua habilidade de alcançar os estágios mais altos do desenvolvimento psicológico.

Um estudo longitudinal realizado em Minnesota envolvendo 243 pessoas nascidas na pobreza chegou às mesmas conclusões. O Dr. Lee Raby, que liderou o estudo, declara:

O estudo sugere que as experiências das crianças com os pais durante os primeiros anos de vida têm um papel único na promoção do funcionamento acadêmico e social — não apenas durante as primeiras duas décadas de vida, mas também durante a fase adulta.[27]

O estudo descobriu que cuidados sensíveis nos primeiros três anos de vida podem prever sucesso acadêmico e habilidades sociais ao longo do caminho até a fase adulta. Pais que oferecem cuidados amorosos e gentis tendem a responder aos sinais de seus filhos pronta e adequadamente. Quando isso acontece, a criança se sente amada.

Uma das psicólogas infantis mais renomadas no mundo, Alice Miller (1923–2010), vai além ao relacionar os cuidados parentais, ou a falta deles, ao desenvolvimento na fase adulta. Em seu livro *A Revolta do Corpo*,[28] ela estabelece uma forte ligação entre traumas da infância e doenças físicas e mentais na fase adulta. De acordo com Miller, as doenças surgem:

> [...] do conflito entre as coisas que sentimos — coisas que nossos corpos registram — e as coisas que pensamos que devemos sentir para atender às normas e padrões morais que internalizamos na tenra idade.[29]

Quando nossa necessidade por segurança física nos obriga a nos esconder ou negar nossos reais sentimentos — quando sentimos a necessidade de atender a um padrão —, a energia desses sentimentos não desaparece. Ela permanece dormente em nosso corpo (nosso campo energético), ansiosa para ser libertada. Miller explica:

> Quando as crianças nascem, o que mais precisam é do amor dos pais, com isso quero dizer afeição, atenção, cuidado, proteção, carinho e a disposição de se comunicar. Se essas necessidades forem atendidas, o corpo dessas crianças reterá uma memória agradável desse afeto por toda a vida, e mais tarde, quando adultas, elas serão capazes de transmitir o mesmo tipo de amor aos seus filhos. Quanto mais as crianças são privadas de amor, anuladas ou mal tratadas em nome da [boa] "educação", mais essas crianças, ao atingir a fase adulta, procurarão por seus pais (ou outros substitutos deles) para fornecer tudo que os próprios pais falharam em oferecer quando elas mais precisavam.[30]

Quando, na fase adulta, não conseguimos encontrar aquilo que nossos pais não nos ofereceram, o resultado é depressão, tristeza e doenças físicas. A única maneira de recuperar a saúde, afirma Miller, é encontrar um psicoterapeuta ou alguém que ela chama de "testemunha esclarecida" com quem compartilhar nossa história não contada. Alguém que esteja disposto a ouvir e reconhecer os sentimentos e dores emocionais reprimidos de nossa infância, alguém que se preocupa conosco sem julgamentos, com quem podemos aliviar nossa dor, culpa e vergonha de nossas emoções reprimidas.

Para embasar sua teoria, Miller cita os resultados de uma pesquisa realizada em San Diego na década de 1990:

> [...] um total de 17.000 pessoas, com média de idade de 57 anos, [foram perguntadas sobre] como havia sido suas infâncias e quais doenças desenvolveram ao longo de suas vidas. O estudo revelou que a incidência de doenças graves era muitas vezes mais alta em pessoas que sofreram abuso na infância do que em pessoas que cresceram livres de abuso e nunca tinham sido expostas a surras consideradas como sendo para seu próprio bem.[31]

Aquelas que não foram expostas a abuso e surras não relataram doenças em sua vida adulta.

Miller ilustra o impacto que cuidados parentais negligentes ou abusivos pode ter em nossa vida ao se referir a experiências da infância de escritores famosos como Fiódor Dostoievski, Anton Tchekhov, Franz Kafka, Friedrich Nietzsche, Friedrich von Schiller, Virginia Woolf, Arthur Rimbaud, Yukio Mishima, Marcel Proust e James Joyce.[32]

Todos esses escritores e roteiristas sofreram significativamente com doenças físicas ou mentais que eventualmente tiraram sua vida. Nenhum deles viveu além dos 60 anos, e metade morreu por volta dos 45 anos. De particular interesse a nossa presente investigação são a vida de Friedrich von Schiller, Arthur Rimbaud e Yukio Mishima, que morreram antes dos 46 anos. Nos três casos, além do abuso sofrido quando crianças, seus talentos criativos foram constantemente reprimidos por um dos pais.

Não penso que seja uma coincidência que essas três pessoas tenham morrido no momento em que estariam entrando no estágio de autorrealização de seu desenvolvimento psicológico.

Experienciar o propósito de sua alma pela autoexpressão significaria cortar os laços com seus pais, contrariando seus anseios. Para eles, esse estágio de desenvolvimento psicológico era doloroso e assustador demais para ser considerado. Escolher a autorrealização significaria romper relações com seus pais, de quem dependiam para a satisfação de suas necessidades de amor negligenciadas. Eles escolheram acabar com a vida, em vez de enfrentar esse conflito e buscar o destino de sua alma.

O Dr. Arthur Janov leva esse argumento um passo além. Baseado em mais de três décadas de experiência, ele conclui que:

> [...] nas primeiras semanas e meses de vida, a vida uterina pré-social, modifica nossos cérebros. Nada na vida adulta pode mudar radicalmente o que nos aconteceu quando crianças e mesmo antes do nascimento. Se vivenciarmos um trauma ou a falta de amor durante esse período crucial [os primeiros momentos de nossa vida], nada na vida adulta será capaz de mudar isso, pois as alterações ocorridas naquele momento ficaram impressas em nosso sistema neurobiológico permanentemente.[33]

> De modo resumido, sentimentos reprimidos podem nos levar à "loucura", ou pelo menos nos deixar agitados e desconfortáveis.[34]

"Não desanime", ele acrescenta, "existem soluções". As soluções de Janov se alinham com a abordagem de Miller: trazer os sentimentos reprimidos para a percepção consciente, revivendo e atribuindo a eles um novo significado.

Depois de confirmar pela pesquisa citada que a satisfação das necessidades do ego e os desejos da alma são de fundamental importância para o bem-estar humano e que nossas experiências no início da vida impactam significativamente nossa capacidade de prosperar mais tarde na vida, vamos agora explorar os Sete Estágios de Desenvolvimento Psicológico em maior detalhe.

Resumo dos pontos principais

Veja os principais pontos do Capítulo 4:

1. A motivação primária do ego é sobreviver. Além disso, o ego tem motivações secundárias: segurança e proteção.
2. A motivação primária da alma é a autoexpressão. E ela tem duas motivações secundárias: conectar-se e contribuir.
3. Conexão envolve levar uma vida conduzida por valores, adotando os valores que são compartilhados por todos no nível da alma.
4. Contribuir envolve levar uma vida direcionada a propósitos: usar seus dons, talentos e criatividade para ajudar aqueles que necessitem.

5. Você não consegue levar uma vida direcionada a propósitos até que tenha aprendido a levar uma vida conduzida por valores.
6. A capacidade de se conectar e contribuir em fases mais maduras de vida reduz o surgimento e a ocorrência de problemas físicos e mentais.
7. Cuidados sensíveis nos primeiros três anos de vida podem prever sucesso acadêmico e habilidades sociais ao longo do caminho até a fase adulta. Pais que oferecem cuidados amorosos e gentis tendem a responder aos sinais de seus filhos pronta e adequadamente.
8. Quando nossa necessidade por segurança física nos obriga a nos esconder ou negar nossos reais sentimentos — quando sentimos a necessidade de atender a um padrão —, a energia desses sentimentos não desaparece. Ela permanece dormente em nosso corpo (nosso campo energético), ansiosa para ser libertada.
9. Quando, na fase adulta, não conseguimos encontrar aquilo que nossos pais não nos ofereceram, o resultado é depressão, tristeza e doenças físicas.
10. Sem uma compreensão básica dos estágios de desenvolvimento psicológico e das necessidades do ego e dos desejos da alma, você não consegue alcançar o pleno entendimento do bem-estar humano.

Referências e notas

1. www.theguardian.com/society/2012/feb/21/sad-truth-action-for-happiness-movement [conteúdo em inglês].
2. Ibid.
3. George E. Vaillant, *Triumphs of Experience* (Boston: First Harvard University Press), 2012.
4. Ibid., p. 30.
5. Ibid., p. 40.
6. Ibid., p. 50.
7. Ibid., p. 52.
8. Ibid.
9. Dr. Arthur Janov, *The Biology of Love* (Nova York: Prometheus Books), 2000, p. 19.
10. Barbara Fredrikson, *Love 2.0* (Nova York: Hudson Street Press), 2013, p. 10.
11. Ibid., p. 10.
12. Ibid., p. 18.
13. Ibid., p. 17.
14. Ibid.
15. Ibid.

As Motivações do Ego e da Alma

16. George E. Vaillant, *The Wisdom of the Ego* (Boston: Harvard University Press), 1993, p. 219.
17. Ibid.
18. Ibid., p. 223.
19. Ibid., p. 224.
20. www.theglobeandmail.com/life/health-and-fitness/health/high-sense-of-purpose-in-life-tied-to-lower-stroke-risk/article23860486/ [conteúdo em inglês]
21. Ibid.
22. Dan Buettner, *The Blue Zones* (Second Edition) (Washington, D. C., National Geographic), 2012.
23. Ibid., pp. 4–5.
24. Ibid., p. 52.
25. George E. Vaillant, *Triumphs of Experience* (Boston: First Harvard University Press), 2012, p. 52.
26. Lord Richard Layard et al., *What Predicts a Successful Life? A Life-Course Model of Well-Being*, IZA DP n. 7682.
27. Lee Raby et al., *Child Development, The Enduring Predictive Significance of Early Maternal Sensitivity: Social and academic competence through age 32 years*. Primeira publicação em 17 de dezembro de 2014.
28. Alice Miller, *A Revolta do Corpo* (Wmf Martins Fontes), 2006.
29. Ibid.
30. Ibid.
31. Ibid.
32. Ibid.
33. Dr. Arthur Janov, *The Biology of Love* (Amherst, Prometheus Books), 2000, p. 17.
34. Ibid., p. 20.

5

Os Estágios de Desenvolvimento Psicológico

Quando temos um mapa do território, a jornada fica muito mais fácil. Se sabemos do que precisamos para ser feliz, podemos seguir em frente com confiança. Quando sabemos quais são os desejos de nossa alma, podemos encontrar realização.

Existem muitos modelos de desenvolvimento psicológico, e cada um deles descreve o processo do desenvolvimento humano de maneiras ligeiramente diferentes.[1, 2] O Modelo dos Sete Estágios de Desenvolvimento Psicológico difere da maioria dos outros modelos de uma maneira significativa. Ele observa o desenvolvimento individual através das lentes da *dinâmica ego-alma*: o crescimento e desenvolvimento do ego, o alinhamento do ego com a alma e a ativação da consciência da alma.

Os primeiros três estágios de desenvolvimento envolvem estabelecer o ego como uma entidade independente e viável em sua estrutura de existência física, social e cultural. O quarto estágio de desenvolvimento envolve alinhar as motivações de seu ego com as motivações de sua alma. Os últimos três estágios de desenvolvimento envolvem ativar a consciência de sua alma. Os Sete Estágios de Desenvolvimento Psicológico e os três estágios evolutivos da dinâmica ego-alma são mostrados na Figura 5.1.

Figura 5.1: Os Sete Estágios de Desenvolvimento Psicológico e os três estágios evolutivos da dinâmica ego-alma

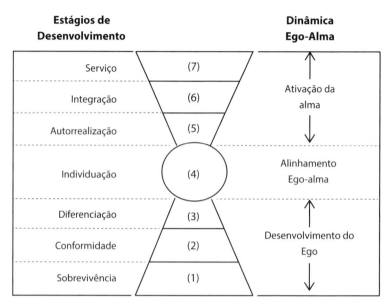

Desenvolvimento do ego

Entre o momento em que nascemos e o momento em que atingimos nossa maturidade física e mental, por volta dos 20-25 anos, passamos por três estágios de desenvolvimento psicológico: sobrevivência, conformidade e diferenciação. O que estamos aprendendo durante esses três estágios de desenvolvimento psicológico é como satisfazer nossas necessidades deficitárias — nossas necessidades de sobrevivência, segurança e proteção — nas estruturas física, social e cultural de existência. Se por alguma razão você é incapaz de satisfazer suas necessidades deficitárias, sentirá ansiedade e medo.

O quão bem você é capaz de suprir suas necessidades deficitárias dependerá, em grande medida, da programação parental e do condicionamento cultural vivenciado durante a primeira e segunda infância e a adolescência. Se cresceu em um ambiente fisicamente seguro e em uma estrutura social e cultural respeitosa e amorosa, sem experimentar qualquer evento traumático, terá relativa facilidade para dominar suas necessidades deficitárias. Se cresceu em um ambiente físico, social e cultural desafiador, em que teve que batalhar, na maioria das vezes sem sucesso, para satisfazer suas necessidades deficitárias, encontrará dificuldade em dominá-las.

Alinhamento ego-alma

O processo de alinhamento ego-alma começa no estágio de desenvolvimento da individuação. O que você está tentando fazer nesse estágio é se libertar dos medos do ego que o mantêm dependente de suas estruturas social e cultural de existência para satisfazer suas necessidades deficitárias. O objetivo desse estágio de desenvolvimento é torná-lo um ser humano independente e viável — para encontrar liberdade e autonomia em sua vida, destacando-se de sua tribo — a partir do contexto cultural e social de sua dependência. Isso é possível pela libertação dos medos aprendidos durante os três primeiros estágios de desenvolvimento em relação à satisfação de suas necessidades deficitárias e tornando-se responsável por todos os aspectos de sua vida.

Diferentemente dos estágios de desenvolvimento psicológico do ego, o estágio de desenvolvimento de individuação não é imposto a você pelas exigências sociais e biológicas do amadurecimento: é movido pelo impulso evolutivo de sua alma, ansiosa por se tornar inteiramente presente na percepção material 3-D.

O estágio de individuação pode ser bastante desafiador por diversas razões. Primeiro, ele envolve encarar e superar seus medos. Segundo, envolve tornar-se responsável por todos os aspectos de sua vida. Terceiro, requer abraçar a essência de sua alma, os valores que apoiam a consciência da alma. Isso pode significar se distanciar de sua família de origem, sua herança cultural e sua filiação religiosa.

Por várias razões, algumas das quais estão fora de seu controle, a maioria das pessoas encontra dificuldade na individuação. Elas permanecem "presas" nos níveis de consciência de autoestima, relacionamento e sobrevivência (não nos estágios de desenvolvimento, nos níveis de consciência), porque as condições físicas, sociais e culturais em que vivem as desencorajam ativamente a abraçar suas verdadeiras naturezas, encontrar suas vozes e expressar a si mesmas.

Ativação da alma

Os últimos três estágios de desenvolvimento psicológico representam diversos estágios de ativação da alma. Se você tem conseguido relativo sucesso em dominar o estágio de desenvolvimento da individuação, começa a sentir a atração do estágio de autorrealização por volta dos 40 anos de idade. Esse é o estágio de desenvolvimento em que começa a abraçar sua verdadeira essência e os talentos e dons inatos concedidos pela alma. Normalmente, esse também é o estágio em que começa a descobrir o propósito de sua alma, as atividades que proporcionam significado à vida.

Revelar o propósito de sua alma pode ser desafiador, especialmente se a carreira que escolheu na adolescência ou aos 20 e poucos anos não se alinha com seus dons e talentos. Sei por experiência própria o que significa desistir de uma carreira bem-sucedida para seguir o propósito da alma. Foi assustador, mas também me pareceu inevitável: era algo que eu precisava fazer. Agora, 20 anos depois, estou impressionado com os benefícios e a alegria que escolher seguir os propósitos de minha alma trouxe para minha vida.

O próximo estágio da ativação da alma — o estágio de desenvolvimento de integração, que normalmente ocorre na faixa dos 50 anos — envolve conectar-se com outras pessoas em relacionamentos de amor incondicional para que possa empregar seus dons e talentos para fazer a diferença no mundo. O trabalho árduo de descobrir quem você é e abraçar o propósito de sua alma é passado. O desafio agora é desenvolver suas habilidades empáticas para que possa se conectar e colaborar com os outros e, assim, utilizar seus dons e talentos coletivos para fazer a diferença na vida das pessoas. Se não conseguir estender a mão e se conectar com os outros, não será capaz de cumprir seu propósito.

O último estágio de ativação da alma — o estágio de desenvolvimento de serviço, que normalmente ocorre na faixa dos 60 anos — implica levar uma vida de serviço altruísta focada nas futuras gerações e no bem da humanidade. Tendo aprendido a se conectar, sua tarefa agora é contribuir para o bem comum. Para satisfazer esse requisito, é preciso desenvolver sua compaixão e abraçar os aspectos mais profundos da inteligência e sabedoria de sua alma para ajudar aqueles que estão sofrendo, em desvantagem ou em situação pior que a sua. No estágio de integração, você utiliza suas habilidades empáticas para se conectar; no de serviço, utiliza suas habilidades compassivas para contribuir.

Os Sete Estágios de Desenvolvimento Psicológico são mostrados na Tabela 5.1. A primeira coluna identifica os estágios de desenvolvimento psicológico; a segunda indica as faixas etárias aproximadas em que cada estágio começa a se tornar importante; a terceira coluna descreve as tarefas de desenvolvimento associadas a cada estágio de desenvolvimento; a quarta identifica as motivações e necessidades associadas a cada estágio; a quinta coluna lista os focos internos e externos de desenvolvimento em cada estágio.

As faixas etárias informadas são aproximadas, mas parecem se aplicar a pessoas bem instruídas de todas as raças, religiões e culturas. Pessoas menos instruídas, pobres ou que vivem em regimes autoritários podem achar desafiador ir além do estágio de desenvolvimento da diferenciação. Elas estarão focadas demais em satisfazer suas necessidades deficitárias ou muito temerosas das consequências que podem sofrer ao dar voz aos valores e expressar o propósito de sua alma.

Importante observar que existem diferenças significativas entre os primeiros três estágios de desenvolvimento psicológico, que ocorrem em nossa primeira e segunda infância e na adolescência, e os últimos quatro estágios, que ocorrem depois que atingimos a fase adulta.

Os primeiros três estágios de desenvolvimento ocorrem durante um período em que nosso cérebro e mente estão crescendo e se desenvolvendo, durante um período de rápida aprendizagem emergente sobre como nos estabelecer nas estruturas física, parental e cultural de nossa existência. Além do mais, os primeiros três estágios de desenvolvimento nos são impostos pelas circunstâncias do crescimento: desde que somos bebês, passando pela infância e adolescência, até nos tornarmos jovens adultos. Não apenas não temos escolha nessa questão, estamos absolutamente alheios ao fato de que estamos fazendo a transição pelos primeiros três estágios de desenvolvimento psicológico.

Em relação ao desenvolvimento adulto, podemos escolher ou não a individuação, e podemos escolher ou não a autorrealização. Se optarmos por fazer as duas escolhas, então os estágios de desenvolvimento psicológico remanescentes fluirão naturalmente quando atingirmos a faixa dos 50 e 60 anos. Nossa capacidade de vencer os estágios de ativação da alma de nosso desenvolvimento é fundamentalmente dependente de nossa capacidade de superar os estágios de desenvolvimento do ego. Temos que aprender a atender às necessidades deficitárias do ego antes de aprender a satisfazer os desenhos de crescimento da alma.

A Nova Psicologia do Bem-Estar Humano

Tabela 5.1: Tarefas, motivações e foco desenvolvimentais associados a cada estágio de desenvolvimento psicológico

Estágios de desenvolvimento psicológico	Faixa etária	Tarefa de desenvolvimento	Motivação	Foco de desenvolvimento	
				Interno	Externo
Serviço	+60 anos	Aliviar o sofrimento e cuidar do bem-estar da humanidade e do planeta.	Satisfazer sua necessidade de serviço altruísta.	Compaixão	Contribuição
Integração	50–59 anos	Conectar-se com outros em relacionamentos de amor incondicional.	Satisfazer sua necessidade de fazer a diferença.	Empatia	Conexão
Autorrealização	40–49 anos	Expressar sua verdadeira natureza abraçando os valores e propósito de sua alma.	Satisfazer sua necessidade de encontrar sentido e propósito.	Autenticidade	Autoexpressão
Individuação	25–39 anos	Descobrir sua verdadeira identidade, abandonando sua dependência em relação a outras pessoas.	Satisfazer sua necessidade de liberdade e autonomia.	Responsabilidade	Responsabilização
Diferenciação	8–24 anos	Estabelecer-se em uma comunidade exibindo seus dons, talentos e habilidades.	Satisfazer sua necessidade de respeito e reconhecimento.	Proteção	Sucesso pessoal
Conformidade	2–7 anos	Sentir-se seguro e protegido, permanecendo perto de sua família e parentes.	Satisfazer sua necessidade de amor e pertencimento.	Segurança	Harmonia
Sobrevivência	Do nascimento aos 2 anos	Manter-se vivo e fisicamente saudável, suprindo suas necessidades de sobrevivência.	Satisfazer sua necessidade de sobrevivência fisiológica.	Saúde	Sobrevivência

Os Estágios de Desenvolvimento Psicológico

Depois de uma breve exploração da estrutura da dinâmica ego-alma e de como ela se relaciona com os Sete Estágios de Desenvolvimento Psicológico, agora examinaremos o que está envolvido na superação de cada estágio de desenvolvimento psicológico.

Sobrevivência (0–2 anos)

A jornada de sobrevivência começa antes de um bebê nascer, no útero. A partir do momento em que o cérebro/mente reptiliano se torna funcional, por volta do final do primeiro trimestre de gestação, o foco principal da mente do feto é a sobrevivência.

Por causa de sua programação de espécie, o feto, e mais tarde o bebê, instintivamente sabe como regular o funcionamento interno de seu corpo, como mamar depois de nascer e como sinalizar para a mãe que suas necessidades fisiológicas precisam ser atendidas. Nesse estágio de desenvolvimento, o bebê é completamente dependente de sua mãe ou de outros cuidadores para sua sobrevivência.

A primeira coisa que o bebê precisa aprender, assim que nasce, é a interagir com o mundo a sua volta para que possa ter suas necessidades supridas. Se o recém--nascido acha essa tarefa difícil ou desafiadora porque seus pais ou cuidadores não estão atentos, ou se ele sofrer abuso, for deixado sozinho ou for abandonado por longos períodos de tempo, pode formar crenças subconscientes de que o mundo é um lugar inseguro e que não é amado. A partir dali, ao longo de toda sua vida, essa pessoa passará a tentar controlar seu ambiente para se assegurar de que suas necessidades sejam atendidas. Tal pessoa será cautelosa e alerta e terá uma tendência a microgerenciar tudo o que acontece em seu mundo.

Se os pais ou cuidadores do bebê são atenciosos e atentos e reativos aos seus sinais de angústia, então a criança crescerá com a sensação de que o mundo é um lugar seguro e que as pessoas são confiáveis.

Sentir-se apto e confiante sobre ser capaz de cuidar de si mesmo é um prerre-quisito para superar o estágio de desenvolvimento da autorrealização mais tarde na vida.

Conformidade (2–7 anos)

No final do estágio de desenvolvimento de sobrevivência, a criança começa a se locomover e aprende a se comunicar. Esse é o momento em que o cérebro/mente límbico, também chamado de cérebro emocional, se torna dominante. O foco do cérebro/mente límbico é a proteção física e emocional — manter o corpo a salvo e satisfazer suas necessidades de amor e pertencimento. Então começa o estágio de desenvolvimento de conformidade.

A princípio, a criança se rebela: ela quer o que quer quando quer. Ainda não aprendeu que as pessoas das quais depende para sua sobrevivência e proteção também têm necessidades. Para suprir suas necessidades, a criança aprende a seguir as regras estabelecidas pelos pais. Aprende que a vida é mais prazerosa e divertida, menos ameaçadora e difícil, se ela conseguir viver em harmonia com seus cuidadores e irmãos.

A conformidade — obedecer às regras — oferece benefícios: permite que a criança supra suas necessidades de proteção física e emocional. Participar dos rituais familiares também é importante nesse estágio de desenvolvimento, pois eles contribuem para a sensação de pertencimento e proteção da criança. Se os pais tornam a adesão da criança às regras uma condição para a satisfação de seus desejos, ou se é forçada a se comportar de determinadas maneiras, a criança aprenderá que o amor é condicional.

Se em razão de cuidados paterno e materno deficitários ou falta de atenção a criança não se sentir amada, importante, aceita e protegida ou não experimentar uma sensação de pertencimento, ela pode desenvolver a crença subconsciente de que não é capaz de ser amada. Quando nossas necessidades de proteção não são atendidas quando jovem, elas não desaparecem, são impressas em nossa memória subconsciente da mente emocional. A pessoa se torna carente, sempre buscando o amor.

Se os pais ou cuidadores estão atentos às necessidades da criança, se ela for criada em um ambiente amoroso e gentil, onde se sente segura e protegida, a criança cresce com o desejo e a disposição de formar relacionamentos de maior compromisso ao atingir a fase adulta.

Aprender a se sentir seguro, confortável e afetuoso na presença de estranhos é essencial para superar o estágio de desenvolvimento da integração mais tarde na vida. Se você não se sente seguro na presença de outras pessoas, tem dificuldade de se abrir e se conectar.

Diferenciação (8–24 anos)

Por volta dos 7 ou 8 anos de idade, o cérebro/mente neocortical entra em funcionamento. O foco do cérebro/mente neocortical, também chamado de mente racional, é a segurança emocional e física. Então começa o estágio de desenvolvimento psicológico de diferenciação.

Nesse estágio de desenvolvimento, a criança começa a explorar o mundo fora de sua casa. Enquanto as relações com os pais e os irmãos foram de significativa importância para a satisfação das necessidades de proteção da criança quando o centro de sua vida era o lar familiar, as relações com os pares e figuras de autoridade, como professores, agora assumem mais importância.

Uma vez que a criança adentra a comunidade fora de seu lar, ela não pode mais contar com seus pais para sua segurança pessoal. Precisa assumir a responsabilidade por sua proteção por meio do pertencimento a um grupo, comunidade ou gangue. Isso significa criar amizades, se encaixar e ser respeitado pelos membros do grupo. Enfrentar desafios pode se transformar em um rito de passagem para integrar certos grupos no mundo dos adolescentes ou jovens adultos. Isso pode tirar os jovens "do bom caminho". Eles podem fazer coisas que sabem que são erradas simplesmente para pertencer a um grupo em que se sintam reconhecidos e protegidos.

Sentir-se respeitado e reconhecido pelos pais ou membros de um grupo permite que experimentemos uma sensação de valor próprio. Sentir-se aceito e reconhecido nos dá um senso de pertencimento e segurança. Os dons, habilidades e talentos que permitem nos sentir reconhecidos se tornam importantes. Passamos a focá-los, pois são o nosso passaporte para a segurança.

Os tipos de talentos ou dons que desenvolvemos dependem em grande medida do tipo de comunidade a que pertencemos. Eles podem incluir beleza, inteligência, força, aptidão esportiva, habilidade musical, coragem etc. Desenvolver nossos pontos fortes — as coisas que nos proporcionam reconhecimento — permite que nos estabeleçamos em uma comunidade. Se, entretanto, quisermos ser líderes de um grupo, precisamos nos destacar na multidão. Pode ser necessário provar nossa superioridade ou nos defender daqueles que também querem liderar o grupo.

O importante nesse estágio de desenvolvimento é explorar seus talentos e obter feedback positivo e apreciação por seus esforços. Se esses esforços não forem reconhecidos pelas pessoas que são importantes para você, especialmente seus pais e professores, você para de tentar, e pode começar a desenvolver baixa autoestima. Se em vez de ter seus esforços reconhecidos você é constantemente lembrado de seus fracassos, crescerá sem confiança, com baixa autoestima e a crença de que não é bom o bastante.

Quando suas necessidades de segurança não são atendidas na infância ou adolescência, elas não desaparecem, permanecem em sua mente subconsciente. Mais tarde na vida, você pode se tornar altamente competitivo ou buscar status ou poder para que possa ser reconhecido como alguém importante ou a ser temido.

Se não receber a aprovação e o feedback necessários de seus pais, passará a buscá-los em grupos, gangues ou comunidades onde se sinta aceito e valorizado, onde seus dons, talentos ou habilidades sejam reconhecidos. Isso pode criar conflito em sua vida familiar, pois acaba ficando no meio de dois sistemas de valor: os valores de seus pais e os do grupo com o qual se identifica. Se essa situação não for lidada com sensibilidade por parte dos pais, sua vida familiar pode se tornar difícil e intolerável. Você se rebelará.

Do ponto de vista dos pais, orientar, em vez de controlar, permitir, em vez de evitar, estimular, em vez de tolher, e confiar, em vez de duvidar, oferece aos adolescentes espaço para explorar com segurança quem são e encontrar seu senso de identidade no mundo fora do lar familiar.

Sentir-se física e emocionalmente seguro em sua comunidade — ser respeitado e reconhecido por outros — é essencial para superar o estágio de desenvolvimento de serviço mais tarde na vida. Se não se sente seguro em sua comunidade, não é capaz de contribuir.

Individuação (25–39 anos)

Por volta dos 25 anos, você começa a sentir um novo impulso: deseja explorar quem realmente é. Quer liberdade e a sensação de independência. Para isso, precisa abandonar a programação de seus pais e o condicionamento cultural e encontrar seu próprio caminho na vida.

Se conseguir fazer a transição dos três primeiros estágios de desenvolvimento sem experienciar qualquer trauma significativo ou sem desenvolver muitos medos subconscientes, achará relativamente fácil se estabelecer como um adulto capaz e independente na estrutura social e cultural de sua existência.

Desde que consiga encontrar oportunidades de ganhar o próprio sustento que lhe permitam explorar sua liberdade, e um trabalho que lhe ofereça autonomia, tudo ficará bem. Se não conseguir encontrar um trabalho que lhe permita ser independente de seus pais, vai se sentir desmoralizado ou deprimido.

A tarefa no estágio de desenvolvimento de individuação é encontrar o seu verdadeiro eu. Não quer mais ser dependente, está em busca de independência. Não está procurando validação dos outros para se sentir bem consigo mesmo. Quer ser responsável por cada aspecto de sua vida, quer abraçar e expressar seus valores. Sem perceber, está se desvencilhando do contexto familiar e cultural e começando a alinhar as motivações do ego com as da alma.

O estágio de desenvolvimento da individuação começa com intensidade por volta dos 25 anos e continua em toda a faixa do 30 anos — depois de deixar o lar familiar e se estabelecer no mundo exterior.

Essa transição da dependência para a independência pode ser um dos estágios mais difíceis do desenvolvimento humano a ser dominado, pois ele nos obriga a encarar nossos medos de sobrevivência, proteção e segurança. Muitas pessoas encontram dificuldade em sair da influência dos pais, e outras, como aquelas que vivem em regimes autoritários ou repressivos, podem ter medo de se expressar, pois sabem que podem ser presos ou perder a vida por dizer o que pensam ou ser homossexual, por exemplo.

Se tiver sorte o bastante para ter sido criado por pais autorrealizados, ter vivido em uma comunidade ou cultura onde a liberdade e a independência são reverenciadas, onde ensino superior é facilmente acessível, onde as mulheres e os homens são tratados com igualdade e onde você é estimulado desde jovem a expressar suas necessidades e a pensar por si mesmo, será relativamente fácil atravessar o estágio de desenvolvimento psicológico da individuação.

Se o contrário ocorrer, se for criado por pais autoritários, se não morar em um país em um regime democrático, se é discriminado em razão de seu gênero, orientação sexual, religião ou raça e se desenvolveu medos sobre não ser capaz de suprir suas necessidades deficitárias, provavelmente terá dificuldades em atravessar o estágio de desenvolvimento da individuação. A luta pela sobrevivência e a busca pela proteção e segurança que não obteve quando era jovem podem manter você ancorado nos níveis mais baixos de consciência por toda sua vida.

Autorrealização (40–49 anos)

Ao chegar aos 40 anos, às vezes um pouco mais cedo ou mais tarde, sua alma começa a marcar presença em sua vida. Se dominou suas necessidades deficitárias e conseguiu superar o estágio de desenvolvimento da individuação, começa a buscar significado e propósito em sua vida, e passará a buscar sua vocação ou chamado que lhe permita expressar plenamente seu verdadeiro eu. Bem-vindo ao estágio de desenvolvimento da autorrealização.

A Nova Psicologia do Bem-Estar Humano

Para a maioria das pessoas, encontrar sua vocação ou chamado normalmente começa com um sentimento de inquietação e tédio sobre o trabalho, profissão ou carreira escolhida — com o trabalho que pensavam que lhes permitiria sentir-se seguras proporcionando uma boa renda e perspectivas de progressos que levariam a maior riqueza, status ou poder. Desvendar o propósito de sua alma não apenas acrescenta vitalidade em sua vida, também desperta sua criatividade. Você se torna mais intuitivo e passa mais tempo em um estado de fluxo, estando completamente presente no que quer que faça, e se sentindo comprometido e apaixonado por seu trabalho.

Dominar o estágio de desenvolvimento da autorrealização pode ser desafiador, especialmente se sua vocação ou chamado oferece menos segurança do que o emprego, profissão ou carreira para o qual treinou anteriormente na vida. Pode sentir medo ou desconforto em embarcar em uma nova direção que não pague o aluguel ou arque com as despesas de educação de seus filhos, mas que proporciona significado e propósito a sua vida.

Algumas pessoas encontram sua vocação precocemente, outras muito mais tarde, e algumas passam a vida toda procurando. Descobrir e abraçar o propósito de sua alma é de vital importância, pois isso é a chave para uma vida gratificante.

Sua capacidade para lidar com suas necessidades de sobrevivência influenciará significativamente sua capacidade de fazer progressos no estágio de desenvolvimento de autorrealização. Saber que é capaz de cuidar de si mesmo oferece a confiança necessária para explorar sua autoexpressão. Se tiver medo de não ser capaz de sobreviver fazendo o que ama, pode negar a expressão de sua alma. Isso conduz a sofrimento mais tarde na vida.

Integração (50–59 anos)

Se aprendeu a suprir suas necessidades deficitárias e conseguiu superar os estágios de desenvolvimento de individuação e autorrealização, quando chegar à faixa dos 50 anos, desejará abraçar o propósito de sua alma fazendo a diferença no mundo. Para isso, é preciso se conectar com as pessoas, criar relacionamentos afetuosos com aqueles que deseja ajudar e com quem quer colaborar para aumentar seu impacto no mundo. Bem-vindo ao estágio de desenvolvimento psicológico da integração.

Conectar-se com outras pessoas que compartilham de sua paixão e propósito e com aqueles que serão os beneficiários de seus dons e talentos é um componente essencial desse estágio de desenvolvimento. As habilidades aprendidas no estágio de desenvolvimento de conformidade sobre construir relacionamentos seguros serão de extrema importância nesse estágio de desenvolvimento. Para se conectar e ajudar outras pessoas, é preciso explorar suas habilidades empáticas. Precisa sentir o que os outros sentem se quiser realmente ajudá-los.

Esse estágio de desenvolvimento requer que você seja capaz de reconhecer suas limitações, assumir um senso mais amplo de identidade e deixar de ser independente para se tornar interdependente.

Algumas pessoas ficam tão envolvidas em si mesmas e em seu chamado no estágio de autorrealização que são incapazes de fazer essa transição. Elas se perdem na própria criatividade, focando apenas sua contribuição, em vez da contribuição maior que poderiam fazer ao se conectarem com as outras pessoas. Não há nada de errado nessa abordagem, entretanto, em circunstâncias normais, aprender a trabalhar com outras pessoas a serviço do bem comum oferece uma maior probabilidade de trazer um senso de realização a sua vida do que trabalhar sozinho.

O grau de êxito no estágio de desenvolvimento de conformidade influenciará significativamente seu progresso pelo estágio de desenvolvimento de integração. Saber que é capaz de suprir suas necessidades de relacionamento — saber que é capaz de ser amado — proporciona a confiança para construir relacionamentos de amor incondicional.

Serviço (+60 anos)

O último estágio de desenvolvimento sucede naturalmente a partir do estágio de integração. Eu o chamo de estágio de desenvolvimento de serviço, e normalmente começa a acontecer no início da faixa de 60 anos, às vezes um pouco mais cedo ou mais tarde. O foco desse estágio é o serviço altruísta para a comunidade com a qual você se identifica. Está relacionado a fazer uma contribuição. Não importa o tamanho de sua contribuição, o importante é saber que sua vida tem um propósito. Aliviar o sofrimento, cuidar dos desprivilegiados e construir uma sociedade melhor são algumas das atividades que pode querer explorar nesse estágio de sua vida.

Ao entrar no estágio de desenvolvimento de serviço, percebe que se torna mais introspectivo e reflexivo — procurando por maneiras de aprofundar seu senso de conexão com sua alma e com os níveis mais profundos de seu ser — conectando-se com o que considera divino. Pode se tornar um guardião da sabedoria, um ancião da comunidade ou uma pessoa a quem os jovens recorrem para orientação e aconselhamento.

A Nova Psicologia do Bem-Estar Humano

Ao progredir nesse estágio de desenvolvimento, você descobrirá novos níveis de compaixão em sua vida. Experimentará um senso de significado e sentimentos de realização e bem-estar nunca vivenciados. Começará a ver que, como estamos todos conectados, ao servir os outros, você está servindo o seu eu maior. Nesse nível de consciência, doar passa a ser o mesmo que receber.

O grau de êxito no domínio do estágio de desenvolvimento da diferenciação influenciará significativamente o estágio de desenvolvimento de serviço. Ter uma autoestima saudável proporcionará a confiança para se expor em sua comunidade e disponibilizar seus dons, talentos e habilidades para aqueles que precisam.

Resumo dos pontos principais

Veja os principais pontos do Capítulo 5:

1. O Modelo dos Sete Estágios de Desenvolvimento Psicológico difere da maioria dos outros modelos de uma maneira significativa. Ele observa o desenvolvimento individual através das lentes da *dinâmica ego-alma*: o crescimento e desenvolvimento do ego, o alinhamento do ego com a alma e a ativação da consciência da alma.

2. Os primeiros três estágios de desenvolvimento tratam do desenvolvimento do ego — aprendendo como satisfazer suas necessidades de sobrevivência, proteção e segurança.

3. O processo de alinhamento ego-alma começa no estágio de desenvolvimento psicológico de individuação.

4. Os três últimos estágios de desenvolvimento psicológico tratam da ativação da alma — descobrir o propósito de sua alma, conectar-se com outras pessoas em relacionamentos de amor incondicional e viver uma vida de serviço altruísta focado no bem comum.

5. A tarefa do estágio de desenvolvimento da sobrevivência é aprender como se manter vivo e fisicamente saudável satisfazendo suas necessidades de sobrevivência.

6. A tarefa no estágio de desenvolvimento de conformidade é aprender a se sentir seguro e protegido mantendo-se perto de familiares e parentes.

7. A tarefa do estágio de desenvolvimento de diferenciação é aprender a se estabelecer em uma comunidade expondo seus dons, talentos e habilidades.

8. A tarefa do estágio de desenvolvimento de individuação é aprender quem você é libertando-se de sua dependência de outras pessoas para satisfazer suas necessidades.

9. A tarefa do estágio de desenvolvimento de autorrealização é aprender como expressar sua verdadeira essência abraçando os valores e propósitos de sua alma.
10. A tarefa do estágio de desenvolvimento de integração é aprender como se conectar com outras pessoas em relacionamentos de amor incondicional.
11. A tarefa do estágio de desenvolvimento de serviço é aprender como aliviar o sofrimento e cuidar do bem-estar da humanidade e do planeta.

Referências e notas

1. Para uma lista de modelos de desenvolvimento, veja o livro de Ken Wilber, *Integral Psychology: Consciousness, spirit, psychology, therapy* (Boston: Shambhala Publications), 2000, e o do Dr. Alan Watkins, *Coherence: The secret science of brilliant leadership* (Londres: Kogan Page), 2014.
2. Você também encontra uma discussão dos sete modelos de amadurecimento no livro de George E. Vaillant, *Triumphs of Experience*, (Boston: First Harvard University Press), 2012, pp. 114–189.

6

OBSERVAÇÕES SOBRE OS ESTÁGIOS DE DESENVOLVIMENTO PSICOLÓGICO

Compreender suas prioridades de valores permite que você descubra onde está em sua jornada de desenvolvimento psicológico e o que o motiva. Suas motivações e valores primários refletirão as necessidades do estágio de desenvolvimento que você alcançou.

Depois de descrever os Sete Estágios de Desenvolvimento Psicológico e as tarefas desenvolvimentais associadas a cada um deles, gostaria de fazer algumas observações adicionais sobre o modelo de estágios de desenvolvimento psicológico. Os tópicos que desejo discutir são:

- A ordem dos estágios de desenvolvimento
- Os sete níveis de consciência
- Motivações primárias e secundárias
- Prioridades de valores
- A evolução da criatividade
- Identidade e amadurecimento
- Ativando sua alma como testemunha do eu

A ordem dos estágios

Os Sete Estágios de Desenvolvimento Psicológico ocorrem em ordem consecutiva. Cada um oferece um alicerce para o estágio subsequente. Não é possível pular estágios, mas de tempos em tempos você pode experimentar *estados* de consciência mais altos, especialmente depois de atingir o estágio de individuação.

Para a maioria das pessoas, demora uma vida inteira — pelo menos 60–70 anos — para percorrer os Sete Estágios de Desenvolvimento Psicológico, porque cada estágio está ligado a fases de nossas vidas. Ocasionalmente encontramos algumas pessoas em um caminho de crescimento acelerado. Se concluir a jornada, pode esperar encontrar alegria, boa saúde e uma sensação de bem-estar mais adiante em sua vida.

Sua capacidade de vencer os estágios de desenvolvimento mais altos pode ser significativamente prejudicada pelas dificuldades em superar os três primeiros estágios de desenvolvimento. Experiências dolorosas frequentes de não conseguir satisfazer suas necessidades quando jovem são "fixadas" em sua mente, porque esse é um período de aprendizagem emergente rápida, quando as sinapses em seu cérebro estão se formando.

Sinapses são conexões "elétricas" que correspondem às crenças em sua mente. Os links feitos por suas sinapses são como ligações causais que permitem que você interprete e atribua significado às suas experiências. O significado é baseado nas conexões sinápticas mais fortes.

Consequentemente, quando você fracassa constantemente em atender a suas necessidades quando jovem, forma crenças limitadoras que o assombrarão para o resto da vida. É preciso construir novas crenças positivas e novas conexões sinápticas se quiser mudar sua vida.

Níveis de consciência

Crescemos em estágios de desenvolvimento psicológico e operamos em níveis de consciência. O nível de consciência a partir do qual operamos normalmente reflete as preocupações do estágio de desenvolvimento psicológico que atingimos. Se em algum momento surgiu um problema que reflita as preocupações de um estágio de desenvolvimento anterior, você retorna para aquele nível de consciência.

Por exemplo, se você está no estágio de desenvolvimento de individuação e de repente perde seu emprego e fica sem dinheiro, imediatamente passa do nível de consciência da transformação para o nível de consciência da sobrevivência.

Não importa em que estágio de desenvolvimento esteja, uma necessidade deficitária não atendida sempre fará com que você mude de nível de consciência para um que reflita essa necessidade. Se tem alguma crença limitadora sobre sua capacidade de suprir suas necessidades deficitárias, pode se ver sendo acionado por um nível de consciência mais baixo com bastante frequência, às vezes a ponto de prejudicar sua capacidade de focar o aprendizado do estágio de desenvolvimento em que está.

Medos ou ansiedades em relação a atender nossas necessidades deficitárias precisam ser enfrentados, porque sem a capacidade de dominar essas necessidades não conseguimos superar os estágios de desenvolvimento mais avançados. Precisamos superar nossas necessidades de sobrevivência para dominar o estágio de desenvolvimento de autorrealização. É preciso controlar as necessidades de relacionamento para vencer o estágio de desenvolvimento de integração, e precisamos dominar as necessidades de autoestima para vencer o estágio de desenvolvimento de serviço.

A Tabela 6.1 mostra a relação entre os Sete Estágios de Desenvolvimento Psicológico e os Sete Níveis de Consciência. Ao lado de cada nível de consciência, indiquei as preocupações e problemas — necessidades do ego ou desejos da alma não atendidos — que nos fazem mudar do nível de consciência do estágio de desenvolvimento em que estamos para um nível mais baixo.

TABELA 6.1: PREOCUPAÇÕES E PROBLEMAS ASSOCIADOS A CADA NÍVEL DE CONSCIÊNCIA

Estágio de desenvolvimento	Nível de consciência	Preocupações e problemas
Serviço	Serviço	Isolamento e falta de capacidade de contribuir.
Integração	Fazer a diferença	Solidão e falta de capacidade de se conectar.
Autorrealização	Coesão interna	Propósito de vida e falta de significado.
Individuação	Transformação	Liberdade e falta de autonomia.
Diferenciação	Autoestima	Valor próprio, reconhecimento e falta de respeito.
Conformidade	Relacionamentos	Relacionamentos, conflitos e falta de harmonia.
Sobrevivência	Sobrevivência	Saúde, finanças e ameaças à vida.

Para contribuir, precisamos ser capazes de nos conectar. Para conectar, precisamos ser capazes de expressar o que é importante para nós. Para expressar o que é importante para nós, precisamos ter liberdade. Para ter liberdade, precisamos nos sentir seguros. Para nos sentir seguros, precisamos nos sentir seguros em nossos relacionamentos. Para nos sentir seguros em nossos relacionamentos, precisamos ser capazes de sobreviver. Sem a capacidade de sobreviver, não conseguimos suprir nenhuma de nossas necessidades.

A Tabela 6.2 mostra alguns dos principais sentimentos e pensamentos que refletem as preocupações e problemas associados com cada nível de consciência. Esses sentimentos frequentemente causam depressão e podem levar ao suicídio, especialmente quando você não experiencia uma sensação de pertencimento, se sente encurralado ou acha que sua vida não tem sentido. Exploro a questão do suicídio em diferentes estágios de desenvolvimento no Capítulo 14.

TABELA 6.2: SENTIMENTOS E PENSAMENTOS ASSOCIADOS COM A FALTA DE DOMÍNIO DOS NÍVEIS DE CONSCIÊNCIA

Nível de consciência	Sentimentos e pensamentos associados às preocupações e aos problemas
Serviço	Sinto que não tenho nada para oferecer para minha comunidade.
Fazer a diferença	Sinto que não tenho nada em comum com as pessoas a minha volta.
Coesão interna	Sinto que minha vida não tem sentido.
Transformação	Sinto-me encurralado e sem saída.
Autoestima	Sinto que não sou bom o bastante. Sinto que não me encaixo.
Relacionamentos	Sinto que não sou amado. Não me sinto aceito.
Sobrevivência	Sinto que não tenho o suficiente para sobreviver. Sinto-me vulnerável.

Motivações primárias e secundárias

A qualquer momento, sua motivação primária será satisfazer as necessidades de seu estágio de desenvolvimento psicológico atual. Se você tem quaisquer necessidades de estágios anteriores de seu desenvolvimento que permaneceram não atendidas ou crenças limitadoras associadas com a não satisfação de suas necessidades deficitárias, essas serão suas motivações secundárias.

Não importa o estágio de desenvolvimento que você alcançou, quando surge uma situação que o recorde de suas necessidades não atendidas, suas motivações secundárias assumirão prioridade sobre sua motivação primária.[1] Isso acontece porque os medos, atuais ou criados quando era jovem, em relação a não ser capaz de suprir nossas necessidades sempre invadem nossa consciência. Esse mecanismo intrínseco é extremamente útil para a sobrevivência, mas pode atrasar consideravelmente nosso desenvolvimento psicológico mais tarde na vida.

A maioria das pessoas não tem consciência de suas motivações primárias e secundárias. O único critério que têm para fazer escolhas e tomar decisões em sua vida é aquilo que lhes faz sentir-se bem no momento. Esse sentimento de bem-estar momentâneo vem da satisfação de suas atuais necessidades e de quaisquer necessidades não atendidas no passado.

É por isso que é extremamente útil, quando se exerce uma profissão de cuidados ou aconselhamento, compreender os Sete Níveis de Desenvolvimento Psicológico. Ao identificar a motivação primária de seus clientes e suas motivações secundárias mais importantes, você será capaz de ajudá-los a alcançar um nível de entendimento mais profundo do que é importante na vida no momento presente.

Em meu livro *Coaching Evolutivo* você encontra exercícios e ferramentas para ajudá-lo a identificar a motivação primária de uma pessoa — o estágio de desenvolvimento psicológico em que estão — e esclarecer suas motivações secundárias mais importantes — os estágios de desenvolvimento psicológico que passaram em que ainda têm necessidades não atendidas.[2]

Prioridades de valor

Cada estágio de desenvolvimento psicológico tem suas próprias motivações, tarefas e necessidades, e, portanto, seus próprios valores. O psiquiatra italiano Roberto Assagioli faz a seguinte observação sobre a ligação entre valores e estágios de desenvolvimento:

> A existência de diferentes níveis de ser com valores distintos é uma manifestação evidente e inegável da grande lei da evolução, à medida que progride de estágios simples e rudimentares para mais refinados e altamente organizados.[3]

A NOVA PSICOLOGIA DO BEM-ESTAR HUMANO

O que é importante em nossa vida em determinado momento — aquilo de que precisamos — é o que valorizamos. Consequentemente, o que valorizamos em um estágio de desenvolvimento pode mudar ou transferir a prioridade quando passamos para um estágio de desenvolvimento mais alto. As Figuras 6.1 e 6.2 trazem exemplos de como as prioridades de valor mudam conforme envelhecemos.

A Figura 6.1 mostra a proporção de pessoas no Reino Unido em diferentes faixas etárias que escolheram a amizade como um dos seus dez valores prioritários. A Figura 6.2 mostra dados semelhantes para o valor da honestidade. O que extraímos dessas duas figuras é que a amizade diminui rapidamente como prioridade de valor a partir da adolescência até meados dos 30 anos e depois estabiliza. A honestidade tende a aumentar em prioridade até atingirmos os 60 anos e depois declina ligeiramente. Duas conclusões podem ser extraídas a partir desses dados: que a amizade é mais importante quando somos jovens e solteiros e tem uma prioridade mais baixa quando casamos e temos filhos, e que a honestidade parece ter uma utilidade crescente conforme envelhecemos, mas começa a ter uma prioridade menor quando chegamos à velhice.

FIGURE 6.1: PROPORÇÃO DE PESSOAS NO REINO UNIDO QUE ESCOLHERAM O VALOR DA AMIZADE COMO UM DE SEUS DEZ VALORES PRIORITÁRIOS

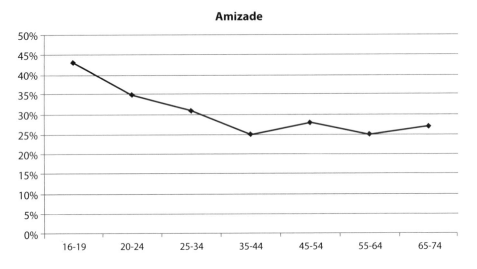

Figura 6.2: Proporção de pessoas no Reino Unido que escolheram o valor da honestidade como um de seus dez valores prioritários

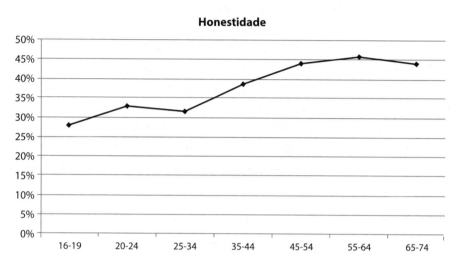

A natureza mutável de nossos valores prioritários é um reflexo de duas coisas: a troca das tarefas associadas com cada um dos estágios de desenvolvimento psicológico, e a mudança em nossas circunstâncias de vida. De modo geral, nossos valores são mais focados em nossas necessidades durante os primeiros estágios de desenvolvimento e mais focados nas necessidades dos outros nos últimos estágios de desenvolvimento.

Experienciar a substituição das prioridades de valores significa que você atingiu os últimos estágios de seu desenvolvimento e está em melhor posição para entender as necessidades, motivações e desafios dos mais jovens. Inversamente, alguém nos primeiros estágios de desenvolvimento terá dificuldades em entender as necessidades, motivações e desafios dos mais velhos.

É por isso que é importante, assim que puder em sua vida, parar de culpar seus pais por qualquer coisa que tenham feito a você e tentar entender o que está acontecendo na vida deles. Veja a vida deles pelos olhos deles, não pelos seus. Quais desafios *eles* tiveram quando *eles* eram jovens? Quais necessidades *deles* não foram satisfeitas? O que fez deles o que são, e como isso pode ter afetado seu relacionamento com você? Todos temos a suposição irracional de que nossos pais deveriam ter sido perfeitos, mas a verdade é que toda família é disfuncional em algum grau. Crescer sem construir algumas crenças subconscientes ou inconscientes baseadas em medos é impossível. Criar os filhos sem permitir que seus medos inconscientes ou subconscientes os influenciem em alguma medida é igualmente impossível.

Evolução da criatividade

Um dos benefícios mais significativos de escolher explorar os últimos estágios de seu desenvolvimento psicológico é o reencontro com sua criatividade.

Um proeminente estudo conduzido por George Land, relatado em *Ponto de Ruptura e Transformação*,[4] explorou a mudança no nível de criatividade de um grupo de crianças durante seu crescimento até se tornarem jovens adultas. Mil e seiscentas crianças nos Estados Unidos participaram do estudo.

Land submeteu as crianças a testes para avaliar o nível de pensamento divergente criativo. O primeiro conjunto de oito testes foi realizado entre as idades de 3 e 5 anos, o segundo, entre os 8 e os 10 anos, e o terceiro, entre os 13 e os 15 anos. Os resultados foram impressionantes (veja a Figura 6.3).

FIGURA 6.3: PERCENTUAL DE PESSOAS COM NÍVEL DE CRIATIVIDADE GENIAL POR IDADE

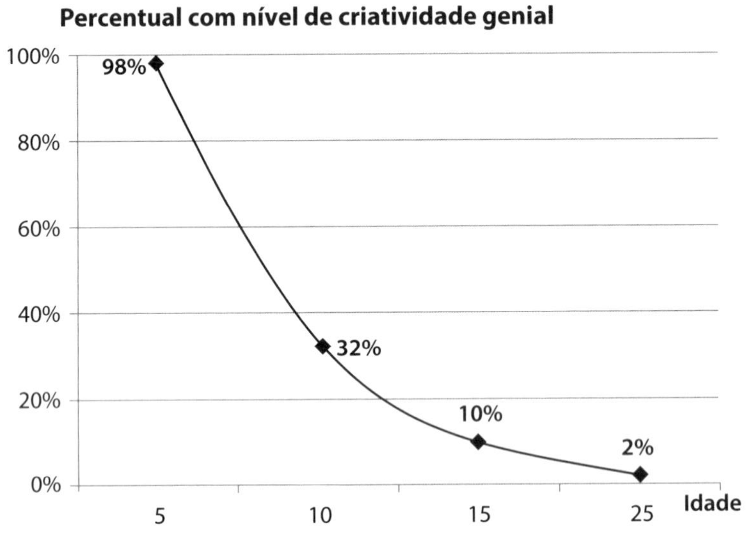

Land descobriu que 98% das crianças no grupo etário de 3 a 5 anos apresentaram nível de criatividade genial, mas apenas 32% demonstraram esse nível cinco anos depois. Cinco anos mais tarde, eram apenas 10%. Dois mil adultos acima dos 25 anos de idade realizaram o mesmo teste, e apenas 2% apresentaram nível de criatividade genial.

A principal pergunta imposta por essa pesquisa é: o que acontece com nossa criatividade? Land conclui:

> [...] o processo de socialização restringe a criatividade natural de nosso potencial de raciocínio ao atribuir, automaticamente, julgamentos de valor como bom, mau, certo, errado, apropriado, inapropriado, feio, bonito.[5]

Acredito que não é a experiência de socialização que bloqueia nossa criatividade, é o abandono de nossa alma. O que fazemos durante os primeiros 24 anos de nossa vida é sacrificar os desejos de nossa alma de autoexpressão para atender às necessidades de sobrevivência, proteção e segurança do ego. Conforme o ego cresce e se desenvolve, abandonamos a conexão com nossa alma. Quando atingimos os 20 anos, praticamente perdemos contato com nossa alma e sua criatividade. Somente se escolher a individuação e explorar os últimos estágios de seu desenvolvimento psicológico você conseguirá se conectar com sua alma e sua criatividade.

Ao resumir os resultados dos estudos Grant e Terman, George Vaillant aponta a correlação positiva existente entre a criatividade e o envelhecimento com sucesso. Embora possamos perder contato com nossa criatividade na primeira metade de nossa vida, podemos nos reconectar com ela na segunda metade. Eu, definitivamente, posso atestar esse fato. Aos 71 anos, nunca fui mais criativo. Por quê? Porque nunca estive em maior contato com minha alma.

Amit Goswami, professor de física teórica, chegou a conclusão semelhante sobre as dificuldades que o ego bem desenvolvido tem em acessar a criatividade:

> Criatividade consiste em fazer saltos quânticos descontínuos para um domínio não local de pura potencialidade que não é acessível ao ego pensante.[6]

Em um estudo de estudantes universitários, as pessoas que relataram se sentirem felizes e ativas apresentaram maior probabilidade de estarem fazendo algo criativo no momento. Paul Silvia, da Universidade da Carolina do Norte, Greensboro, que liderou a equipe de pesquisa, escreveu no periódico *Psychology of Aesthetics, Creativity, and the Arts*.

> Envolver-se em buscas criativas permite que as pessoas explorem suas identidades, criem novos relacionamentos, cultivem competências e reflitam criticamente sobre o mundo. Por sua vez, o novo conhecimento, autopercepção e relacionamentos servem como fontes de força e resiliência.[7]

A Nova Psicologia do Bem-Estar Humano

Isso nos leva à seguinte questão: qual é a ligação entre a consciência da alma e a criatividade? A resposta é relativamente simples. A alma cria tudo de que precisa no campo energético da quarta dimensão da consciência por meio de seus pensamentos. O que ela pensa é a realidade que cria. Para a alma, pensamento é criatividade. Ela vive no mundo de sua criação. Isso também se aplica ao ego. Entretanto, o problema com o ego é que ele limita seu potencial criativo através de suas crenças. Em vez de viver em um campo de possibilidades, o ego vive em um campo de limitações.

Nunca me esquecerei de quando aprendi essa lição, aos 17 anos. Eu era filho único, e meus pais eram relativamente pobres. Eles eram bons, trabalhavam muito, mas às vezes tinham dificuldades para pagar as contas. Quando eu tinha 17 anos, meu pai morreu, deixando minha mãe e eu praticamente sem economias. Minha mãe era dona de casa e não trabalhava fora há mais de 20 anos. O único desejo de meu pai era que eu fosse para a universidade: ninguém em nossa família tinha nível superior. Meu pai rejeitou essa opção quando jovem para cuidar da mãe viúva. Acredito que sempre se arrependeu dessa decisão.

Minha mãe me chamou para uma conversa alguns meses depois da morte de meu pai e disse: "Temos que encontrar um caminho na vida. Se você conseguir uma bolsa para ir para a universidade, encontrarei uma forma de cuidar sozinha para que você possa realizar o sonho de seu pai."

Foi isso que aconteceu. Consegui uma bolsa do departamento de educação para custear meus estudos, e minha mãe se tornou faxineira na capela Metodista local. Conseguimos de alguma forma nos virar pelos cinco anos seguintes. Então, quando comecei a trabalhar, rapidamente poupei meu salário para pagar a hipoteca de minha mãe, e vivemos "felizes para sempre".

O que quero demonstrar é que minha mãe não deixou que seus medos em relação ao seu futuro impedissem meu futuro. Não limitou minhas opções. Ela viveu em um mundo de possibilidades. Ela poderia ter me pedido para começar a trabalhar logo depois do ensino médio, aos 18 anos de idade, e que ganhasse o suficiente para o sustento de ambos. Lembro-me de que discutimos essa opção, mas em vez de permitir que seus medos guiassem sua decisão, ela se manteve aberta às possibilidades.

Identidade e amadurecimento

Quando analisamos os estágios de desenvolvimento psicológico através das lentes da dinâmica evolutiva ego-alma, vemos algumas mudanças interessantes. Começamos nossa vida em consciência da alma, passamos para a consciência do ego e, se formos bem-sucedidos em nosso amadurecimento — se conseguirmos dominar os estágios de desenvolvimento psicológico —, terminamos nossa vida em consciência da alma. Caso contrário, ficamos presos nos primeiros estágios de desenvolvimento — terminamos nossa vida na consciência do ego.

A jornada de desenvolvimento normal da consciência da alma para a do ego e de volta para a consciência da alma é mostrada na Figura 6.4. Começamos nossa "descida" para a consciência do ego logo depois de nascer. A alma se torna menos dominante em nossa vida à medida que atravessamos a infância. Ao atingirmos o estágio de desenvolvimento da diferenciação, o ego está no controle, e a alma passou para o segundo plano. Começamos a "subida" de volta para a consciência da alma depois de vencermos o estágio de desenvolvimento de individuação. Se concluirmos esse estágio de desenvolvimento, alinhando as motivações do ego com as da alma e descobrindo o propósito de nossa alma, subiremos de volta para a consciência da alma.

Figura 6.4: Processo de desenvolvimento normal

Se você tem a sorte de viver em uma democracia liberal, foi criado por pais autorrealizados, recebeu uma educação que incentivou sua autoexpressão e não tem nenhuma necessidade significativa de sobrevivência, proteção ou segurança em sua vida, não se aprofundará muito na consciência do ego. A Figura 6.5 ilustra isso. Você passará por todos os estágios de desenvolvimento psicológico, mas sua consciência do ego será menos dominante. Sua consciência da alma será mais aparente, e você começará a sentir os impulsos de sua alma ficarem cada vez mais fortes ao passar pelos estágios de desenvolvimento psicológico de individuação e autorrealização. Isso significa que a ascensão para a consciência da alma será mais fácil e mais fluída.

FIGURA 6.5: PROCESSO DE DESENVOLVIMENTO ACELERADO

Acredito que esses estágios de desenvolvimento — começando na consciência da alma e passando para a consciência do ego — se alinham com o trabalho de Robert Kegan, professor na Harvard School of Education. Ele descreve o primeiro estágio de nossa jornada de vida da seguinte maneira:

> A maioria das psicologias psicoanalíticas compartilha uma concepção comum do estado do recém-nascido. Elas consideram que o recém-nascido vive em um mundo sem objetos, onde tudo que é sentido é considerado uma extensão da criança, onde longe da visão (ou do toque, do paladar, da audição ou do olfato) pode significar inexistente.[8]

OBSERVAÇÕES SOBRE OS ESTÁGIOS DE DESENVOLVIMENTO PSICOLÓGICO

> A transformação nos primeiros 18 meses de vida — dando origem às relações com os objetos — é apenas a primeira instância da atividade básica evolucionária.[9]

A descrição de Kegan dos dois primeiros anos de vida seria no mundo da alma — um senso de conexão completo, sem separação — e a integridade indiferenciada no nível pessoal.

De acordo com Kegan, durante esse estágio de desenvolvimento, aprendemos a estar em um corpo. Estamos envolvidos em nos desvincular de nossos reflexos e objetos familiares: passamos de ser nossos reflexos para ter reflexos; passamos de um senso de individualidade expandido para um restrito; começamos a reconhecer as limitações de estar em um corpo, em vez de em um campo energético. O novo eu consegue coordenar reflexos e reconhecer objetos. Acredito que esse seja o começo do nascimento do ego. Para mim, isso representa o primeiro estágio dos filtros da consciência da alma. A alma não conhece a separação, ela só conhece a conexão.

No segundo estágio de Kegan, o eu se torna um conjunto de necessidades. A criança percebe que é capaz de manipular objetos e relacionamentos consciente- mente para satisfazer suas necessidades. Gradualmente, nos tornamos conscientes de que não somos nossas necessidades. Podemos objetivar nossas necessidades. Separamos nossas necessidades do processo que gerou a necessidade. Objetivamos a necessidade, mas o processo pelo qual a necessidade surgiu é relegado ao nosso subconsciente. Para mim, isso representa o segundo estágio da filtragem da cons- ciência da alma, pois no nível da alma não temos necessidades.

Nesse estágio, a criança está ciente das outras pessoas, mas não de que elas também têm necessidades. Isso leva ao terceiro estágio, quando a criança consegue entender que compartilha o mundo com outras pessoas. Ela deixa o que eu chamo de estágio de desenvolvimento da sobrevivência e entra no estágio de desenvol- vimento de conformidade. É durante esse estágio que o ego se torna dominante.

Kegan descreve isso da seguinte maneira:

> Eu não sou mais minhas necessidades (não sou mais o imperador eu); tenho necessidades. E, ao tê-las, consigo agora coordenar, ou integrar, um sistema de necessidade com outro, e, ao fazer isso, trago ao ser essa realidade mediada pela necessidade à qual nos referimos quando falamos de mutualidade.[10]

Porque somos capazes de reconhecer que os outros também têm necessidades, esse estágio de desenvolvimento dá origem a um senso de consciência e o potencial para culpa e vergonha. A culpa está relacionada ao reconhecimento de que você fez algo errado: quebrou as regras que foram impressas em você pelos outros. Decepcionou as pessoas. A vergonha internaliza a culpa ao dizer que há algo de errado comigo. Para mim, isso representa o terceiro estágio de filtragem da consciência da alma, pois você internaliza o senso de separação.

No quarto estágio de desenvolvimento de Kegan, começamos a estabelecer a autodependência. Passamos de "Eu e meus relacionamentos" para "Eu tenho relacionamentos". Agora existe alguém coordenando ou refletindo sobre a mutualidade. Nesse estágio, separamos o relacionamento do processo que gerou a necessidade de relacionamento. Objetivamos o relacionamento, mas o processo pelo qual ele surgiu se separa em nosso subconsciente.

Nesse estágio de desenvolvimento, eu me torno mais focado em meus pares, e até certo ponto posso escolher os grupos com quem me associo. Eu também começo a entender que você não precisa gostar de mim (não preciso me encaixar tanto quanto precisava no estágio anterior, porque sou menos dependente), mas dentro dos grupos aos quais me associo é importante que você me respeite. É preciso que você me veja como um indivíduo por direito. Esse é o estágio de desenvolvimento a que me refiro como estágio de diferenciação.

No quinto estágio de desenvolvimento de Kegan, ao qual me refiro como estágio de desenvolvimento de individuação, reconhecemos que todo mundo que encontramos é um indivíduo como nós. O eu não mais está entremeado em seu corpo físico, em suas necessidades, em seus relacionamentos ou nos grupos com os quais se associa. Ele é bruto, individual, livre e emergente, cheio de potencial para a autoexpressão. Tendo deixado de ser quem não somos, estamos agora em posição de nos conectar com quem somos, de sentir e seguir os impulsos da alma.

Kegan fala desse quinto estágio de desenvolvimento da seguinte forma:

> [O quinto estágio proporciona a] capacidade para [...] juntar-se aos outros como indivíduo — pessoas conhecidas [...] como geradoras de valor, geradoras de sistemas, indivíduos que constroem a história. A comunidade é pela primeira vez "universal", um lugar em que todas as pessoas, em virtude de serem pessoas, são elegíveis para se tornar membro. O grupo ao qual esse eu conhece como "seu", não uma pseudoespécie, mas a espécie.[11]

O processo de desenvolvimento de Kegan que envolve desvinculação constante é semelhante à abordagem do pioneiro Roberto Assagioli. Ele a chama de desidentificação. De acordo com Assagioli, uma vez que a desidentificação for concluída, a busca pela identidade de nossa alma pode ter início. Em outras palavras, uma vez que abandonamos a máscara do ego e sua identificação com o corpo, a família e a cultura em que são entremeadas, podemos abraçar nosso reencontro com a identidade de nossa alma e nossa realidade energética. Temos que nos entremear em nossa existência cultural e social para aprender como sobreviver, manter-nos protegidos e seguros — para satisfazer os desejos de nossa alma de estar presente em nossa realidade material 3-D —, mas, uma vez alcançado esse objetivo, estamos livres para nos reidentificar com a alma.

Ativando sua alma como testemunha do eu

Kegan declara sobre o quinto estágio de desenvolvimento:

> [...] ouça e busque informação que possa fazer o eu mudar seu comportamento, ou partilhar um julgamento negativo daquele comportamento.[12]

> No estágio 4, os sentimentos [e emoções] parecem, com frequência, ser considerados um tipo de problema administrativo recorrente, que o administrador-ego eficiente resolve sem prejudicar o suave funcionamento da "organização". Quando o eu não está localizado na parte institucional, mas na coordenação do institucional, a vida interior é "libertada" [...] [isto] resulta na capacidade do novo eu para se mover entre os sistemas psíquicos dentro de si mesmo [...] conflito emocional parece se tornar reconhecível e tolerável para o "eu".[13]

Acredito que a transição entre ser parte do "institucional" para ser o coordenador do institucional é passar da identificação com o ego para a identificação com a alma. Em vez de experienciar o ego subjetivamente, podemos agora objetivar o ego. Em vez de enxergar o mundo através do ego, podemos enxergar um mundo que inclui o ego.

Atingimos agora o estágio em que nos tornamos autorreflexivos, e a alma se torna testemunha do ego. Ativar seu eu-testemunha pode ser conseguido com a prática de atenção plena. Somente quando olhamos nossa vida através das lentes do eu-testemunha somos capazes de objetivar nossas experiências subjetivas. Quando enxergamos nossos pensamentos e emoções, e não através deles, podemos fazer escolhas conscientes sobre o que pensamos e como queremos nos sentir.

Depois de aprender a se tornar testemunha do próprio eu, você é capaz de objetivar os pensamentos e emoções do ego. Ao fazer isso, é capaz de usar as capacidades cognitivas para explorá-los. Pode descobrir de onde vêm seus medos e como eles surgiram. Uma vez que compreendeu seus medos e os trouxe para a percepção consciente, eles não têm mais poder sobre você. Essa é uma das habilidades mentais fundamentais envolvidas no domínio pessoal.

A geração do milênio

Nos últimos anos, notei um início precoce do estágio de desenvolvimento psicológico de individuação entre o grupo de pessoas conhecido como *millennials*. São pessoas nascidas depois de 1982, que moram em democracias liberais e que foram criadas por pais bem-educados, prósperos, que não enfrentaram dificuldades em aprender a satisfazer suas necessidades deficitárias. Pesquisas sobre os millennials nos Estados Unidos sugerem:

> Millennials são diferentes de qualquer outra geração de que se tem memória. Eles são mais numerosos, mais abastados, mais bem instruídos e etnicamente mais diversificados. Eles estão começando a manifestar uma ampla gama de hábitos sociais positivos que os norte-americanos mais velhos deixaram de associar com juventude, incluindo um novo foco em trabalho de equipe, realização, modéstia e boa conduta.[14]

Eles são otimistas: são felizes, satisfeitos e positivos. São trabalhadores em equipe cooperativos e aceitam autoridade. Confiam e se sentem próximos de seus pais. São mais inteligentes do que a maioria das pessoas pensa. Acreditam no futuro e veem a si mesmos vivendo em uma sociedade de vanguarda.

Em minha opinião, os millennials exibem todas as características que eu associaria a ser criado por pais autorrealizados e individuados, pais que superaram a maioria de seus medos e encontraram ocupações que se alinham com seus dons e talentos.

Os jovens a quem chamamos de millennials foram amados e bem cuidados, receberam carinho, foram tratados de modo justo e generoso e foram estimulados desde muito cedo a se expressar. Em outras palavras, são confiantes, têm relativamente poucos medos em relação à satisfação de suas necessidades de sobrevivência, proteção e segurança, e muitos deles estão prontos e dispostos a explorar suas necessidades de crescimento.

Apesar do início precoce do estágio de desenvolvimento da individuação entre os millennials, não podemos ainda concluir que eles estejam em um caminho de desenvolvimento acelerado. Eu diria que estão em um caminho mais fácil ou mais fluido de desenvolvimento.

Faço essa observação por duas razões: primeira, esse grupo não teve dificuldades em atender a suas necessidades e, portanto, desenvolveu menos crenças baseadas em medo para superar; segunda, eles estão crescendo entre pares que têm uma visão mais expandida do mundo. O Apêndice 3 apresenta uma visão detalhada das visões de mundo e o impacto de nosso desenvolvimento psicológico.

Não devemos nos esquecer, ao falar dos millennials, que eles são mais encontrados em nações democráticas ricas, que desfrutam de estabilidade política há décadas. Essas são nações que ajudam sua população a atender suas necessidades deficitárias e estimulam a liberdade de pensamento e de expressão. As pessoas nesses países são livres para explorar quem são e satisfazer suas necessidades de crescimento.

Resumo dos pontos principais

Veja os principais pontos do Capítulo 6:

1. Os Sete Estágios de Desenvolvimento Psicológico ocorrem em ordem consecutiva. Cada estágio de desenvolvimento fornece o alicerce para o estágio subsequente.
2. Sua capacidade de vencer os estágios de desenvolvimento mais altos pode ser significativamente prejudicada pelas dificuldades em superar os três primeiros estágios de desenvolvimento.
3. A qualquer momento, sua motivação primária será satisfazer as necessidades de seu estágio de desenvolvimento psicológico atual.
4. Se você tem quaisquer necessidades de estágios anteriores de seu desenvolvimento que permaneceram não atendidas, essas serão suas motivações secundárias.
5. Cada estágio de desenvolvimento psicológico tem suas próprias motivações, tarefas e necessidades e, portanto, seus próprios valores.
6. O que é importante em nossa vida em determinado momento — aquilo de que precisamos — é o que valorizamos.
7. Um dos benefícios mais significativos de escolher explorar os últimos estágios de seu desenvolvimento psicológico é o reencontro com sua criatividade.
8. Começamos nossa vida em consciência da alma, passamos para a consciência do ego, e, se formos bem-sucedidos em nosso amadurecimento — se con-

seguirmos dominar os últimos estágios de desenvolvimento psicológico —, terminamos nossa vida em consciência da alma.

9. Somente quando olhamos nossa vida através das lentes do eu-testemunha somos capazes de objetivar nossas experiências subjetivas.
10. Millennials exibem todas as características associadas a uma criação por pais autorrealizados e individuados.

Referências e notas

1. Para saber mais detalhes sobre a identificação das motivações primárias e secundárias das pessoas, por favor, consulte o livro de Richard Barrett, *Coaching Evolutivo: Uma abordagem centrada em valores para liberar o potencial humano* (QualityMark), 2015.
2. Richard Barrett, *Coaching Evolutivo: Uma abordagem centrada em valores para liberar o potencial humano* (QualityMark), 2015.
3. Roberto Assagioli, *O Ato da Verdade* (Cultrix), 1973.
4. George Land e Beth Jarman, *Ponto de Ruptura e Transformação* (Cultrix), 1995.
5. Ibid.
6. Amit Goswami, *Criatividade para o Século XXI* (Goya-Aleph), 2015.
7. http://www.psmag.com/books-and-culture/forget-tortured-artist-stereotype-creativity-breeds-happiness-74813 (conteúdo em inglês)
8. Robert Kegan, *The Evolving Self: Problem and process in human development* (Boston: Harvard University Press), 1982, p. 78.
9. Ibid., p. 79.
10. Ibid., p. 104.
11. Ibid.
12. Ibid., p. 105.
13. Ibid.
14. Neil Howe e William Straus, *Millennials Rising: The next great generation* (Nova York: Vintage Books), 2000, p. 4.

7

ENTENDENDO AS NECESSIDADES E OS DESEJOS

Tudo que você precisa saber sobre si mesmo é que a busca para satisfazer as necessidades de seu ego e os desejos de sua alma é o motor de seu desenvolvimento psicológico. Quando você é capaz de atender aos desejos de sua alma, torna-se cocriador na evolução da consciência humana.

Quase todas as horas de todos os dias, todas as pessoas neste planeta estão focadas na mesma coisa: satisfazer suas necessidades. Mesmo quando estamos servindo outras pessoas, ajudando-as a atender a suas necessidades, talvez ainda estejamos tentando satisfazer nossas necessidades de fazer a diferença no mundo ou servir. Praticamente todas as atividades que praticamos envolvem, de alguma forma, tentar satisfazer as necessidades de nosso ego ou os desejos de nossa alma.

Tendo reconhecido no capítulo anterior a importância que satisfazer as necessidades de nosso ego e os desejos de nossa alma tem sobre os estágios de desenvolvimento psicológico, acredito que agora é oportuno e importante definir o que são e o que não são necessidades e desejos.

Em seu livro *Introdução à Psicologia do Ser,* Abraham Maslow faz a seguinte pergunta: "Como acontece o crescimento?" Ele responde da seguinte maneira:

> O princípio holístico que conjuga a multiplicidade de motivos humanos é a tendência para o surgimento de uma nova e mais elevada necessidade quando, ao ser suficientemente satisfeita, a necessidade inferior é preenchida.[1]

O que Maslow está dizendo é que o que motiva nosso desenvolvimento psicológico é a satisfação de nossas necessidades estágio a estágio. Quando aprendemos como suprir as necessidades em um estágio de desenvolvimento psicológico, necessidades novas de ordem superior, associadas ao próximo estágio, automaticamente emergem.

Seres humanos possuem quatro tipos básicos de necessidades: fisiológicas, as necessidades do corpo; emocionais, as necessidades do ego; espirituais, os desejos da alma; e mentais. Acredito que necessidades "mentais" signifiquem a necessidade de compreender o que está acontecendo conosco e à nossa volta para que possamos identificar ameaças que possam impedir a satisfação de nossas necessidades de sobrevivência, proteção e segurança, assim como as oportunidades que possam nos ajudar na satisfação das necessidades de nosso ego e dos desejos de nossa alma.

No meu modo de pensar, "compreender" é o equivalente a "interpretar o sentido". Visto a partir dessa perspectiva, interpretar o sentido não é uma necessidade, mas um construto fundamental da consciência. Sem a interpretação de sentido, a evolução não teria acontecido e os seres humanos não teriam aprendido a sobreviver.

Às vezes, as pessoas se referem às nossas necessidades mentais como intelectuais. Não acredito que tenhamos necessidades intelectuais. Algumas pessoas, e certamente não todas, têm curiosidade intelectual. Elas querem saber pelo prazer do conhecimento.

No estágio de desenvolvimento psicológico de sobrevivência, nossa mente está principalmente focada na satisfação de nossas necessidades fisiológicas de *sobrevivência*. No estágio de desenvolvimento de conformidade, nossa mente está primordialmente focada em nossas necessidades físicas e emocionais de *proteção*. No estágio de desenvolvimento de diferenciação, nossa mente está principalmente focada em nossas necessidades físicas e emocionais de *segurança*. Nos estágios de desenvolvimento psicológico de autorrealização, integração e serviço, nossa mente-alma está focada nas chamadas necessidades espirituais, que prefiro chamar de desejos da alma. Os desejos do ego por saber o significado, fazer a diferença e servir correspondem aos desejos da alma de autoexpressão, conexão e contribuição.

Nesse contexto, a palavra "significado" tem uma conotação específica: senso de alinhamento. Quando as motivações do ego estão em alinhamento com as da alma, você sente que sua vida tem sentido. O processo de alinhamento começa no estágio de desenvolvimento de individuação, quando você desenvolve a compreensão de quem é apartado do contexto cultural em que vive e com o qual se identifica. O alinhamento continua no estágio de desenvolvimento de autorrealização, quando você descobre e ativa seu eu-alma.

Embora encontrar significado seja importante para o ego, não é para a alma. A alma já sabe por que decidiu encarnar. O que a alma procura é expressar seus propósitos no mundo material da percepção 3-D. O ego não está ciente do propósito da alma e precisa, portanto, descobri-lo. Apenas quando o ego descobre o propósito da alma e age para manifestá-lo na percepção 3-D é que ele pode satisfazer seu desejo de significado, e a alma, seu desejo de propósito.

Definindo necessidades

Neste ponto, acho importante ser mais específico sobre o que é e o que não é necessidade. Eu defino as necessidades como as sensações de deficiência experimentadas pelo corpo ou uma deficiência de sentimento experienciado pelo ego.

Sensação de deficiência

O corpo tem a sensação de deficiência. Embora digamos que sentimos fome, ou sede, o que estamos experimentando é uma sensação de deficiência. Dizemos que *sentimos* sede ou *sentimos* fome porque o ego se identifica com o corpo. Sempre que nos identificamos com o corpo, interpretamos sensações corporais como sentimentos.

Acredito que é importante reconhecer que as sensações do corpo não são sentimentos porque não são geradas pela mente emocional. É por isso que são sensações.

A sensação de deficiência ocorre quando algo essencial para a manutenção de nossa estabilidade interna (funcionamento biológico) do corpo está faltando. É por isso que satisfazer uma sensação de deficiência é uma necessidade fisiológica de sobrevivência. E surge da mente-corpo — a mente-ego inconsciente —, apenas captando nossa atenção consciente quando nos causa desconforto. Você sabe que precisa comer quando tem sensação de fome. Sabe que precisa evacuar quando experimenta um desconforto intestinal.

A sensação de deficiência material tridimensional é um sinal de instabilidade energética quadridimensional. Fome é um sinal da mente-corpo de que seus recursos energéticos se esgotaram e que essa carência está fazendo com que o corpo experimente dificuldades para funcionar. O mesmo se aplica a outras sensações de deficiências corporais.

Deficiência de sentimentos

O ego experimenta deficiência de sentimentos. Quando dizemos que queremos/precisamos ser amados, estamos expressando a necessidade de vivenciar o sentimento que chamamos de amor — queremos nos conectar. De maneira semelhante, quando dizemos que queremos/precisamos ser respeitados, estamos dizendo que desejamos experimentar o sentimento que chamamos de respeito — queremos nos sentir valorizados.

Quando dizemos que precisamos de amor, ou de respeito, é porque o significado que atribuímos a determinada situação que estamos vivenciando provoca um sentimento de falta de amor ou respeito. Amor e respeito podem ou não estar ausentes, eles apenas estão se manifestando de uma maneira que não reconhecemos.

Em outras palavras, a deficiência de sentimentos ocorre quando o ego *acredita* que algo essencial para a manutenção de sua estabilidade interna, proteção ou segurança, está ausente. Pode nem estar realmente faltando, mas o ego acredita que sim. Isso pode acontecer no momento presente ou quando uma situação atual aciona uma memória de uma deficiência de sentimento que experienciamos no passado. O que está sendo acionado é uma memória de infância de uma necessidade não atendida que ainda não foi resolvida em sua mente.

A deficiência de sentimentos é um sinal direto de seu campo energético de que ou a energia do amor não está presente, ou seu ego acredita que ela esteja ausente. Se a energia do amor estiver presente ou se você acreditar que ela está presente, então você não estará vivenciando a deficiência de sentimentos. A energia do amor "cura" todas as deficiências de sentimentos.

Definindo os requisitos

Acredito que é importante diferenciar entre uma necessidade e um requisito. Digo isso porque frequentemente falo para as pessoas que não tenho necessidades, e isso significa que todas as minhas necessidades são atendidas por minha alma antes que eu saiba que as tenho. Entretanto, a resposta que normalmente recebo é: "claro que você tem necessidades. Todo mundo precisa de oxigênio, ou morre." Para mim, oxigênio é um requisito, não uma necessidade. Deixe-me explicar.

Enquanto um requisito é algo necessário, uma necessidade é algo que está faltando. Dizemos que precisamos de oxigênio para sobreviver, mas raramente ficamos em uma situação em que não temos oxigênio. É por isso que o oxigênio é um requisito. Um requisito somente se torna uma necessidade quando é requerido e não está disponível ou acreditamos que esteja faltando. Por exemplo, um suprimento de oxigênio se torna uma necessidade quando escalamos uma montanha ou voamos em aeronaves leves acima de 3 mil metros de altitude. A menos que estejamos acostumados a altas altitudes, não imaginaríamos escalar ou voar sem oxigênio, porque não nos *sentiríamos* seguros.

De modo parecido, a alimentação, assim como o oxigênio, é um requisito para a manutenção da vida. Entretanto, os alimentos só se transformam em necessidade quando não estão disponíveis ou acreditamos que estejam faltando. Alimento e oxigênio são conhecidos como necessidades fisiológicas, pois são necessários para manter a vida do corpo. Outros exemplos de necessidades fisiológicas são a água e o calor. Quando estão em falta, são necessidades; quando não, são requisitos. Todas as nossas necessidades fisiológicas são requisitos até que não estejam disponíveis. Somente assim se tornam necessidades.

Definindo querer

Outra confusão que ocorre com frequência é entre necessidade e querer. Querer não é uma necessidade. É um objeto, ação ou situação que acreditamos que nos permitirá atender a uma necessidade — atenuar uma sensação de deficiência ou deficiência de sentimento. Quando digo que quero comida, estou reagindo a uma sensação de deficiência. Quando digo que quero amor, estou reagindo a uma deficiência de sentimento.

Quando uso o termo "quero", há uma implicação de que acredito que serei capaz de satisfazer uma necessidade quando conseguir o que quero. O que nós estamos efetivamente dizendo em relação aos "quereres" é: se eu conseguir isso (objeto), se fizer aquilo (ação) ou se isto (situação) ocorrer, então minha necessidade estará suprida. Em outras palavras, um "querer" é um desejo por algo que acreditamos que satisfará uma necessidade. Estamos usando o objeto, ação ou situação como substituto para uma sensação de deficiência ou deficiência de sentimento.

Necessidades falsas e necessidades reais

Se o que queremos satisfazer é uma sensação de deficiência, podemos dizer que o que queremos é uma *necessidade real*. Se o que queremos (objeto, ação ou situação) tem a pretensão de satisfazer uma deficiência de sentimento surgida de nosso fracasso em dominar nossas deficiências deficitárias, o que queremos é uma *necessidade falsa*. Logo depois de passada a empolgação (alívio) de satisfazer uma necessidade falsa, iremos querer mais.

Definindo desejos

Desejos não são necessidades, porque um desejo não é um anseio por algo que está faltando; é aspirar por alguma coisa que ainda não nasceu ou não foi explorada. É um anseio pela "materialização" do potencial.

Enquanto o ego fica ansioso se suas necessidades deficitárias não são atendidas, a alma não fica ansiosa se seus desejos não são realizados. Quando conseguimos satisfazer os desejos da alma de autoexpressão, conexão e contribuição, a alma experimenta um senso de realização, e o ego, um senso de significado.

Definição de necessidade

Baseado nisso, podemos definir uma necessidade como:

Uma carência real ou imaginária de algo essencial para a manutenção da estabilidade fisiológica (biológica) ou emocional do ego.

Uma necessidade é a resposta do ego ou do corpo para que o desejo da alma esteja presente na percepção 3-D. É o que o ego consciente e subconscientemente acredita ser necessário para a alma realizar seu propósito. É o que o corpo sabe que tem que fazer para manter a intenção de sua encarnação viva.

Você sabe que tem uma necessidade não atendida quando experimenta medo, ansiedade, raiva, frustração, impaciência ou qualquer outra forma de perturbação emocional. A emoção de medo e seus derivados é sinal de que você tem uma crença de que algo está faltando ou de que algo importante para a satisfação de suas necessidades está sendo tirado de você.

O que estou dizendo quando acredito que tenho uma necessidade é: "Minhas condições de vida não são perfeitas porque atualmente estou experimentando uma sensação de deficiência ou uma deficiência de sentimento. Sinto falta de alguma coisa que acredito ser necessária para que o desejo de minha alma esteja presente na consciência material 3-D."

Quando você é capaz de convencer a si mesmo de que nada está faltando em sua vida — quando considera que sua vida é perfeita do jeito que está, quando é grato pelo que tem e julga que o que tem é suficiente —, não está apenas vivendo na consciência da alma, está vivendo em estado de graça.

All we need is love

A razão de nossa alma não ter necessidades é que em seu ambiente energético natural de consciência 4-D ela instantaneamente cria a forma energética do que quer que deseje em seus pensamentos. É assim que o mundo energético funciona: sua realidade energética é criada por pensamentos guardados na mente. Consequentemente, nossa alma não carece de nada e nunca experiencia necessidades. Ela vive em um estado de abundância e conexão. Esse é o estado energético a que chamamos de amor.

O amor é a energia que supre todas as nossas necessidades. Se tivermos amor, não temos outras necessidades. Quando permitimos que o amor flua para o mundo através de nós, todas as nossas necessidades são atendidas, porque o amor flui de volta através da provisão "automática" das coisas de que precisamos para realizar o propósito de nossa alma.

Os Beatles sabiam — eles entendiam. E cantaram:[*]

> *There's nothing you can do that can't be done …*
>
> *No one you can save that can't be saved*
>
> *Nothing you can do but you can learn to be you in time*
>
> *It's easy*
>
> *All you need is love*
>
> *All you need is love*
>
> *All you need is love, love*
>
> *Love is all you need*[2]

---

[*] **N.T.: Em tradução livre:** Não há nada que você possa fazer que não possa ser feito/ Ninguém que você possa salvar que não possa ser salvo/ Não há o que fazer, mas pode aprender a ser você a tempo/ É fácil/Tudo de que você precisa é amor/ Tudo de que você precisa é amor/ Tudo de que você precisa é amor/ Amor é tudo de que você precisa.

Acredito que há duas frases essenciais aqui: "você precisa aprender a ser você a tempo" e "amor é tudo de que você precisa". Quando você aprende a ser quem é — uma alma operando da percepção 4-D em um mundo material 3-D —, tudo de que precisa para realizar o propósito de sua alma "magicamente" aparece. Mesmo que as necessidades que não sabia que tinha sejam satisfeitas. Quando você vive nesse estado, "não há nada que possa fazer que não possa ser feito".

Implicações

A implicação de viver em um mundo em que seus pensamentos e crenças criam sua realidade energética, em que seus pensamentos e crenças atraem resultados materiais, não é tão improvável quanto a mente racional o faz acreditar. Vou dar dois exemplos, um ligando os pensamentos e crenças aos resultados materiais — o efeito placebo —, e um ligando pensamentos e crenças subconscientes a resultados emocionais. Os dois exemplos ilustram a realidade quântica de que acreditar é vivenciar.

Resultados materiais

O que acreditamos se transforma no resultado que atraímos. É por isso que pessimistas e otimistas são igualmente bem-sucedidos em criar suas realidades. Essas declarações se alinham com a teoria quântica, que sugere que tudo existe em todas as suas possibilidades no campo da energia quântica, e é a crença do observador que desmorona o campo e o transforma em um resultado específico que se alinha com as crenças do observador.

Em lugar algum o fenômeno da crença positiva é mais óbvio do que na prática da medicina. Incontáveis estudos ressaltaram a importância do efeito placebo, às vezes chamado de reação placebo. O efeito placebo é frequentemente usado para testar novos medicamentos. Um grupo de pacientes com uma enfermidade específica recebe o novo remédio, e outro, com a mesma condição, recebe uma substância inerte, como açúcar, água destilada ou uma solução salina. Ambos são informados de que a expectativa é que o medicamento que receberam melhore sua condição.

O que é surpreendente para aqueles que acreditam na causa e efeito material 3-D é que um número significativo de pessoas que tomaram o medicamento placebo se recupera da enfermidade. A reação placebo foi relatada pela primeira vez em 1955, em um artigo do anestesiologista Henry K. Beecher (1904–1976).[3]

Entendendo as Necessidades e os Desejos

Beecher concluiu que, em todos os 26 estudos analisados por ele, em média 32% dos pacientes responderam ao placebo. Esses resultados sugerem que existe um efeito psicoenergético em acreditar que os remédios que está tomando trarão o resultado que disseram que teria.

De forma impressionante, cirurgias simuladas (placebo) ainda produzem resultados semelhantes. Uma pesquisa da Baylor School of Medicine publicada em 2002 no *New England Journal of Medicine* descreve um estudo que divide aqueles que sofrem de osteoartrite de joelho em três grupos. Dois foram operados usando técnicas clínicas comprovadas, mas diferentes. O terceiro grupo passou pelos mesmos protocolos cirúrgicos, mas quando chegaram às mãos do cirurgião, receberam apenas uma incisão, que depois foi suturada. Todos os grupos passaram pelo mesmo processo de recuperação. Os pesquisadores ficaram perplexos com os resultados. Aqueles que sofreram a cirurgia placebo tiveram o mesmo resultado que os que passaram pela cirurgia real, e a melhora no grupo placebo foi praticamente a mesma depois de um ano e depois de dois anos. A conclusão desse estudo afirma:

> Neste ensaio clínico controlado envolvendo pacientes com osteoartrite de joelho, os resultados depois de lavagem artroscópica ou desbridamento artroscópico não foram melhores do que o do procedimento placebo.[4]

Outro artigo,[5] publicado em 2002 pelo professor Irvine Kirsch na American Psychological Association, intitulado *The Emperor's New Drugs* ["As Novas Drogas do Imperador", em tradução livre], fez descobertas ainda mais impressionantes. Ele descobriu que 80% do efeito dos antidepressivos, conforme mensurado em ensaios clínicos, podem ser atribuídos ao efeito placebo.

Eu poderia preencher o restante deste livro descrevendo outros estudos sobre o impacto do efeito placebo, mas não vou. Se precisar de mais provas, por favor, pesquise sobre o tema. O artigo online referido nas citações a seguir é um bom lugar para começar.

Pesquisadores de Harvard descobriram que:

> [...] tratamentos placebos — intervenções sem ingredientes medicamentosos ativos — podem incitar reações fisiológicas reais, desde alteração no ritmo cardíaco e pressão sanguínea até a atividade química cerebral, em casos envolvendo dor, depressão, ansiedade, fatiga e até alguns sintomas de Mal de Parkinson.[6]

> [...] os métodos de administração de placebos são tão importantes quanto a administração em si [...] a percepção do paciente é importante, e as maneiras que os médicos estruturam as percepções podem ter efeitos significativos na saúde do paciente.[7]

Os pesquisadores de Harvard disseram ao grupo de vítimas de síndrome do intestino irritável que eles tomariam um medicamento inerte, falso (entregues em frascos rotulados como "comprimidos placebos"), e também que os placebos frequentemente têm efeitos curativos, e houve surpresa quando essas mesmas pessoas apresentaram melhora real.

Esses estudos mostram que podemos alterar nossa biologia com nossas crenças. Podemos expressar essa afirmação da seguinte maneira: a consciência recebe a informação; as crenças transformam essa informação em significado; o significado atribuído entrega um resultado que se alinha à crença. Isso se aplica tanto ao mundo emocional quanto ao mundo material.

Consciência → Informação → Crença → Significado → Resultado

Se quisermos ser mais precisos, podemos dizer que as crenças convertem ondas de informação energética em significado, e o significado que é atribuído faz com que a potencialidade se alinhe à crença para se manifestar no nível emocional ou material de existência.

No mundo energético quântico, tudo existe em todas as suas potencialidades. A crença do observador "despeja" a onda de informação contendo toda a potencialidade em um resultado que se alinha à crença.

Essa afirmação pode ser expressa da seguinte forma:

Consciência → Informação → Crença → Energia muda → Matéria muda

Quanto mais forte a crença, mais energia há por trás dela, mais forte será a causalidade psicoenergética e mais forte e mais instantâneo será o resultado material.

Como a consciência está associada a três entidades psíquicas — a mente-corpo, a mente emocional e a mente racional —, podemos escrever declarações de causalidade para crenças mantidas por cada uma dessas três mentes:

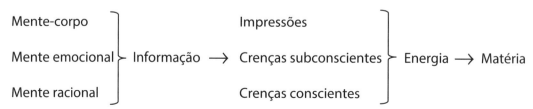

Cada forma de consciência recebe a mesma informação do mundo exterior, cria significado e manipula a energia para afetar a mudança na matéria. Em cada caso, o operador na energia — o influenciador do significado que manipula a energia — é diferente.

No caso da mente-alma, os operadores são impressões: as "crenças" aprendidas pela mente reptiliana. No caso da mente emocional e racional, o operador é a crença: presunções subconscientes e conscientes aprendidas. No caso da mente racional, há um operador adicional que podemos considerar: a intenção. Definir uma intenção, e infundi-la com a energia da crença no resultado, é uma maneira poderosa de criar realidade. As intenções podem ser conscientes, por exemplo, quando são usadas para estabelecer a visão do futuro ou em uma prece por cura, e são inconscientes quando são intervenções da alma, como a remissão espontânea de uma doença.

Quando os operadores são baseados no amor (positivos), criam estabilidade energética; eles têm um efeito benéfico no campo energético humano e no corpo. Quando os operadores são baseados em medo (negativos), criam instabilidade energética; eles têm um efeito prejudicial no campo de energia humana e no corpo, porque bloqueiam a energia do amor que engrandece a vida.

Resultados emocionais

Se conseguirmos aceitar que as crenças positivas criam resultados que melhoram nossa vida, não é tão difícil aceitar que crenças limitadoras (negativas) criam resultados que oprimem a vida.

O que é uma crença limitadora e de onde vem?

Crenças limitadoras (e impressões) são formadas quando nossas necessidades não são satisfeitas ou quando temos dificuldade de atendê-las, especialmente durante os períodos em que nossos cérebro/mente reptiliano, cérebro/mente límbico e cérebro/mente racional estão crescendo e se desenvolvendo. Tentativas reiteradas de atender a nossas necessidades que resultem em fracasso criam crenças limitadoras. As três crenças limitadoras mais significativas que podemos aprender são:

- Não tenho o suficiente necessário para sobreviver.

- Não sou amado o bastante para me sentir seguro ou não sou capaz de ser amado.

- Não tenho o suficiente para me sentir seguro ou não sou importante o bastante. Quando as circunstâncias durante o início de nossa vida fazem com que fracassemos em atender a nossas necessidades, criamos crenças limitadoras. Essas crenças continuam a operar durante o resto de nossa vida, atraindo resultados negativos. Aquilo em que acreditamos, consciente ou subconscientemente, atrai a realidade que experienciamos.

Quando suas necessidades não são satisfeitas, ou você acredita que elas não podem ser atendidas, você tem emoções negativas — raiva ou medo — e experimenta sentimentos negativos. Sentimentos são a percepção consciente das emoções. Eles representam as alterações em nosso campo energético. Quando escondemos, negamos ou suprimimos nossos sentimentos, a energia associada com nossas emoções e sentimentos não pode ser dissipada. A energia negativa da raiva e do medo permanece no campo energético, provocando instabilidade energética.

Assim como quando nega sua fome, o desequilíbrio energético que está criando a sensação de fome não desaparece, quando você nega sua necessidade de amor, o desequilíbrio energético que está criando a deficiência de sentimento não desaparece. Assim como você só consegue satisfazer sua sensação de deficiência quando se permite expressar sua necessidade por alimento, só consegue satisfazer sua deficiência de sentimento quando se permite expressar sua necessidade de amor.

De forma semelhante, se você está suprimindo sua raiva em relação à não satisfação de suas necessidades, a impossibilidade de expressar essa raiva criará instabilidade energética em seu campo de energia. Raiva não expressada em relação a alguém cria separação energética; o oposto de amor. Por essa razão, a raiva é a emoção mais nociva. Ela leva à depressão — a tristeza da alma sobre não ser capaz de se conectar — e, eventualmente, a doenças cardíacas. O coração é o centro do amor. O que quer que esteja bloqueando o amor, bloqueia o coração. O colesterol não é o problema em ataques cardíacos; o problema é a raiva guardada. Nos capítulos seguintes, mostro que as emoções não expressadas são a causa de todos os transtornos físicos e mentais.

Resumo dos pontos principais

Veja os principais pontos do Capítulo 7:

1. Quase todas as horas de todos os dias, todas as pessoas neste planeta estão focadas na mesma coisa: satisfazer suas necessidades.
2. O que motiva nosso desenvolvimento psicológico é a satisfação de nossas necessidades estágio a estágio.
3. Quando aprendemos como suprir as necessidades em um estágio de desenvolvimento psicológico, necessidades novas de ordem superior, associadas ao próximo estágio, automaticamente emergem.
4. Existem dois tipos de necessidades: sensações de deficiências e deficiências de sentimento. O corpo tem sensações de deficiência. O ego, deficiências de sentimentos.
5. O termo "necessidade" frequentemente é usado quando queremos dizer "requisito". Enquanto um requisito é algo necessário, uma necessidade é algo que está faltando.
6. Querer não é uma necessidade. Querer é um objeto, ação ou situação que acreditamos que nos permitirá atender a uma necessidade, atenuar uma sensação de deficiência ou deficiência de sentimento.
7. Um desejo é um anseio por algo que ainda não nasceu ou não foi explorado. É um anseio pela "materialização" do potencial.
8. Precisar é uma carência real ou imaginária de algo essencial para a manutenção da estabilidade fisiológica (biológica) ou estabilidade emocional do ego.
9. O amor é a energia que supre todas as nossas necessidades. Se tivermos amor, não temos outras necessidades. Quando permitimos que o amor flua para o mundo através de nós, todas as nossas necessidades são atendidas, porque o amor flui de volta através da provisão "automática" das coisas de que precisamos para realizar o propósito de nossa alma.
10. O que acreditamos se transforma no resultado que atraímos.
11. Quanto mais forte a crença, mais energia há por trás dela, mais forte será a causalidade psicoenergética, e mais forte e mais instantâneo será o resultado material.
12. Emoções não expressadas são a causa de todos os transtornos físicos e mentais.

Referências e notas

1. Abraham Maslow, *Towards a Psychology of Being* (Nova York: Van Nostrand), 1968, p. 56. Publicado no Brasil com o título *Introdução à Psicologia do Ser* (Eldorado), 1968.
2. Compositores: John Lennon e Paul McCartney, publicado pela Lyrics © Sony/ATV Music Publishing LLC.
3. H. K. Beecher, *The Powerful Placebo*, Journal of the American Medical Association, Vol.159, N. 17 (24 dez 1955).
4. J. Bruce Moseley et al., *A Controlled Trial of Arthroscopic Surgery for Osteoarthritis of the Knee*, New England Journal of Medicine, 11 jul 2002, 347: 81–88.
5. Kirsch, Moore, Scoboria e Nicholls, *The Emperor's New Drugs: An analysis of antidepressant medication data submitted to the US Food and Drug Administration*, Prevention and Treatment, 5 jul 2002(1).
6. http://harvardmagazine.com/2013/01/the-placebo-phenomen (conteúdo em inglês)
7. Ibid.

8

Teoria de Emoções e Sentimentos

Entender suas emoções, como elas surgem e o impacto delas em seu campo energético é fundamental para entender como seu psicológico afeta sua fisiologia. Emoções mal administradas são o caminho mais rápido para distúrbios físicos e mentais.

Depois de explorar o que suas necessidades e desejos são e o que não são, proponho explorarmos a ligação entre necessidades, desejos, emoções e sentimentos. Estou focando esses tópicos porque as emoções são a fonte de nossa energia que intensifica ou exaure a vida. Elas são a origem da doença e da saúde, da tristeza e do bem-estar. Experimentamos emoções positivas, que engrandecem a vida, quando temos nossas necessidades atendidas. Emoções são o ponto de entrada da compreensão da dinâmica ego-alma que ocorrem em nosso campo energético.

As emoções podem surgir de duas formas: pelo acionamento de uma experiência positiva ou negativa ou pela criação de cenários positivos ou negativos em nossa mente. Quando ruminamos cenários e resultados negativos, geramos emoções baseadas em medo que exaurem a vida. Quando visualizamos cenários e resultados positivos, geramos emoções baseadas em amor que engrandecem a vida. Emoções baseadas em amor têm um efeito curativo, pois colocam a energia do ego em alinhamento com a energia da alma e o campo energético de nossa alma em alinhamento com o campo de energia universal.

As teorias das emoções são agrupadas em três categorias principais: fisiológicas, neurológicas e cognitivas. Teorias fisiológicas sugerem que as respostas corporais são responsáveis pelas emoções. As teorias neurológicas propõem que a atividade cerebral eleva as respostas emocionais. As teorias cognitivas defendem que os pensamentos e outras atividades mentais desempenham um papel essencial na formação das emoções. A teoria postulada neste livro se encaixa na última categoria. Ela começa pela premissa de que todas as emoções são ligadas à satisfação ou não satisfação de nossas necessidades.

Em seu livro *Emotions and Life*[1] ["Emoções e Vida", em tradução livre], Robert Plutchik lista as 16 teorias emocionais. O medo é listado como emoção em todas elas, e a raiva, em 14. Nas duas teorias em que a raiva não é listada, a fúria é incluída. Quando reprimimos nossa raiva não a expressando, eventualmente atingimos um ponto em que uma situação aparentemente inócua pode fazer com que nossa panela de pressão emocional exploda. Isso é o que chamamos de fúria. A tristeza é listada como emoção em oito teorias; a alegria, em sete; a aversão, em seis; a surpresa, em cinco; a felicidade, em quatro; e o amor, em três.

Emoções *versus* sentimentos

Antes de descrever minhas teorias das emoções, acredito que é importante chegarmos a um entendimento sobre a diferença entre emoções e sentimentos.

Antonio Damasio, em *The Feeling of What Happens*[2] ["O Sentimento do que Acontece", em tradução livre], declara que:

> [...] o termo "emoção" deveria ser reservado para designar o conjunto de respostas, muitas das quais publicamente observáveis [...] e o termo "sentimento" deveria ser reservado para uma experiência mental privada de uma emoção.[3]

Emoções e sentimentos são partes do mesmo contínuo funcional.[4] Seus sentimentos são sua conexão consciente com as alterações em seu campo energético. Apenas nos tornamos cientes de uma emoção depois de experienciar um sentimento positivo ou negativo. Emoções são visíveis, sentimentos não. É difícil esconder as emoções, e é relativamente fácil esconder os sentimentos. Emoções começam na mente subconsciente ou inconsciente e são percebidas no campo energético do corpo. A mente oferece o contexto para uma emoção ao criar um sentimento. A emoção do medo pode levar ao terror, insegurança ou preocupação e a uma gama de outros sentimentos, dependendo do tipo de situação que acionou a emoção de medo.

Emoções

Minha teoria das emoções começa na premissa de que todas elas são um reflexo de alterações de energia: um súbito aumento ou diminuição na amplitude de vibração de nosso campo energético provocado pela reação do corpo ou do ego às mudanças no ambiente externo. Uma alteração de energia positiva aumenta a estabilidade do campo energético humano, auxiliando, assim, a saúde do corpo. Uma alteração negativa na energia diminui a estabilidade do campo energético humano, inibindo, assim, a saúde do corpo.

Emoções não surgem de uma mudança real de circunstância, elas surgem do significado que atribuímos à mudança de circunstância. Duas pessoas podem vivenciar a mesma mudança na circunstância, uma pode experimentar a emoção do medo, e outra, a da felicidade.

Alterações positivas (saudáveis) de energia ocorrem quando o ego consegue suprir suas necessidades deficitárias e as ações e os comportamentos do ego permitem que a alma satisfaça seus desejos. Alterações negativas (não saudáveis) de energia ocorrem quando o corpo e o ego não conseguem satisfazer suas sensações de deficiência ou deficiência de sentimento ou quando o ego acredita que pode não ser capaz de atender a suas deficiências de sentimento no futuro imediato ou não tão distante. Alterações negativas na energia também ocorrem quando as ações e comportamentos do ego impedem que a alma satisfaça seus desejos.

Em outras palavras, todas as emoções estão relacionadas com nossa capacidade de atender ou não a nossas necessidades do corpo ou do ego, ou aos desejos da alma dentro de um contexto da estrutura de nossa existência humana individual.

Isso me leva a postular que as emoções que podemos experimentar são seis: satisfazer ou não as necessidades do ego e os desejos da alma equivale a quatro emoções (felicidade e raiva, alegria e tristeza). O ego acreditar que pode não ser capaz de suprir suas necessidades (ansiedade) e o corpo sentir que não é capaz de atender a suas necessidades (medo) representam as outras duas.

Felicidade, ansiedade e raiva são emoções da mente-ego. Alegria e tristeza são emoções da mente-alma. E o medo é uma emoção da mente-corpo.

As emoções da alma são menos evidentes do que as do ego, porque têm menos carga emocional. Mesmo sendo menos visíveis, elas ainda desempenham um importante papel na organização de nossos pensamentos e comportamentos. As emoções da alma são normalmente trazidas à tona pelas ações e comportamentos do ego que suprimem as oportunidades para a alma satisfazer seus desejos — tristeza — ou aumentam essas oportunidades — alegria.

Quatro das emoções que listei — felicidade, raiva, medo e tristeza — são as emoções básicas que Rachael Jack e sua equipe identificaram recentemente em seu estudo sobre expressões faciais no Instituo de Neurociência e Psicologia em Glasgow.[5] As seis emoções que proponho são mostradas na Tabela 8.1.

TABELA 8.1: As seis emoções básicas

	Emoção do ego	Emoção do corpo	Emoção da alma
Necessidades/desejos atendidos	Felicidade	(Vivacidade)	Alegria
Necessidades podem não ser atendidas	Ansiedade	Medo	N.A.
Necessidades/desejos não atendidos	Raiva	(Perturbação)	Tristeza

Felicidade

A felicidade, como emoção, não é bem entendida. Ela é uma reação automática que surge quando nos libertamos das ansiedades sobre ser capaz de satisfazer nossas necessidades deficitárias ou quando uma potencial ameaça a uma necessidade é afastada. Uma vez que a ansiedade é liberada, há uma sensação de felicidade, mas ela é rapidamente dissipada. Quando somos capazes de vencer nossas necessidades deficitárias, experimentamos um sentimento de satisfação. A felicidade está ligada aos seguintes sentimentos: alívio, orgulho, prazer, satisfação e animação.

Medo

O medo é uma emoção básica compartilhada por todos os organismos vivos. Ele é uma experiência atual da possibilidade de não atender a suas necessidades. Assim que a ameaça desaparece, o medo associado à ameaça se dissipa rapidamente. O medo é ligado aos seguintes sentimentos: vergonha, culpa, preocupação, perturbação, terror, choque e pavor. Portanto, podemos afirmar que:

Uma ameaça a nossas necessidades → Medo

Ansiedade

Enquanto o medo é uma experiência atual da possibilidade de não atender a nossas necessidades, a ansiedade é a experiência presente da possibilidade de não ter suas necessidades satisfeitas no futuro. A ansiedade sobre estar sendo punido por algo que fez, por exemplo, é uma experiência da possibilidade de não atender a nossas necessidades de proteção e amor no futuro.

Raiva

Primeiramente, ficamos com raiva quando as necessidades de nosso ego não são satisfeitas. A raiva pode, ainda, ser acionada quando começamos a acreditar que nossas necessidades podem não ser atendidas. Ela está mais proximamente relacionada com o medo e a ansiedade.[6] Acredito que a primeira reação que experienciamos quando entendemos que uma necessidade não foi satisfeita é o medo sobre o que acontecerá conosco sem a realização da necessidade. O medo é rapidamente seguido pela raiva. Nesse sentido, a raiva é uma perturbação emocional associada a aceitar as implicações que surgem de uma necessidade não atendida. Quanto mais dedicados estamos a satisfazer uma determinada necessidade, mais raiva sentimos quando essa necessidade não é atendida ou quando acreditamos que não será.

Necessidade não atendida → Raiva

A maioria das pessoas apenas expressa a raiva quando sente que é seguro. Suprimimos nossa raiva quando nos sentimos vulneráveis, quando acreditamos que expressá-la poderia comprometer nossa capacidade de atender a outras necessidades deficitárias. É por isso que as crianças suprimem sua raiva em relação aos pais. Se elas expressarem seus reais sentimentos, arriscariam comprometer a satisfação das necessidades no futuro.

A raiva está associada aos seguintes sentimentos: irritação, inveja, ciúme, desprezo, amargura, ódio, fúria, ressentimento, culpa, repreensão e vergonha. Entre eles, a fúria é o mais intenso, e o ódio, o mais duradouro. Por essa razão, o ódio ainda é o mais exigente, fisiologicamente, de todos os sentimentos associados à raiva, especialmente quando seu ódio é dirigido para dentro, quando acredita que você é a causa por não atender a suas necessidades. O ódio de outras pessoas cria separação externa; o ódio de si mesmo cria separação interna, a separação do ego da alma. A separação tem grandes repercussões em nossa saúde psicológica e fisiológica.

Alegria

A alegria surge do prazer da alma em ter seus desejos satisfeitos. Ela é a emoção positiva[7] mais duradoura porque está relacionada ao senso de realização. A felicidade rapidamente se dissipa, pois está ligada ao alívio do medo. A alegria está associada com os seguintes sentimentos: otimismo, entusiasmo, comprometimento, expressão, criatividade, conexão, confiança e contribuição.

Tristeza

Quando o ego não é capaz de atender a suas necessidades, ele experiencia raiva. Quando a alma é incapaz de satisfazer seus desejos, ela vivencia tristeza. Quando a tristeza da alma se acumula, ela experiencia depressão.

Sempre que o ego está constantemente envolvido na luta para atender a suas necessidades de sobrevivência, segurança e proteção, a alma vivencia a energia da tristeza. Ela se sente triste pela possibilidade de não satisfazer seus desejos de autoexpressão, conexão e contribuição. A alma não consegue suprir suas necessidades de autoexpressão se o ego não superar suas necessidades de sobrevivência, ela não consegue atender a suas necessidades de conexão se o ego não satisfizer suas necessidades de relacionamento, e ela não consegue atender a suas necessidades de contribuição se o ego não puder satisfazer sua necessidade de autoestima.

Portanto, podemos afirmar:

Necessidades do ego não atendidas → Desejos da alma não atendidos
→ Tristeza → Depressão

Quando a raiva e o ódio sentidos pelo ego em relação a não ter as necessidades atendidas são suprimidos — quando são direcionados para o interior —, a tristeza da alma se intensifica e a depressão se aprofunda.

Isso leva à seguinte afirmação:

Depressão = Raiva/Ódio direcionado para dentro.

A tristeza tende a durar muito mais tempo do que todas as outras emoções; até 240 vezes mais do que as emoções mais breves.[8] A tristeza está sempre associada a altos níveis de ruminação e está ligada aos seguintes sentimentos: depressão, desespero, desesperança, sofrimento, pesar, angústia, solidão e isolamento.[9]

Depressão

Quando a alma experimenta continuamente a tristeza — quando o ego fracassa consistentemente em atender a suas necessidades deficitárias —, sua disposição em estar presente na percepção 3-D começa a diminuir. Quando isso acontece, a disposição do corpo de permanecer vivo enfraquece e a vontade do ego de sobreviver diminui. Quando isso ocorre, o sistema imunológico do corpo fica comprometido. Quando a vontade do ego de sobreviver diminui, ele começa a pensar em suicídio.

Dominando suas emoções

Para levar uma vida saudável, precisamos reduzir a ocorrência de emoções negativas e aumentar a de positivas. Precisamos ser capazes de dominar nossas necessidades deficitárias e satisfazer os desejos de nossa alma. Quando estamos otimistas e focados nos aspectos positivos, aumentamos a possibilidade de sucesso (de suprir nossas necessidades). Quando estamos pessimistas e focados nos aspectos negativos, aumentamos a possibilidade de fracasso (não suprir nossas necessidades).

Sentimentos/sensações

Enquanto desenvolvia minha teoria das emoções, perguntei a mim mesmo: "Se o número de emoções é tão pequeno, por que experimentamos uma ampla gama de sentimentos?" Depois de refletir, percebi que é porque existem diferentes dimensões de nossos sentimentos.

- Sentimentos/sensações podem ser positivos ou negativos.
- Sentimentos/sensações podem ser experimentados na mente-corpo, na mente-ego ou na mente-alma.
- Sentimentos/sensações podem ser de diferentes intensidades.

Cada uma dessas dimensões é um indicativo de uma determinada qualidade de sentimento, de uma fonte específica de sentimento, ou de determinada intensidade de sentimento. A forma de diferenciar um sentimento corporal forte e positivo como a euforia, de um sentimento do ego fraco e negativo, como a impaciência, é pela frequência de vibração vinculada àquele sentimento.

Positivo e negativo

Sentimentos/sensações positivos são uma indicação de que suas necessidades foram atendidas. Sentimentos negativos são uma indicação de que suas necessidades não foram ou podem não ser atendidas. Sentimentos/sensações positivos proporcionam uma sensação de leveza energética: você se sente alinhado e contente. Sentimentos/sensações negativos proporcionam uma sensação de peso energético: você se sente desalinhado e infeliz.

Corpo, ego e alma

Dependendo dos tipos de necessidades ou desejos atendidos, não supridos ou que possam não ser satisfeitos, você experiencia seus sentimentos na mente-corpo, mente-ego ou mente-alma. Em sentido estrito, a mente-corpo não tem sentimentos, tem sensações.

Na Tabela 8.2 atribuí sentimentos/sensações à parte de nosso campo energético que as experiencia: mente-corpo, mente-ego e mente-alma. Essa tabela é em seguida dividida em sentimentos/sensações positivos e negativos. Dependendo de sua interpretação pessoal desses termos, você pode preferir posicioná-las de forma diferente.

TABELA 8.2: SENTIMENTOS/SENSAÇÕES EXPERIMENTADOS PELA MENTE-CORPO, MENTE-EGO E MENTE-ALMA

	Sensações mente-corpo	Sentimentos mente-ego	Sentimentos mente-alma
Sentimentos positivos			
Leveza e alinhamento	Eufórico	Ansioso	Exultante
	Animado	Feliz	Centrado
	Rejuvenescido	Orgulhoso	Compassivo
	Renovado	Satisfeito	Realizado
	Descansado	Seguro	Confiante

	Sensações mente-corpo	Sentimentos mente-ego	Sentimentos mente-alma
Sentimentos negativos			
Peso e desalinhamento	Exaurido Letárgico Apático Cansado Entediado	Com medo Ansioso Irritado Impaciente Ciumento	Desolado Deprimido Desinteressado Desalentado Retraído

Intensidade

Outra dimensão importante a considerar é a intensidade do sentimento. A Tabela 8.3 oferece um esquema da intensidade dos sentimentos associados com as emoções do ego e da alma. Dependendo de sua interpretação pessoal desses termos, você pode preferir posicioná-los de modo diferente.

TABELA 8.3: INTENSIDADE DOS SENTIMENTOS

Intensidade	Emoções e sentimentos do ego			Emoções e sentimentos da alma	
	Felicidade	Ansiedade/ medo	Raiva	Alegria	Tristeza
Alta	Empolgado Estimulado Exultado	Aterrorizado Paralisado Com raiva	Furioso Com ódio Irritado	Em êxtase Eufórico Entusiasmado	Desesperançado Desesperado Angustiado
Média	Contente Realizado Animado	Inseguro Apreensivo Inquieto	Perturbado Aborrecido Irritado	Feliz Radiante Abençoado	Triste Diminuído Desestimulado
Baixa	Satisfeito Afortunado Com sorte	Preocupado Desconfiado Nervoso	Impaciente Ressentido Descontente	Entusiasmado Exuberante Alegre	Desapontado Desalentado Sozinho

A intensidade do sentimento associado à emoção de felicidade está relacionada ao nível de alívio experimentado quando sua necessidade é satisfeita. Se a necessidade não atendida era importante para você e o nível de ansiedade que tinha em relação a não ser capaz de atendê-las era alto, provavelmente você se sentirá muito empolgado quando ela for finalmente atendida.

A intensidade do sentimento associado à emoção de ansiedade/medo está relacionada com o tipo de necessidade do ego/corpo que pode não ser atendida. Se a necessidade que está ameaçada é sua capacidade de permanecer vivo, você se sentirá apavorado: a intensidade mais alta de ansiedade/medo. Se a necessidade ameaçada é de ordem inferior, você se sente preocupado, desconfiado e nervoso.

A intensidade de sentimento associado à emoção de raiva está relacionada à extensão em que suprimiu sua raiva no passado e o tipo de necessidade que não foi satisfeita. Quando a raiva é repetidamente suprimida durante um longo período e você experiencia uma situação de risco à vida, sua raiva sobre a situação pode ser expressada como fúria.

A intensidade de sentimento associado à emoção de alegria está relacionada ao tipo de desejo da alma não satisfeito e, em menor extensão, ao nível de expectativa que você tinha sobre atender àquele desejo. Os mais altos níveis de alegria são experimentados quando você satisfaz os desejos de sua alma por autoexpressão. Você se sente extasiado pela oportunidade de expressar quem é.

A intensidade de sentimentos associada a emoções de tristeza está relacionada ao tipo de desejo da alma que foi minado pelo fracasso do ego em satisfazer suas necessidades deficitárias. A intensidade mais alta de tristeza é experimentada quando o ego não consegue dominar suas necessidades de sobrevivência. Isso mina a capacidade da alma de realizar seu desejo de autoexpressão.

Frequência da vibração

Em seu livro *Power vs. Force* ["Poder versus Força", em tradução livre], o Dr. David R. Hawkins classifica as principais "emoções" humanas de acordo com sua frequência de vibração.[10] Suas descobertas são reproduzidas na Tabela 8.4.[11] Escrevi "emoções" entre aspas pois eu classificaria a maioria dos termos usados na escala de sentimentos de Hawkins. A extremidade inferior da escala de Hawkins representa a presença de medo em nossa vida, e a extremidade superior representa a presença do amor.

TABELA 8.4: Os níveis relativos de frequência de vibração de diferentes "emoções"

Medo/Confiança/Amor	Emoção	Experiência	Impacto da Emoção
AMOR	Indescritível	Iluminação	Consciência pura
	Êxtase	Paz	Iluminação
	Serenidade	Alegria	Transfiguração
	Reverência	Amor	Revelação
	Entendimento	Racionalidade	Abstração
	Perdão	Aceitação	Transcendência
	Otimismo	Disposição	Intenção
CONFIANÇA	Confiança	Neutralidade	Libertação
MEDO	Afirmação	Coragem	Empoderamento
	Desprezo	Orgulho	Presunção
	Ódio	Raiva	Agressão
	Desejo	Desejo	Escravização
	Ansiedade	Medo	Retração
	Arrependimento	Sofrimento	Desânimo
	Desespero	Apatia	Abdicação
	Culpa	Culpa	Destruição
	Humilhação	Vergonha	Eliminação

Períodos prolongados gastos na extremidade inferior da escala vibracional — abaixo do nível de confiança — levam a doenças e enfermidades no corpo e sentimentos de desespero e desesperança na mente. Períodos prolongados gastos na extremidade superior da escala vibracional — acima do nível de confiança — levam à saúde do corpo e a sentimentos de alegria e bem-estar na mente.

Quando as motivações do ego estão em alinhamento com as da alma, experimentamos altos níveis de coerência e fluxo energético. Inversamente, quando as motivações do ego estão em desalinho com as da alma, experimentamos baixos níveis de coerência e fluxo energético.

Existem dois pontos cruciais[12] na escala vibracional de Hawkins que correspondem a significantes estágios de desenvolvimento psicológico.

- Autoempoderamento: a disposição de parar de culpar os outros e aceitar a responsabilidade por nossa realidade — quando paramos de ser vítimas.

- Perdão sem julgamentos: exercer a compreensão e a gentileza incondicional com todas as pessoas sem exceção.

A NOVA PSICOLOGIA DO BEM-ESTAR HUMANO

O primeiro desses estágios cruciais — o autoempoderamento — corresponde ao estágio de desenvolvimento psicológico da individuação: o portal que atravessamos para acessar as energias da alma. Esse é o estágio em que desenvolvemos a coragem para enfrentar nossos medos e abandonamos a programação parental e o condicionamento cultural negativo, que estão nos mantendo focados em nossas necessidades deficitárias.

O segundo desses estágios cruciais — o perdão sem julgamentos — corresponde ao estágio de desenvolvimento psicológico de serviço. Nesse estágio, começamos a reconhecer que todo o mundo é simplesmente uma alma e um aspecto individualizado da mente única. Por isso, quando eu doo para você, doo para mim mesmo. Quando perdoo você, perdoo a mim mesmo.[13] Nesse estágio de desenvolvimento, você não acredita mais que tem uma alma; sabe que é uma alma, ou, para ser mais preciso, sabe que sua alma tem você.

Resumo dos pontos principais

Veja os principais pontos do Capítulo 8:

1. Ao longo dos últimos 30 anos, tornou-se cada vez mais aceito que nossa saúde mental e física está ligada à maneira com que lidamos com nossas emoções.

2. Emoções e sentimentos são parte do mesmo contínuo emocional. Emoções são visíveis, sentimentos não. Seus sentimentos são suas conexões conscientes às alterações emocionais em seu campo energético.

3. Emoções não surgem de uma mudança de circunstância real. Elas surgem do significado que atribuímos à mudança de circunstância.

4. Todas as emoções são um reflexo das alterações de energia: um súbito aumento ou diminuição na amplitude da vibração em nosso campo de energia causado pela reação do ego às mudanças no ambiente externo que impactam nossas necessidades.

5. Podemos experimentar seis emoções. Atender ou não às necessidades do ego e aos desejos da alma corresponde a quatro emoções, e o ego acreditar que pode não ser capaz de atender a suas necessidades e o corpo sentir que pode não ser capaz de suprir suas necessidades corresponde às outras duas.

6. O medo é a experiência atual da possibilidade de não atender a suas necessidades. Assim que a ameaça desaparece, o medo associado à ameaça se dissipa rapidamente. A ansiedade é a experiência presente da possibilidade de não ter suas necessidades atendidas no futuro.

7. Para levar uma vida saudável e feliz, precisamos reduzir a ocorrência de emoções negativas e aumentar a ocorrência de emoções positivas. Sentimentos negativos são uma indicação de que suas necessidades não foram ou podem não ser atendidas.

8. Quando as motivações do ego estão em alinhamento com as da alma, experimentamos altos níveis de coerência e fluxo energético. Inversamente, quando as motivações do ego estão fora de alinhamento com as da alma, experimentamos baixos níveis de coerência e fluxo energético.

Referências e notas

1. Robert Plutchik, *Emotions and Life: Perspectives from psychology, biology and evolution* (Washington DC: American Psicológica Association), 2002, p. 73.

2. Antonio Damasio, *The Feeling of What Happens: Body, emotion and the making of consciousness* (Londres: Vintage Books), 2000.

3. Ibid., p. 42.

4. Ibid., p. 43.

5. Rachael Jack, Oliver Garrod e Philippe Schyns, *Dynamic Facial Expressions of Emotion Transmit an Evolving Hierarchy of Signals over Time*, Current Biology, 24 (2), p. 187–192, 20 jan 2014.

6. Rick Naurert, Senior News Editor, *Link Between Anger and Anxiety?* Psych Central, 5 dez 2012.

7. Philippe, Verduyn, Saskia, Lavrijsen, *Which Emotions Last Longest and Why: The role of event importance and rumination*, Journal of Motivation and Emotion, Volume 39 (1), 1º fev 2015.

8. Ibid.

9. Ibid.

10. David R. Hawkins, *Power vs. Force: The hidden determinants of human behaviour* (Carlsbad: Hay House), 2002.

11. Ibid., pp. 68–69.

12. Ibid. p. 238

13. Perdão por acreditar que você tem o poder de me ferir. Na realidade, só eu posso me ferir pelos pensamentos vinculados a minha crença na separação.

9

PROGRESSÃO PELOS ESTÁGIOS

O crescimento só é possível mediante a sensação de se estar seguro, de se operar em campo desconhecido a partir de uma base de apoio, de se avançar com audácia porque a retirada é possível. Se nunca tivermos um porto seguro, nunca nos aventuraremos longe dele e não cresceremos.

Depois de identificar as necessidades e desejos associados aos Sete Estágios de Desenvolvimento Psicológico e como eles surgem, agora movemos nossa atenção para o que nos motiva a seguir em frente em nossa jornada de desenvolvimento psicológico e o que nos impede.

Antes de explorar esse tópico, acho importante recordar que todo desenvolvimento psicológico envolve aprendizagem emergente: acumular constantemente conhecimento sobre como satisfazer as necessidades de seu ego e os desejos de sua alma em nossas estruturas de existência física, social e cultural.[1] Apesar de todos estarmos na mesma jornada de desenvolvimento, por termos crescido em contextos sociais, culturais e físicos únicos, os caminhos que tomamos — a área explorada em cada estágio de nossa jornada — é diferente.

Algumas pessoas ficam presas nos primeiros estágios de seu desenvolvimento: elas podem precisar de coaching, aconselhamento ou ajuda terapêutica para vencer os obstáculos. Outras acham a jornada tão difícil e dolorosa que decidem desistir cometendo suicídio. Um pequeno, mas cada vez maior, número de pessoas navega tranquilamente pelo processo, encontrando apenas pequenos contratempos ao longo do caminho.

Oportunidades para aprendizagem emergente[2] surgem toda vez que enfrentamos mudanças em nossas condições de vida que desafiem nossa capacidade de manter estabilidade interna ou ameacem nossa capacidade de manter equilíbrio externo.

Sempre que encontramos algo que consideramos uma ameaça ou uma oportunidade para satisfazer nossas necessidades, existe a possibilidade de aprendizagem emergente.

Assim que descobrimos uma nova maneira de interagir com nosso ambiente, que nos permita eliminar a ameaça ou aproveitar uma oportunidade, alocamos a experiência (o padrão de estímulo e resposta) na memória na forma de crenças ou impressões. Podemos, assim, usar essa crença ou impressão para acessar novamente a mesma resposta se enfrentarmos uma situação semelhante no futuro.

Aprendizagem emergente rápida e normal

Existem dois tipos de aprendizagem emergente: a rápida, que ocorre durante o período em que os cérebros reptiliano, límbico e neocórtex estão se formando (0–24 anos), e a normal (a partir dos 25 anos), quando o neocórtex não está mais em formação.

Durante os períodos de aprendizagem emergente rápida, construímos os alicerces das impressões de nosso corpo e das estruturas de crenças conscientes e subconscientes de nosso ego. No decorrer do período de aprendizagem emergente normal, tentamos adaptar ou ajustar as estruturas de crenças de nosso ego na tentativa de maximizar nossa felicidade e nosso potencial para a alegria. Nosso foco durante a aprendizagem emergente rápida é atender a nossas necessidades deficitárias. Na aprendizagem emergente normal, o foco é o alinhamento entre as motivações do ego e as da alma e a ativação da consciência de nossa alma.

Tudo o que aprendemos durante o período de aprendizagem emergente rápida influencia a forma como reagimos ou respondemos às mudanças em nossas condições de vida. Se aprendemos, quando jovens, que o mundo é um lugar perigoso e que não se pode confiar nas pessoas, essas crenças condicionarão nossa realidade e nossos comportamentos quando adultos. Se aprendemos, quando jovens, que o mundo supre nossas necessidades e que as pessoas são dignas de confiança, essas crenças condicionarão nossa realidade e nossos comportamentos quando adultos. Os medos nos impedem de aprender novas formas de ser, e a confiança nos ajuda a aprender novas formas de ser.

Aprender novas formas de ser é chamado de adaptação. Os indivíduos mais bem-sucedidos são os que conseguem adaptar suas estruturas de crenças para maximizar seu potencial para a satisfação e a alegria. A adaptação não é a chave apenas para o sucesso no desenvolvimento psicológico; ela também é essencial para um envelhecimento bem-sucedido.[3]

O que é crescimento psicológico?

A tese básica deste livro é a de que crescimento, em termos psicológicos, é um processo evolutivo natural que começa como uma imposição biológica, a necessidade de sobreviver; depois se torna uma imposição social, a necessidade de proteção; depois, uma imposição cultural, a necessidade de segurança; e, finalmente, uma imposição espiritual, o desejo de compreender e atribuir significado a nossas experiências de vida.

Maslow explica esse processo evolutivo da seguinte forma:

> O princípio holístico que conjuga a multiplicidade de motivos humanos é a tendência para o surgimento de uma nova e mais elevada necessidade quando, ao ser suficientemente satisfeita, a necessidade inferior é preenchida.[4]

Em outras palavras, Maslow propõe que existe uma hierarquia natural de motivações humanas (necessidades). Em resposta à pergunta "Como ocorre o crescimento?", Maslow afirma:

> [...] o crescimento ocorre quando o seguinte passo em frente é subjetivamente mais agradável, mais feliz, mais intrinsecamente satisfatório do que a satisfação anterior com que já nos familiarizamos e é, inclusive, motivo de tédio.[5]

Durante os primeiros estágios de nosso desenvolvimento psicológico, não estamos conscientes de que estamos em uma jornada evolutiva, e também de que essa jornada é fundamentalmente psicológica na essência. Tudo o que sabemos é o que está acontecendo conosco: o que está mudando no interior (emoções) e no exterior (situações); quais de nossas necessidades estão atualmente satisfeitas, e quais não. Não temos a menor ideia de onde vêm nossas necessidades, apenas as sentimos. Não temos como saber que nossas necessidades são determinadas pelo estágio de desenvolvimento psicológico em que estamos, e que em algum momento no futuro, quando essas necessidades forem satisfeitas, criaremos um novo conjunto de necessidades. Estamos operando às cegas, porque ninguém nos dá um manual de instruções quando nascemos. Maslow coloca isso da seguinte forma:

> O crescimento não é, no caso puro, um objetivo adiante, nem é autorrealização ou descoberta do Eu. Na criança, não tem um propósito específico; apenas acontece. Ela descobre mais do que busca.[6]

O que impede o crescimento?

Depois de estabelecer que o crescimento psicológico é um processo natural que simplesmente acontece conosco durante o primeiro terço de nossa vida, e algo que escolhemos durante os próximos dois terços dela, é importante nos perguntarmos: "O que impede o crescimento?"

Mais uma vez, gostaria de recorrer à sabedoria de Maslow:

> [...] o crescimento tem lugar, habitualmente, através de pequenos passos, e cada passo em frente só é possível mediante a sensação de se estar seguro, de se operar em campo desconhecido a partir de uma base de apoio onde se pode regressar em segurança, de se avançar com audácia porque a retirada é possível [...] A segurança garantida permite que surjam necessidades e impulsos e que seu domínio se consolide gradualmente.
>
> [...] na escolha entre renunciar à segurança ou renunciar ao desenvolvimento, a segurança usualmente levará a melhor. As necessidades de segurança são preponderantes sobre as necessidades do crescimento [...] somente uma criança que se sente segura se atreve a progredir saudavelmente [...] Quanto mais necessidades de segurança [física] forem satisfeitas, menos valência elas têm para a criança.[7]

O que Maslow quer dizer é que precisamos ter uma sólida base psicológica — algo que nos dê estabilidade — para crescer. O que constitui uma base sólida? Maslow responde:

> Aqui devemos nos tornar mais plenamente cônscios do poder regressivo e fixador das necessidades por deficiência que não foram satisfeitas, dos atrativos da segurança, das funções de defesa e proteção contra a dor, o medo, a perda e a ameaça, da necessidade de coragem para seguir adiante.[8]

Todo ser humano tem dentro de si ambos os conjuntos de forças: as necessidades do ego de sobrevivência, proteção e segurança e os desejos da alma de autorrealização.

> Um conjunto [de forças] apega-se à segurança e à defensiva por medo, tendendo a regredir, a aferrar-se ao passado, receoso de se desenvolver longe da comunicação primitiva com o útero e o seio maternos,

Progressão pelos Estágios

> receoso de correr riscos, receoso de pôr em perigo o que já possui, receoso de independência, liberdade e separação.[9]

> O outro conjunto de forças impele-o para a totalidade do Eu e a singularidade do Eu, para o funcionamento pleno de todas as suas capacidades, para a confiança em face do mundo externo, ao mesmo tempo em que pode aceitar seu mais profundo, real e inconsciente Eu.[10]

> Esse dilema ou conflito básico entre as forças defensivas e as tendências de crescimento é por mim concebido como existencial, imbuído na mais profunda natureza do ser humano.[11]

O que Maslow está dizendo é que o medo nos detém, e a confiança nos permite crescer. Sempre que encontramos uma nova situação — um conjunto de circunstâncias que nunca encontramos antes —, precisamos decidir se a situação apresenta uma potencial ameaça ou uma potencial oportunidade para satisfazer nossas necessidades. Se encararmos a situação como uma potencial ameaça, precisamos decidir entre seguir em frente e vencê-la ou não fazer nada, recuar e correr para um lugar seguro.

Somente avançaremos se tivermos adquirido confiança em nossas capacidades de lidar com as dificuldades que a situação pode oferecer e a coragem para enfrentar o medo que estamos sentindo. Esse avanço significa crescimento. Recuamos quando o nível de medo é maior do que nossa crença em nossa capacidade de lidar com o fracasso. Escolher continuamente a segurança nos impede de crescer.

Se enxergarmos a situação como uma potencial oportunidade para satisfazer nossas necessidades, só tentaremos aproveitá-la se acreditarmos que podemos ter sucesso sem gastar muita energia. Nós hesitamos quando julgamos que a quantidade de energia que teríamos que despender será maior do que o potencial valor que atribuímos à oportunidade. Em outras palavras, quando nossa mente acentua a atratividade e minimiza os perigos de uma situação, nos movemos na direção da oportunidade. Quando nossa mente intensifica os perigos e minimiza a atratividade de uma situação, fugimos dela. Qual dessas alternativas escolhemos depende de nossa história. Maslow resume crescimento saudável da seguinte forma:

> Portanto, podemos considerar o processo de crescimento sadio uma série interminável de situações de livre escolha, com que cada indivíduo se defronta a todo o instante, ao longo da vida, quando deve escolher entre os prazeres da segurança ou do crescimento, dependência ou independência, regressão ou progressão, imaturidade ou maturidade.[12]

Enfrentando nossos medos

O que Maslow quer dizer é que nós somente crescemos quando estamos dispostos a aceitar as mudanças que estão acontecendo ao nosso redor, mesmo que elas nos despertem medo. Regredimos quando resistimos às mudanças que estão acontecendo à nossa volta e nos entregamos a nosso medo. O medo a que estamos nos entregando é o de não ser capaz de enfrentar o fracasso, não acreditar que temos a força, as habilidades ou recursos que acreditamos precisar para ter sucesso. Maslow afirma:

> [...] se a livre escolha é realmente livre e se quem escolhe não está demasiado doente ou assustado para escolher, escolherá sensatamente, numa direção saudável e progressiva, na maioria das vezes.[13]

Um importante determinante em nossa escolha por segurança em detrimento do crescimento é a presença, e o grau, de qualquer Esquema Mal-adaptativo Precoce (crenças limitadoras) alojado na mente subconsciente. Se, quando criança, fracassamos em satisfazer nossas necessidades ou nos disseram que estávamos errados, não éramos bons o bastante, que éramos feios ou burros, quando adultos teremos a predisposição para escolher a segurança. As crenças que aprendemos quando jovens se tornam profecias autorrealizadas quando formos mais velhos.

Quando somos jovens e as pessoas que fracassaram em atender a nossas necessidades de sobrevivência, segurança ou proteção são nossos pais, ficamos presos a um dilema. Precisamos expressar nossa raiva (instabilidade interna) de não ter nossas necessidades atendidas, mas, se direcionarmos nossa raiva para nossos pais, podemos comprometer nossa capacidade de satisfazer nossas futuras necessidades de sobrevivência, proteção e segurança. Acredito que isso seja parte do que Maslow se referia quando falou sobre "concessões neuróticas".

Quando nos tornamos adultos, a natureza do crescimento muda. Se não somos mais pressionados pelas necessidades do ego de sobrevivência, proteção e segurança, podemos escolher vivenciar os prazeres da autoexpressão, conexão e contribuição; explorar o que podemos nos tornar além da programação parental e do condicionamento cultural. Fazemos essa escolha no estágio de desenvolvimento de individuação.

A individuação acontece quando nos sentimos confiantes o bastante para escolher a independência em detrimento da dependência, quando estamos dispostos a arriscar nos separar da proteção e segurança do ambiente social e cultural em que fomos criados; assim podemos experienciar os prazeres de nossa independência e encontramos as respostas para nossas perguntas mais elementares: "Quem sou eu?" e "Por que estou aqui?"

Resumo dos pontos principais

Os principais pontos do Capítulo 9:

1. Todo desenvolvimento psicológico envolve aprendizagem, e toda aprendizagem associada ao desenvolvimento psicológico é emergente.
2. Existem dois tipos de aprendizagem emergente: a rápida, que ocorre durante o período em que os cérebros reptiliano, límbico e neocórtex estão se formando (0–24 anos), e a normal (a partir dos 25 anos).
3. Oportunidades para aprendizagem emergente surgem toda vez que enfrentamos mudanças em nossas condições de vida que desafiem nossa capacidade de manter estabilidade interna ou ameacem nossa capacidade de manter equilíbrio externo.
4. Os indivíduos mais bem-sucedidos são os que conseguem adaptar suas estruturas de crenças para maximizar seu potencial para a satisfação e a alegria. A adaptação não é a chave apenas para o sucesso no desenvolvimento psicológico. Ela também é essencial para um envelhecimento bem-sucedido.
5. O princípio holístico que conjuga a multiplicidade de motivos humanos é a tendência para o surgimento de uma nova e mais elevada necessidade quando, ao ser suficientemente satisfeita, a necessidade inferior é preenchida.
6. O crescimento ocorre quando o seguinte passo em frente é subjetivamente mais agradável, mais feliz, mais intrinsecamente satisfatório do que a satisfação anterior com que já nos familiarizamos e é, inclusive, motivo de tédio.
7. O crescimento só é possível mediante a sensação de se estar seguro, de se operar em campo desconhecido a partir de uma base de apoio, de se avançar com audácia porque a retirada é possível.
8. Somente crescemos quando estamos dispostos a aceitar as mudanças que estão acontecendo ao nosso redor, mesmo que elas nos despertem medo.
9. Recuamos quando o nível de medo é maior do que nossa crença em nossa capacidade de lidar com o fracasso.
10. Um importante determinante em nossa escolha por segurança em detrimento do crescimento é a presença, e o grau, de qualquer Esquema Mal-adaptativo Precoce (crenças limitadoras) alojado na mente subconsciente.

Referências e notas

1. Às vezes também envolve desaprender. Discutimos o tópico do desaprendizado mais tarde.
2. Marilyn Taylor, *Emergent Learning for Wisdom* (Nova York: Palgrave MacMillan), 2011.
3. George E. Vaillant, *Adaptation to Life* (Boston: Harvard University Press), 1977.
4. Abraham Maslow, *Toward a Psychology of Being* (Nova York: Van Nostrand), 1968, p. 55. Lançado no Brasil com o título *Introdução à Psicologia do Ser* (Ed. Eldorado).
5. Ibid., p. 45.
6. Ibid., p. 44.
7. Ibid., p. 48.
8. Ibid., p. 46.
9. Ibid.
10. Ibid.
11. Ibid.
12. Ibid., p. 48.
13. Ibid.

10

INSTABILIDADE ENERGÉTICA

Instabilidade energética e dor são sinônimos, e todas as dores são positivas. A dor nos mostra exatamente quais aspectos de nossa mente ou anatomia precisam de cura energética para que possam estar em alinhamento com nossa alma.

Depois de explorar as ligações entre as necessidades, desejos, emoções e sentimentos, e como o fracasso em estabelecer uma base segura bloqueia o progresso de nosso desenvolvimento psicológico, agora quero explorar como as emoções negativas de medo, ansiedade e raiva impactam nosso funcionamento fisiológico e psicológico, em especial na forma como a instabilidade energética provocada por essas emoções prejudica o funcionamento de nossa mente. No capítulo seguinte, exploro como a instabilidade energética prejudica o funcionamento de nossos corpos.

Existem dois sinais básicos de instabilidade energética:

- Dor psicológica: dificuldade em manter o funcionamento racional quando as necessidades do ego não são atendidas.

- Dor fisiológica: dificuldade em manter o funcionamento homeostático quando as necessidades do corpo não são atendidas.

Além disso, quando deixamos que nossa mente se concentre no lado negativo de nossa experiência de dor fisiológica, criamos a dor psicológica conhecida como angústia. Ruminar sobre nossa dor psicológica também leva à angústia.

Toda vez que a mente-corpo ou a mente-ego fracassa em suprir nossas necessidades ou acredita que não poderá satisfazê-las, experienciamos instabilidade energética (raiva e medo), que afeta o funcionamento de nosso campo energético. O que nossa mente faz com essa instabilidade energética impacta diretamente nossa saúde física e mental.

O cérebro/mente humano

A maioria dos cientistas tende a pensar em nosso cérebro/mente como um único conjunto operacional, mas não é. Temos três cérebros e quatro mentes, que afetam diretamente as decisões que tomamos em nossa vida. As quatro mentes e os três cérebros são:

- O cérebro/mente neocórtex: mente racional.
- O cérebro/mente límbico: mente emocional.
- O cérebro/mente reptiliano: mente-corpo.
- A mente-alma.

Além disso, a mente-alma também é parte da mente da humanidade, que é parte da mente-espécie, que é parte da mente-única, conforme descrito no Capítulo 3. Sempre que você cresce e evolui em consciência, a consciência da mente-única muda. Quando conscientemente cura sua separação de sua alma, você afeta o funcionamento da mente da humanidade.

Se tem dificuldade em entender essa ideia, pense nela da seguinte forma: quando cura uma parte doente de seu corpo, o benefício é sentido pelo corpo inteiro. A razão para isso é que a energia consumida no esforço para manter o funcionamento homeostático da parte doente do corpo agora está disponível para fins úteis que sustentam a prosperidade do corpo.

Minha empresa, Barrett Values Centre,[1] utiliza esse princípio para curar e apoiar a prosperidade de milhares de líderes e organizações ao redor do mundo. Chamamos a instabilidade energética na parte "doente" de uma organização de entropia cultural, e a instabilidade energética na parte "doente" do líder, de entropia pessoal. Entropia é o grau de desordem e disfunção provocadas por motivações do ego baseadas em medo. Quando a instabilidade energética nos líderes está curada, a instabilidade energética na organização reduz, e a organização começa a prosperar.[2]

Mentes dominantes

Cada parte da mente humana individual tem seu próprio sistema operacional, e cada mente se torna dominante (a interface consciente com nosso mundo externo) durante diferentes períodos de nossa vida. Quando uma nova mente se torna dominante, a mente que dominava anteriormente se torna o subconsciente da nova, e a que era o

INSTABILIDADE ENERGÉTICA

subconsciente da antiga dominante agora passa a ser o inconsciente da mente dominante atual, em alinhamento com o processo de filtragem explicado no Capítulo 3.

Acredito que também é importante neste ponto esclarecer o que quero dizer com o termo "mente dominante". Uso esse termo para me referir à mente que tem o controle executivo primário sobre a percepção *consciente* em determinado momento no tempo. A Tabela 10.1 mostra as idades e os estágios de desenvolvimento em que as diferentes mentes são dominantes.

TABELA 10.1: ESTÁGIOS DE DESENVOLVIMENTO, NÍVEIS DE CONSCIÊNCIA E MENTE DOMINANTES

Faixa etária aproximada	Estágio de desenvolvimento	Mente dominante	Desenvolvimento ego/alma
60+	Serviço	Alma	
50–59	Integração	↑	Ativação da alma
40–49	Autorrealização	Neocórtex	
25–39	Individuação	Neocórtex	Alinhamento ego-alma
8–24	Diferenciação	Neocórtex	
3–7	Conformidade	Límbica	Desenvolvimento do ego
0–2	Serviço	Reptiliana	

Mesmo quando uma mente é a dominante, a mente seguinte está consciente e crescendo: o cérebro/mente reptiliano é dominante durante os primeiros dois anos de nossa vida, e, ao mesmo tempo, o cérebro/mente límbico (mente emocional) está crescendo e se desenvolvendo em segundo plano. As necessidades da mente dominante serão nossas necessidades primárias, e as necessidades da mente nascente, nossas necessidades secundárias.

O cérebro/mente reptiliano

O primeiro a se desenvolver é o cérebro/mente reptiliano (a mente-corpo). Ele se torna dominante a partir do fim do primeiro trimestre da gestação e permanece assim até atingirmos aproximadamente os 2 anos de idade. O propósito desse cérebro/mente é manter o corpo vivo. Para isso, ela conta com duas formas de memória — a universal da espécie (instintos) e a personalizada (impressões, que são criadas na aprendizagem emergente rápida, que acorrem enquanto o cérebro/ mente está crescendo e se desenvolvendo). Todas as criaturas vivas têm um cérebro/ mente reptiliano que cuida do funcionamento biológico de seu corpo. Mais tarde, quando passamos pela fase da puberdade, essa mente se torna ativamente engajada em garantir a continuidade da espécie.

Se o cérebro/mente reptiliano, por qualquer razão, tem dificuldade em manter o corpo vivo ou percebe uma ameaça que possa desafiar sua capacidade de manter o corpo vivo, ele vivencia o medo. O medo é a reação energética do corpo à crença (resposta instintiva) de que suas necessidades associadas à sobrevivência do corpo podem não ser supridas.

O período de nossa história evolutiva relacionado à formação da mente-corpo é o reptiliano. Comportamentos típicos associados à mente reptiliana incluem defesa de território, agressão, rituais de corte, acasalamento e procriação. A mente reptiliana vive na percepção do momento presente, e todas as ações que ela inicia são destinadas a ajudar o corpo a permanecer vivo. O cérebro/mente reptiliano abriga os centros de controle vital que mantêm o coração batendo, os pulmões respirando e a composição química do sangue em equilíbrio. Quando ele vivencia o medo, o funcionamento de todos esses centros de controle vital são afetados.

O fato de o cérebro/mente reptiliano não entrar em operação até o final do primeiro trimestre de gestação levanta a questão: qual mente é dominante antes da formação do cérebro/mente reptiliano — desde o momento da concepção até o final do primeiro trimestre da gestação? Acredito que a resposta seja: a mente-alma.

A mente-alma

A mente-alma fornece o modelo energético em torno do qual o corpo físico cresce, e o modelo de caráter com base em que a personalidade se forma. O subconsciente da mente-alma — a mente-espécie — fornece uma planta evolutiva que guia o desenvolvimento do embrião em feto humano, depois em criança, adolescente pubescente, até se tornar um ser humano adulto. Os cientistas tridimensionais "materiais" chamam essa planta energética de DNA.

A planta da espécie influencia nosso corpo imediatamente após a concepção. A planta de caráter da alma influencia nossa mente por volta do período em que o embrião se torna um feto, aproximadamente três meses depois da concepção. A partir daí, a personalidade começa a se formar em torno de nosso caráter. A personalidade é criada na aprendizagem emergente rápida durante os primeiros 24 anos de sua vida. Se sua personalidade egoica domina o caráter da alma, você terá dificuldades na individuação. Se sua personalidade egoica estiver mais ou menos alinhada com o caráter de sua alma, você atravessará com mais suavidade o estágio de desenvolvimento de individuação.

Sua personalidade adulta é a autobiografia de sua experiência de estar em um corpo humano na vida atual, e seu caráter é a autobiografia de sua alma de experimentar a vida em um corpo humano ao longo de muitas vidas.

Depois que o cérebro/mente reptiliano (mente-corpo) se torna dominante, a mente-alma continua operando no segundo plano como o subconsciente da mente-corpo, e a mente-espécie passa a ser o inconsciente da mente-corpo.

O cérebro/mente límbico

O próximo a se desenvolver é o cérebro/mente límbico (a mente emocional). Ela se torna dominante aproximadamente de 18 a 24 meses depois que o bebê nasce, e permanece dominante até aproximadamente os 7 anos. O propósito do cérebro/mente límbico é manter o corpo física e emocionalmente seguro.

Depois que o cérebro/mente límbico (mente emocional) se torna dominante, a mente-corpo passa a operar no segundo plano como o subconsciente da mente emocional, e a mente-alma se torna o inconsciente da mente emocional. Conforme o cérebro/mente límbico se forma, as sensações da mente-corpo e os sentimentos da mente-alma gradativamente assumem menor importância, porque eles são filtrados de nossa percepção.

O cérebro/mente límbico abriga nossos instintos de proteção. O período de nossa história evolutiva relacionado à formação do cérebro/mente límbico é o mamífero. Mamíferos formam grupos sociais coesos — famílias — em que os membros dispendem tempo cuidando uns dos outros. Entre eles, os adultos cuidam e protegem uns aos outros de forças externas hostis e mantêm os jovens seguros. Eles também ensinam aos mais jovens as regras de comportamento que preservam a coesão interna do grupo familiar.

A maioria dos mamíferos é capaz de se comunicar entre si com sons produzidos pelas cordas vocais. Eles podem brincar e vivenciar experiências prazerosas. Mamíferos vivem na percepção do presente; suas ações são governadas por suas emoções, que são ditadas por sua capacidade ou não de atender a suas necessidades físicas e emocionais. Eles estão sempre buscando maximizar o prazer — satisfazendo suas necessidades — e minimizar a dor — evitando o não atendimento de suas necessidades. A satisfação de suas necessidades gera felicidade e contentamento; não satisfazê-las gera raiva e tristeza.

O cérebro/mente neocórtex

O próximo a se desenvolver é o cérebro/mente neocórtex (mente racional). Ele se torna dominante a partir dos 8 anos de idade até a fase adulta avançada, em que, se formos bem-sucedidos em dominar nosso desenvolvimento psicológico, a mente-alma mais uma vez se torna dominante. Caso contrário, o ego e a mente racional permanecem dominantes pelo resto de nossa vida.

O propósito do cérebro/mente neocórtex é manter o corpo física e emocionalmente protegido, enquanto o cérebro/mente límbico mantém o corpo física e emocionalmente seguro e o cérebro/mente reptiliano garante a sobrevivência do corpo.

O cérebro/mente neocórtex é a fonte de nossa imaginação e nossa capacidade de marcar a passagem do tempo, pensar no futuro, no passado e participar do pensamento abstrato. O período de nossa história evolutiva relacionado à formação do cérebro/mente racional é o hominoide, relacionado aos primatas que pertencem à família dos grandes primatas (hominídeos). Os *homo sapiens* representam o ápice da evolução dos hominídeos e o auge de evolução da consciência na percepção física tridimensional.

Depois que o cérebro/mente neocórtex (mente racional) se torna dominante, a mente emocional passa a operar no segundo plano como o subconsciente da mente racional. A mente-corpo se torna o inconsciente da mente racional, e a mente-alma passa a ser o superinconsciente da mente racional. A personalidade humana agora está totalmente formada, e o caráter da alma está oculto no segundo plano, atrás das camadas da personalidade egoica, esperando para reemergir.

A função de anulação

Embora cada cérebro/mente tenha seu próprio sistema de softwares projetado para atender a necessidades específicas, a evolução criou um sistema operacional geral ligando os três cérebros/mente. Primeiro, ele ligou o cérebro/mente reptiliano ao cérebro/mente límbico, para criar mamíferos, e depois ligou esses dois cérebros com o cérebro/mente neocórtex, para criar os hominídeos. Uma das características principais do sistema operacional geral da mente humana é a função de anulação.

A função de anulação permite que uma mente de ordem superior corrija o processo de tomada de decisão (reações) de uma mente de ordem inferior quando a decisão desta última puder impedir que aquela atenda às próprias necessidades.

Por exemplo, a função de anulação pode ser acionada quando o cérebro/mente reptiliano toma a decisão de reagir de uma forma que possa comprometer a satisfação das necessidades de proteção da mente emocional, e a mente racional pode assumir quando o cérebro/mente límbico toma uma decisão que possa prejudicar o atendimento das necessidades de segurança da mente racional.

Enquanto o cérebro/mente límbico e neocórtex forem dominantes, e seus funcionamentos forem prejudicados por emoções de medo, raiva, ódio, ciúme etc., a função de anulação será comprometida. Durante esses períodos, a função de anulação não estará mais disponível, e podemos assumir riscos desnecessários, cometer crimes e permitir que nosso medo, raiva, ódio ou ciúme governe nosso processo de tomada de decisão. Somente mais tarde, depois que o medo, a raiva, o ódio ou o ciúme se dissiparem, conseguiremos recuperar o controle consciente de nossas decisões.

Isso me leva à pergunta: qual função de anulação estará disponível quando o cérebro/mente neocórtex se sentir sobrecarregado e perder o controle? A resposta é a mente coletiva, a mente do grupo ou da comunidade que é afetada pelo comportamento do indivíduo irracional. Regras, normas e leis que contêm ameaças de punição são usadas para influenciar o processo de tomada de decisão de mentes-ego deficitários. Como as regras não funcionam muito bem, e as punições podem não impedir o comportamento antissocial, criamos as forças policiais, referentes à comunidade, e as forças armadas, em nível nacional. Também temos prisões e instituições para portadores de doenças mentais em que podemos trancafiar essas pessoas.

A mente-ego

A mente emocional e a mente racional juntas normalmente são chamadas de mente-ego. Enquanto a mente-ego é responsável pela sobrevivência, proteção e segurança do corpo em sua estrutura de existência física, social e cultural, a mente-corpo é responsável pelo funcionamento homeostático do corpo — manter o corpo vivo. O ego começa a se formar assim que o cérebro/mente límbico se torna dominante, por volta dos 2 anos de idade, e continua se desenvolvendo até o início da faixa de 20 anos. Explicarei em breve como e por que o ego se desenvolve.

Com esse breve panorama de como nossas quatro mentes e três cérebros operam, podemos agora voltar nossa atenção para a compreensão dos dois componentes da instabilidade energética: a dor psicológica e a fisiológica.

Dor

Em seu livro *Pain: Psychological perspectives* ["Dor: Perspectivas psicológicas", em tradução livre], Hadjistavropoulos e Craig afirmam: "a dor é uma experiência essencialmente psicológica".[3] Eles defendem a posição de que a dor é um produto do cérebro, pois, para eles, assim como para quase todos os cientistas médicos e psicológicos, tanto a mente quanto a consciência são epifenômenos do cérebro.

Por discordar fundamentalmente dessa visão de mundo materialista, eu diria que, do ponto de vista da percepção 4-D, *a dor é uma experiência de instabilidade energética* e que essa instabilidade energética é um *produto da diminuição de capacidade de funcionamento da mente-corpo, a mente-ego (as mentes emocional ou racional) ou a mente-alma.* Enquanto a dor psicológica se refere à dor da mente-ego e da mente-alma, a dor fisiológica está relacionada à dor da mente-corpo.

A neurociência indiretamente confirma a ideia de que todas as dores se devem à instabilidade energética, pois tanto a dor fisiológica quanto a psicológica ativam exatamente a mesma região do cérebro. Seria de se esperar que a dor fisiológica aparecesse na região do cérebro que está ligada à mente-corpo — o cérebro/mente reptiliano — e que a dor psicológica aparecesse na região do cérebro que está ligada à mente emocional — o cérebro/mente límbico. Mas não é isso que acontece. A mesma região do cérebro é ativada pelos dois tipos de dor.

Dor psicológica

A dor psicológica (instabilidade energética) surge na mente-ego em decorrência de uma sobrecarga de experiências emocionais negativas que comprometem o funcionamento da mente racional, uma sobrecarga negativa que influencia o processo de tomada de decisão da mente racional. Experiências emocionais negativas incluem:

- A raiva associada ao não atendimento das necessidades de sobrevivência, proteção ou segurança do ego.

- O medo/ansiedade/raiva associado à crença do ego de que não será capaz de suprir suas necessidades de sobrevivência, proteção ou segurança.

Assim, podemos afirmar que:

Instabilidade energética $\rightarrow$ Dificuldade de funcionamento $\rightarrow$ Dor psicológica

Sempre que ficamos com raiva ou experienciamos medo ou ansiedade, estamos sendo lembrados, por um processo chamado gatilho, de nossas memórias reprimidas de situações semelhantes no passado em que não conseguimos atender a nossas necessidades e reprimimos nossa raiva, ou em que acreditamos que não seríamos capazes de satisfazer nossas necessidades e reprimimos nosso medo.

Se tivéssemos expressado essas emoções no passado, quando as vivenciamos, elas não estariam presentes em nossa mente subconsciente ou inconsciente. Em outras palavras, nossa percepção do presente não seria prejudicada, e conseguiríamos avaliar o que está acontecendo com uma mente aberta. Seríamos capazes de analisar as experiências do momento presente racionalmente, sem julgamentos. Poderíamos dizer: "Todo acontecimento é neutro. Qual o significado que quero dar a ele?" Por causa de nossa aprendizagem emergente, isso não é possível. Nossa história nos ensinou qual significado devemos atribuir a uma situação. Sempre que ficamos com raiva ou vivenciamos medo, nossa história está falando através de nós. Estamos sendo recordados de nossos fracassos em atender a nossas necessidades no passado. A causa da instabilidade energética na mente-ego é sempre uma emoção reprimida. Consequentemente, podemos reescrever a declaração causal da seguinte forma:

| Emoções reprimidas | → | Instabilidade energética | → | Dificuldade de funcionamento | → | Dor psicológica |

Enquanto as emoções reprimidas permanecem guardadas no subconsciente ou inconsciente da mente dominante, elas não comprometem a operação da mente dominante ou inibem a função de anulação. Elas apenas afetam a operação do nível da mente em que estão localizadas. Uma emoção reprimida da mente racional prejudica a operação da mente emocional subconsciente, que, por sua vez, compromete o funcionamento da mente-corpo. Esses comprometimentos são a fonte de todas as nossas desordens mentais e físicas.

Apenas quando uma emoção reprimida é ativada (gatilho) na mente dominante ela prejudica nossa percepção consciente.

Repressão

Há dois tipos de dor psicológica reprimida:

- As emoções e os sentimentos associados ao não atendimento de nossas necessidades que temos medo de expressar.

- As emoções e os sentimentos associados à incapacidade de compreender suas experiências negativas.

Muitos manuais de psicologia se referem à repressão como um mecanismo de defesa. Acredito que seja mais um mecanismo de sobrevivência "equivocado", mas bem-sucedido. A repressão envolve relegar a turbulência emocional (instabilidade energética) experimentada por não conseguir atender a nossas necessidades para a mente dominante, ou relegar a turbulência emocional (instabilidade energética) associada a não conseguir compreender nossas experiências negativas para a mente dominante subconsciente.

Quando a mente dominante não consegue atribuir significado a uma situação, quando acontece algo que a mente dominante nunca vivenciou, como algum tipo de trauma, o mecanismo de defesa padrão presume o pior, para interpretar o que aconteceu da forma mais nociva possível. A interpretação mais prejudicial que a mente dominante pode dar a uma situação é seu maior medo. Sempre que não conseguimos entender o que está acontecendo, experienciamos nossos maiores medos. Assim, podemos afirmar:

Inabilidade de atribuir significado	→	Instabilidade energética	→	Dificuldade de funcionamento	→	Dor psicológica

Quando a mente-corpo não consegue atribuir um significado, ela reverte ao medo da morte e reprime esse medo para a mente-alma. Isso entristece e deprime a alma, porque vai diretamente contra sua intenção de estar presente na percepção 3-D.

Quando a mente emocional é incapaz de atribuir um significado, ela reverte para o medo de dano físico ou emocional e reprime esse medo para a mente-corpo, ativando, assim, o sistema nervoso simpático (reação de luta, fuga ou paralisia).

Quando a mente racional não consegue atribuir um significado, ela reverte ao medo de insegurança física e emocional e reprime esse medo para a mente emocional, ativando, assim, um estado de hipervigilância e precaução em criar relacionamentos.

Se a mente dominante é incapaz de reprimir o medo atribuído a uma situação, ficará sobrecarregada pela dor psicológica. Se a mente dominante conseguir reprimir o medo que está experimentando para sua mente subconsciente e mais tarde vivencia uma situação semelhante, a dor reprimida será ativada na percepção consciente, e o funcionamento da mente dominante ficará prejudicado.

Sempre que a mente racional fica sobrecarregada pela dor psicológica acionada na percepção consciente, a função de anulação é comprometida, e faremos coisas estúpidas, das quais podemos nos arrepender mais tarde. Durante esses momentos, a raiva ou o ódio guardado em nossa mente emocional, mente-corpo ou mente-alma assume o controle de nossa mente racional e domina nossas decisões. Perdemos completamente nossa capacidade de pensar racionalmente. É nesse momento que abusamos, mutilamos, matamos, estupramos, atormentamos e perseguimos outras pessoas.

Atribuição de significado

Considerando-se a importância da atribuição de significado para o processo de tomada de decisão, acredito que seja relevante nos aprofundarmos um pouco mais nesse assunto. A atribuição de significado é uma das funções primárias da mente humana, talvez *a mais* importante. Sem ela, a evolução nunca teria acontecido.

A atribuição de significado ocorre em todos os níveis de nosso ser: na mente-alma, mente-corpo, mente emocional e mente racional. A base de todo o processo de atribuição de significado são as memórias — de espécie (instintos), da alma (vidas passadas), do corpo (a vida atual), da emoção e da razão.

A mente é sinônimo da consciência, que, por sua vez, é sinônimo de atribuição de significado, que, por sua vez, é sinônimo de criação de memória. Sem as memórias da espécie, da alma, do corpo, emocional e da mente racional, não seríamos capazes de atribuir significado e não sobreviveríamos.

Mesmo no nível mais básico da vida, a homeostase — a capacidade de regular o funcionamento interno do corpo — não aconteceria sem que a mente-corpo fosse capaz de atribuir significado ao que está acontecendo em seu ambiente externo e regular seu funcionamento interno de acordo.

Criamos significado fazendo uma conexão entre os padrões de informação desenvolvidos pela percepção consciente da mente dominante sobre uma experiência do momento presente e os padrões armazenados na memória consciente ou subconsciente da mente dominante que foram formadas durante os períodos de aprendizagem emergente rápida ou normal.

Em outras palavras, o significado surge quando sua mente dominante consegue ligar uma experiência atual com a memória de uma experiência no passado em que você foi bem-sucedido em atender a suas necessidades (uma experiência positiva) ou teve dificuldades em satisfazê-las (uma experiência negativa). Isso se aplica a todos os níveis da mente: mente-alma, mente-corpo, mente emocional e mente racional. A mente-corpo também pode se basear em instintos — memória de espécie — para atribuir significado.

Quando a mente dominante associa o que está acontecendo a uma experiência passada em que agiu e foi capaz de atender a suas necessidades, ela acredita que entende o que está acontecendo e é capaz de tomar uma decisão que permite manter sua estabilidade interna.

Podemos afirmar que a atribuição de significado leva à compreensão, que, por sua vez, leva à tomada de decisão, que, por sua vez, leva à ação. Se o significado atribuído à situação estiver correto, a ação realizada garantirá que a estabilidade interna seja mantida.

Atribuição de significado → Compreensão → Tomada de decisão → Ação → Estabilidade energética

Se a mente dominante associar o que está acontecendo a uma experiência passada em que, mesmo agindo, teve dificuldade ou não foi capaz de atender a suas necessidades — quando você vivenciou dor fisiológica ou psicológica —, a emoção de raiva será liberada. A raiva leva à instabilidade energética na mente dominante.

Assim, podemos afirmar que:

Necessidades não atendidas → Raiva → Instabilidade energética

Agora quero retomar a pergunta: o que acontece quando a mente dominante não consegue associar sua experiência no momento presente e suas memórias armazenadas — quando a mente dominante não consegue atribuir significado?

Como mencionado anteriormente, a resposta é que a mente dominante recorre ao modo padrão. Ela atribui à situação seus maiores medos. Consequentemente, quando a mente-corpo tem dificuldade em atribuir significado, ela entra em estado de alerta e hipervigilância e aciona a reação de sobrevivência de luta, fuga ou paralisia. Quando a mente emocional é incapaz de atribuir significado, ela entra em estado de alerta e hipervigilância e aciona a reação de defesa ou proteção. Quando a mente racional tem dificuldade de atribuir significado, ela passa para um estado de alerta e hipervigilância e aciona a resposta de cuidado ou prudência.

Se quiser ver um exemplo do efeito de não ser capaz de atribuir significado no processo de tomada de decisão da mente-corpo, recomendo que assista ao vídeo Cats vs. Cucumbers [Gatos *versus* Pepinos, em tradução livre] no YouTube.[4] Explico do que se trata, caso você não consiga assistir ao vídeo.

O vídeo mostra as reações de gatos a pepinos colocados atrás deles quando estão se alimentando. Os gatos se viram depois que acabam de comer e veem o pepino. Eles reagem dando um salto e fugindo o mais rápido que podem: a reação é de medo. Como os gatos não têm um histórico de serem atacados por pepinos, esse comportamento não é uma reação instintiva, mas, sim, uma reação padrão da mente-corpo acionada pela incapacidade de atribuir um significado à experiência, um tipo de surpresa negativa. Surpresa, positiva e negativa, é sinônimo da incapacidade de atribuir significado. Em outras palavras, a surpresa é a expressão externa da impossibilidade de compreender o que está acontecendo.

As mentes emocional e racional se comportam de maneira semelhante à mente-corpo, elas abominam o vazio no processo de tomada de decisão. Sempre que são incapazes de atribuir significado, elas determinam o significado mais alinhado ao seu maior medo: o medo impresso mais profundamente em nossa mente. Essas normalmente são impressões dos primeiros anos de nossa vida; o período de aprendizagem emergente rápida. É necessário um alto grau de desenvolvimento pessoal para superar essa tendência natural. Pessoas otimistas conseguem, as pessimistas, não. A única razão para os otimistas serem capazes desse feito é porque suas impressões de dor não são significativas.

Pessoas que sofrem de neuroses frequentemente seguem essa trajetória de atribuição de significado. Assim que não têm certeza do que está acontecendo, presumem o pior e começam a se preocupar. Em vez de refletir sobre os possíveis motivos de algo estar acontecendo, começam a temer e chegam à pior conclusão que puderem imaginar, criando, assim, instabilidade energética.

O mesmo acontece com as pessoas que sofrem de psicoses, e, pelo fato de que seus medos são tão profundos e intensos, elas se tornam delirantes. Suas primeiras experiências de medo foram tão traumáticas, que as memórias baseadas em medo são os únicos meios disponíveis de interpretarem sua realidade.

Como o cérebro/mente reptiliano é o menos competente em atribuir significado e o cérebro/mente neocórtex é a mais competente, com o cérebro/mente límbico entre eles, a dor da dificuldade em atribuir significado experienciada pelos bebês será maior do que as vividas pelas crianças, que, por sua vez, será maior do que a experimentada por adolescentes e adultos.

Essa afirmação é confirmada por pesquisas. A experiência de dor aguda diminui conforme aumenta a idade da criança. Em outras palavras, o limiar da dor humana é menor no nascimento.[5]

Se extrapolarmos a afirmação para alguns meses antes, podemos imaginar que a dor experimentada por um bebê durante o nascimento e pelo feto no útero pode ser devastadora para o cérebro/mente reptiliano e para a mente-alma. As memórias de nossas primeiras dores são as mais profundamente arraigadas em nossa psique e as potencialmente mais nocivas para nossa saúde física e mental.

As consequências do medo

Sempre que experienciamos uma situação em que os instintos ou impressões da mente-corpo ou as crenças da mente-ego sugerem que nossa capacidade de sobreviver ou nos manter sãos e salvos possa estar comprometida, experimentamos a reação baseada em medo de luta, fuga ou paralisia. A mente dominante se torna hipervigilante, e a mente-corpo se prepara para agir: ela libera substâncias químicas para preparar o corpo para lutar ou fugir e desliga os sistemas que requerem energia. Essas ações criam instabilidade em nosso campo energético. Assim que a ameaça desaparece, a mente-corpo rapidamente retoma seu funcionamento normal, e a instabilidade no campo energético é dissipada.

Quando a ameaça não desaparece, e a mente emocional ou mente racional experiencia uma situação que acredita que possa comprometer sua capacidade de atender a suas necessidades, a mente-corpo permanece em um estado de vigilância aumentada e de instabilidade energética, descarregando substâncias químicas e desligando sistemas. Isso é chamado de ansiedade. Sempre que nos preocupamos — quando deixamos que o medo domine nossos pensamentos —, experimentamos ansiedade. E como a ansiedade pode perdurar por longos períodos, seu impacto no funcionamento homeostático da mente-corpo é mais significativo que o do medo. O mesmo acontece quando reprimimos nossas emoções e sentimentos negativos. Medo, ansiedade e raiva reprimida comprometem o funcionamento da mente-corpo e prejudicam o funcionamento da mente dominante.

A cura do trauma

A única maneira de evitar o comprometimento das funções pelo acionamento das emoções reprimidas é curar as impressões negativas e crenças. Fazemos isso revivenciando as sensações, emoções e sentimentos reprimidos e trazendo-os para a percepção consciente, onde eles podem ser revividos, mas colocados em um contexto histórico e recebendo um significado. Quando isso acontece, o comprometimento da consciência desaparece e as disfunções psicológicas e fisiológicas associadas à instabilidade energética são curadas. Os comentários do Dr. Arthur Janov, a seguir, ilustram meu ponto de vista:

> Uma mudança profunda na personalidade é impossível no nível das palavras, ou mesmo das emoções; não há mecanismos de desabafo

ou "de pôr para fora", como chorar e gritar, capaz de fazer alguma mudança real ou duradoura.[6]

Para que ocorra uma verdadeira e duradoura mudança, é preciso haver alterações em níveis profundos do cérebro fisiologicamente [...] nenhuma quantidade de terapia baseada em conversas jamais será capaz de produzir essa conexão, pois há pouca ativação das estruturas subcorticais [e os níveis da mente] que atuam como intermediárias para as memórias profundamente impressas.[7]

Nosso trabalho é fundir o inconsciente ao consciente, nos colocar em contato com o que nosso corpo está dizendo. Para isso, precisamos aprender a linguagem do cérebro profundo [mente] [...] Não conseguimos aprender isso através de palavras, apenas por meio de sentimentos. O alívio vem quando o sentimento [reprimido] é enfrentado e sentido.[8]

O Dr. Bessel van der Kolk diz algo bastante semelhante em relação ao trauma.

Começamos a entender o quanto as experiências devastadoras afetam nossas sensações mais íntimas e nossa relação com nossa realidade física — a essência de quem somos. Aprendemos que o trauma não é apenas um evento ocorrido em algum lugar do passado; ele é também a impressão deixada por essa experiência na mente, cérebro e corpo. Essa impressão tem consequências permanentes em como o organismo humano é capaz de sobreviver no presente.[9]

O trauma resulta em uma reorganização fundamental da forma como a mente e o cérebro lidam com as percepções. Ele muda não apenas como pensamos e o que pensamos, mas também nossa capacidade de pensar. Descobrimos que ajudar as vítimas de trauma a encontrar palavras para descrever o que lhes aconteceu é bastante significativo, mas normalmente não é o suficiente. O ato de contar a história não altera necessariamente as reações físicas e hormonais do corpo, que permanece hipervigilante, preparado para ser atacado ou violentado a qualquer momento. Para uma mudança real, o corpo tem que aprender que o perigo já passou e a viver a realidade do presente.[10]

Somente quando trazemos os sentimos profundamente escondidos de nosso passado para a percepção da mente racional e atribuímos a eles um contexto histórico somos capazes de curar a instabilidade energética da mente emocional subconsciente e da mente-corpo inconsciente.

Assim como a mente-alma, a mente-corpo e a mente emocional existem em um eterno momento de consciência. Portanto, todas as memórias de nossa dor psicológica reprimida se acumulam no mesmo "espaço". Apenas o cérebro/mente neocórtex, com sua compreensão do passado, presente e futuro, é capaz de destrancar a porta de acesso para esse espaço e trazer à luz da consciência racional e do contexto de nossa história pessoal o que está preso no passado.

Dor fisiológica

A dor fisiológica surge da instabilidade energética na mente-corpo. Existem duas fontes dessa instabilidade energética: a dor causada pelo comprometimento do funcionamento em que a mente-corpo está sobrecarregada pelas tarefas homeostáticas (devido a uma doença, reparação de tecidos lesionados ou correção de falhas no funcionamento do corpo), e a dor psicológica associada à raiva e ao medo da insatisfação das necessidades da mente-corpo.

Dificuldade de manter a homeostase
Dor psicológica de necessidades   →   Instabilidade energética
não atendidas   na mente-corpo

O potencial para a instabilidade energética na mente-corpo — o comprometimento em seu funcionamento — é maior quando o cérebro/mente reptiliano é dominante. Quando ele é responsável pelo funcionamento interno (estabilidade interna) e também a principal interface consciente com o mundo externo (equilíbrio externo), vivencia a dor fisiológica e psicológica. Consequentemente, o potencial para o surgimento de desordens fisiológicas (instabilidade energética no campo energético do corpo) é maior durante o estágio de desenvolvimento de sobrevivência (0–2 anos). Essas desordens podem não aparecer até muito mais tarde na vida.

Resumo dos pontos principais

Os principais pontos do Capítulo 10:

1. Existem dois sinais básicos de instabilidade energética: dor fisiológica e dor psicológica.
2. Toda vez que a mente-corpo ou mente-ego é incapaz de atender a nossas necessidades, ou acredita que pode não satisfazê-las, experienciamos instabilidade energética (raiva e medo), que afeta o funcionamento de nosso campo

INSTABILIDADE ENERGÉTICA

energético. O que nossa mente faz com essa instabilidade energética impacta diretamente nossa saúde física e mental.

3. Temos três cérebros e quatro mentes: o primeiro cérebro/mente a se desenvolver é o reptiliano (a mente-corpo). O segundo é o límbico (a mente emocional). O terceiro, o cérebro/mente neocórtex (a mente racional). A mente-alma está presente a partir do início de nossa vida.

4. Cada parte da mente humana individual tem seu sistema operacional, e cada mente se torna dominante (a interface consciente com nosso mundo externo) durante diferentes períodos de nossa vida. Quando uma nova mente passa a dominar, a mente antes dominante se torna seu subconsciente, e a mente que era o subconsciente antes passa a ser o inconsciente da mente dominante.

5. Uma das principais características do sistema operacional geral da mente humana é a função de anulação. Ela permite que uma mente de ordem superior anule ou corrija as decisões (reações) de uma mente de ordem inferior.

6. Quando nossa mente dominante está energeticamente instável, quando está sobrecarregada com emoções como medo e raiva, assumimos riscos desnecessários, cometemos crimes e permitimos que nossa raiva ou medo governe nossas decisões. Durante esses períodos, a função de anulação deixa de estar disponível. Somente mais tarde, depois que a instabilidade energética se dissipou, conseguimos recuperar o controle consciente de nossas decisões.

7. Toda dor psicológica surge da instabilidade energética na mente-ego, o comprometimento do funcionamento da mente-ego é causado por uma sobrecarga de experiências de não ter sido capaz de suprir suas necessidades ou pela incapacidade de atribuir significado a suas experiências negativas.

8. Toda dor fisiológica surge da instabilidade energética na mente-corpo, o comprometimento do funcionamento da mente-corpo quando tem dificuldade de funcionamento, seja pela sobrecarga de tarefas homeostáticas ou pela dificuldade em atribuir um significado para a dor psicológica que está vivenciando por não conseguir atender a suas necessidades.

9. Quando a mente-corpo é incapaz de atribuir significado, ela reverte para o medo e reprime essa instabilidade energética para a mente-alma. Quando a mente emocional não consegue atribuir significado, ela reverte para o medo de dano físico ou emocional e reprime essa instabilidade energética para a mente-corpo. Quando a mente racional é incapaz de atribuir significado, ela reverte ao medo de insegurança física ou emocional e reprime essa instabilidade energética para a mente emocional.

10. Quando somos jovens, e nossos pais não conseguiram atender a nossas necessidades de sobrevivência, segurança ou proteção, ficamos presos a um dilema. Precisamos expressar nossa raiva (instabilidade interna) de não ter

A NOVA PSICOLOGIA DO BEM-ESTAR HUMANO

nossas necessidades atendidas, mas se direcionarmos nossa raiva para nossos pais, podemos comprometer nossa capacidade de satisfazer nossas futuras necessidades de sobrevivência, proteção e segurança.

Referências e notas

1. www.valuescentre.com (conteúdo em inglês)
2. Richard Barrett, *A Organização Dirigida por Valores: Liberando o potencial humano para a performance e a lucratividade* (Editora Alta Books), 2017.
3. T. Hadjistavropoulos e K. D. Craig, *Pain: Psychological perspectives* (Nova York: Psychology Press), 2004, p. 1.
4. https://uk.search.yahoo.com/search?fr=mcafee&type=C114GB739D20151203 &p=cats+vs+cucumbers (conteúdo em inglês)
5. T. Hadjistavropoulos e K. D. Craig, *Pain: Psychological perspectives* (Nova York: Psychology Press), 2004, p. 119.
6. Dr. Arthur Janov, *Primal Healing: Access the incredible power of your feelings to improve your health* (Franklin Lakes: Career Press), 2007, p. 21. Publicado no Brasil com o título *O Grito Primal – Terapia Primal: A cura das neuroses.*
7. Ibid.
8. Ibid., p. 24.
9. Dr. Bessel van der Kolk, *The Body Keeps the Score: Mind, brain and body in the transformation of trauma* (Nova York: Penguin Books), 2014, p. 21.
10. Ibid.

11

O IMPACTO DA INSTABILIDADE ENERGÉTICA

A fonte de nossa instabilidade energética é o medo ou a ansiedade que experimentamos sobre a possibilidade de não ter nossas necessidades supridas ou a raiva ou a tristeza que sentimos quando não atendemos a nossas necessidades.

A fim de entender inteiramente como a dor fisiológica e psicológica afetam nossa vida, precisamos considerar o impacto que a instabilidade energética tem no funcionamento de nossas quatro mentes: alma, corpo, emocional e racional.

Vou explorar essa ideia dividindo nossa vida em sete períodos relacionados aos momentos em que nossas quatro mentes estão dominantes e em formação (durante períodos de aprendizagem emergente rápida) ou simplesmente dominantes (durante períodos de aprendizagem emergente normal).

- **Período:** A partir do momento da concepção até o final do primeiro trimestre (período do embrião), em que a mente-alma é dominante.

- **Período 2(a):** Desde o fim do primeiro trimestre até o momento do nascimento (período do feto), quando a mente-corpo é dominante e está em formação.

- **Período 2(b):** Desde o nascimento até os 2 anos de idade (período do bebê), quando a mente-corpo ainda é dominante e está em formação. Este período representa o estágio de desenvolvimento psicológico da sobrevivência.

- **Período 3:** Entre 2 e 7 anos de idade (período entre bebê e criança pequena), quando a mente emocional está dominante e em formação. Este período representa o estágio de desenvolvimento psicológico de conformidade. A mente emocional começa a se formar mais cedo, mas ainda não é dominante.

- **Período 4:** Entre os 7 anos e o início da faixa dos 20 anos (período da criança/adolescente), quando a mente racional é dominante e está em formação. Esse período representa o estágio de desenvolvimento psicológico de diferenciação. A mente racional começa a se formar antes, mas não é dominante.

- **Período 5:** Entre meados da faixa dos 20 anos até o fim da faixa dos 30 anos, quando a mente racional está plenamente dominante.

- **Período 6:** Entre o início da faixa dos 40 anos até o fim da faixa dos 50 anos, quando a mente racional se torna menos dominante e a mente-alma passa a ser mais dominante.

- **Período 7:** A partir dos 60 anos, quando a mente-alma se torna dominante.

Enquanto os primeiros cinco períodos são relativamente restritos no tempo devido ao cronograma da espécie para a maturidade física, os dois últimos períodos não são tão rígidos, e eles podem nem ocorrer. Muitas pessoas têm dificuldades em ativar sua mente-alma porque sempre permitem que as necessidades do ego tenham prioridade. A Tabela 11.1 resume o impacto dos três tipos de instabilidade energética sobre as quatro mentes durante cada período.

TABELA 11.1: RESUMO DAS POTENCIAIS FONTES DE INSTABILIDADE ENERGÉTICA

Período	Instabilidade energética devido à dor fisiológica	Instabilidade energética devido à dor psicológica
Período 1: Mente-alma (desde a concepção até o final do primeiro trimestre da gestação).	Instabilidade energética causada pela saúde debilitada, tabagismo, abuso de drogas e álcool pela mãe, assim como por medicamentos usados pela mãe e vírus contaminando o sangue materno.	Instabilidade energética provocada por dor psicológica (instabilidade energética) da mãe transmitida para o campo energético do embrião.
Período 2(a): Mente-corpo (entre o segundo trimestre da gestação até o nascimento).	Instabilidade energética causada pela dificuldade em manter o funcionamento homeostático devido à instabilidade energética provocada pela saúde debilitada, tabagismo, abuso de drogas e álcool pela mãe, assim como por medicamentos usados pela mãe e vírus contaminando o sangue materno.	Instabilidade energética causada por raiva, medo e tristeza associada ao não atendimento das necessidades de sobrevivência da mente-corpo.

O Impacto da Instabilidade Energética

Período	Instabilidade energética devido à dor fisiológica	Instabilidade energética devido à dor psicológica
Período 2(b): Mente-corpo (entre o nascimento e os 2 anos de idade). Estágio de desenvolvimento de sobrevivência.	Instabilidade energética causada pela dificuldade em manter o funcionamento homeostático, é provocada pela sobrecarga decorrente de doenças, reparação de tecidos lesionados ou tentativas de corrigir o mal funcionamento interno do corpo.	Idem ao 2(a).
Período 3: Mente emocional (dos 2 aos 7 anos). Estágio de desenvolvimento de conformidade.	Idem ao 2(b).	Instabilidade energética causada por raiva, medo e tristeza associados ao não atendimento das necessidades de segurança da mente emocional.
Período 4: Mente racional (entre os 7 anos e o início da faixa dos 20 anos). Estágio de desenvolvimento de diferenciação.	Idem ao 2(b).	Instabilidade energética causada por raiva, medo e tristeza associados ao não atendimento das necessidades de segurança da mente racional.
Período 5: Mente racional (entre meados da faixa dos 20 anos e o fim da faixa dos 30 anos). Estágio de desenvolvimento de individuação.	Idem ao 2(b).	Idem ao Período 4. O trabalho para se livrar da dor psicológica às vezes começa neste período.
Período 6: Mente racional e mente-alma (entre os 40 e o final da faixa dos 50 anos). Estágio de desenvolvimento de integração e autorrealização.	Idem ao 2(b).	Idem ao Período 5. Por causa do trabalho feito para liberação da dor psicológica, a instabilidade energética é menos frequente e menos severa.

Período	Instabilidade energética devido à dor fisiológica	Instabilidade energética devido à dor psicológica
Período 7: Mente-alma (a partir dos 60 anos). Estágio de desenvolvimento de serviço.	Idem ao 2(b).	Raras ocorrências de instabilidade energética.

Instabilidade energética na mente-alma

A mente-alma é a mais frágil das quatro, porque sua consciência é facilmente prejudicada pela existência material 3-D. Ela não está acostumada a viver em um mundo material e a experiência de instabilidade energética. Ela vive dentro do campo energético de amor. Qualquer experiência que o corpo tenha (fisiológica ou psicológica) de não ter suas necessidades atendidas é vivenciada pela alma como falta de amor.

De modo geral, o Período 1 é a fase da lua de mel da alma no corpo. A única instabilidade energética que a alma pode experienciar como embrião é quando a estabilidade energética da mãe está comprometida por uma saúde debilitada, tabagismo, abuso de drogas e álcool, uso de medicamentos ou vírus afetando o sangue materno, como o vírus da zica. Durante esse período, os membros, dedos do pé e das mãos do bebê começam a surgir, os pulmões, orelhas, olhos, lábio superior e nariz começam a se formar e o cérebro/mente reptiliano inicia seu desenvolvimento. Um exemplo do efeito desastroso que "remédios" podem ter no início do desenvolvimento embrionário foi a tragédia da talidomida.

Talidomida

No final da década de 1950, a droga talidomida foi vendida como um calmante para ajudar as pessoas a dormir. Descobriu-se também que o medicamento ajudava as gestantes a evitar o enjoo matinal. No início da década de 1960, os médicos começaram a associar a talidomida com graves defeitos congênitos: membros encurtados ou ausentes. Logo depois, o remédio foi retirado do mercado. No total, cerca de 100 mil mulheres grávidas tomaram o medicamento. A maioria delas perdeu o bebê antes do nascimento. Hoje ainda há cerca de 6 mil "filhos da talidomida" vivendo em quase 60 países.

Falta de amor

No final do Período 1, a mente-alma transfere a responsabilidade de estar presente na percepção material 3-D para o cérebro/mente reptiliano. Essa transição é experienciada pela mente-corpo como o desejo de permanecer viva. Durante os períodos 2(a) e 2(b), depois que o cérebro/mente reptiliano se torna funcional e dominante, a principal fonte de instabilidade energética (dor) na mente-alma é a dor psicológica (raiva e medo) reprimida da mente-corpo. Essa dor reprimida está sempre associada com o medo da morte, que para a alma significa que sua tentativa de continuar presente na consciência de 3ª dimensão (3-D) poderia chegar ao fim. Isso provoca sentimentos de tristeza na mente-alma.

A instabilidade energética (dor) da mente-alma é mantida na camada do campo energético que contém o coração. Essa camada está associada com o estágio de desenvolvimento psicológico de individuação e é conhecida como campo etéreo superior (explico o que significa essa terminologia no próximo capítulo). Portanto, qualquer instabilidade energética (dor) na mente-alma terá um impacto significativo em nossa saúde cardíaca.

Instabilidade energética na mente-corpo

O funcionamento da mente-corpo é mais facilmente prejudicado durante os períodos 2(a) e 2(b), quando as funções neurológicas do cérebro/mente reptiliano estão se desenvolvendo. Consequentemente, a instabilidade energética durante esse período pode prejudicar o funcionamento da mente-corpo pelo resto de nossa vida.

O período pré-natal

A causa mais provável de instabilidade energética antes do nascimento (Período 2(a)) é o desequilíbrio homeostático provocado pela preocupação, ansiedade, por doenças ou ingestão de álcool ou drogas, tabagismo da mãe ou vírus no sangue materno. Outras causas de instabilidade energética na mente-corpo ocorrem quando a mãe não consegue manter uma dieta nutritiva ou sofre de uma doença crônica.

O processo de nascimento

O processo de nascimento é potencialmente o período mais estressante e perigoso de nossa vida. Tantas coisas podem sair errado durante o nascimento, fazendo com que se experiencie instabilidade energética — sobrecarga homeostática (dor fisiológica) — e sobrecarga psicológica devido a uma dificuldade em atribuir significado à dor fisiológica — o medo da morte. As emoções associadas com essa dor são reprimidas na mente-alma, onde são armazenadas na memória da alma. Esse processo pode ser acionado mais tarde na vida quando condições semelhantes às que causaram a dor forem encontradas.

O processo de nascimento normal é naturalmente doloroso para a mãe e para o bebê. A mãe luta com a dor de dar à luz, e o bebê, com a dor de passar pelas contrações do útero e atravessar o canal de parto. A dor da mãe é suavizada pela alegria da nova chegada. A dor do bebê não é suavizada a menos que ele seja imediatamente confortado e ninado pela mãe. Se o bebê nasce prematuramente e precisa de cuidados intensivos, a separação é inevitável. Seria altamente benéfico se pudéssemos encontrar alguma maneira para que a mãe conforte o bebê mesmo nessas situações.

Se o processo de nascimento é bom, o bebê aprende (na aprendizagem emergente) que é capaz de enfrentar com sucesso as dificuldades e a dor.

O Dr. Arthur Janov considera o processo de nascimento tão importante para nossa saúde quando adultos, que ele dedica um capítulo inteiro de seu livro *The Biology of Love*[1] ["A Biologia do Amor", em tradução livre] a esse breve período de nossa vida. Ele chama especial atenção ao problema da anoxia — ausência de oxigênio nos pulmões — e da hipoxia — deficiência de oxigênio chegando aos tecidos corporais.

> O déficit de oxigênio no nascimento força o feto a produzir altos níveis de hormônios do estresse. Esses hormônios preparam o sistema para reação de luta ou fuga do perigo, nesse caso, o perigo de morrer por anoxia.[2]

O Dr. Janov sugere que privação prolongada de oxigênio pode também ocorrer no útero se a mãe fuma. Ele declara:

> A anoxia prejudica o desenvolvimento cortical, o que pode resultar em baixo controle de impulsos e tensão e ansiedade por toda a vida.[3]

O ramo simpático (a reação de luta) do sistema nervoso autônomo ajuda o bebê a enfrentar a dor de nascer. Depois que nasce, o bebê quer ser ninado pela mãe, para amenizar a dor do trauma da experiência do nascimento. Ele está assustado pelas sensações dolorosas envolvidas no processo de nascimento. Essas sensações são experienciadas pelas necessidades da alma de ser confortada para que possa restaurar sua confiança. Se o bebê não é imediatamente tranquilizado, o trauma do nascimento é ampliado na mente-alma. Não apenas a dor do processo de nascimento faz com que a alma experiencie falta de amor. Uma vez que a batalha pela sobrevivência termine, sua repentina separação do campo energético da mãe é percebida como abandono e sentida pela mente-alma como falta de amor.

Nosso corpo tem muitas exigências para permanecer vivo (manter a estabilidade interna pelo funcionamento homeostático). Ele precisa de oxigênio, água, alimentos, sono e calor. Nossa alma tem apenas uma exigência: AMOR.

Quando a mãe (e o feto) experienciam um parto doloroso e prolongado, a mãe pode escolher receber uma anestesia epidural para aliviar a dor. Se optar pela anestesia, a mãe não estará apenas aliviando a própria dor, como também a do bebê, e o sistema nervoso autônomo do bebê para de funcionar. O Dr. Janov explica:

> Uma mãe altamente dopada ou anestesiada deixa o bebê com um "sentimento" de subjugação, literalmente incapaz de lutar para salvar sua vida, e isso é expressado mais tarde na vida como: "De que serve [lutar]?"[4]

Uma ligação neurológica é feita no cérebro/mente reptiliano em desenvolvimento do bebê, uma ligação de que a luta para sobreviver não requer a atuação do sistema nervoso simpático. O bebê aprende a desistir e não lutar quando enfrenta situações que despertam o medo. A impressão aprendida "De que serve lutar?" pode ter sérias consequências mais adiante na vida. Um estudo realizado pelo L. P. Lipsitt of the Child Study Centre da Brown University mostra uma forte relação entre tendências suicidas (De que serve lutar?) entre adultos e nascimentos problemáticos.

> O principal significado do estudo Lipsitt é o de que o trauma, uma vez impresso, nos acompanha ao longo da vida e pode nos afetar o suficiente para negarmos a própria vida.[5]

O trabalho de Lee Salk na Escola de Medicina da Universidade de Cornell e de pesquisadores do Karolinska Medical Centre em Estocolmo comprova os efeitos que traumas no nascimento têm em relação ao suicídio. Em especial, os estudos de Salk mostram que 60% das pessoas com tendências suicidas experienciaram falta de cuidados pré-natais nas primeiras 20 semanas de gestação, dificuldades respiratórias no nascimento ou doenças crônicas na mãe.[6]

Não é apenas o risco de suicídio que aumenta com o trauma precoce; muitas outras falhas fisiológicas também são associadas com problemas experienciados durante o Período 2.

> [...] a vida intrauterina afeta profundamente a vida adulta posterior, e de inúmeras maneiras. Deformação de células levando ao câncer, mais tarde, pode muito bem ocorrer no útero e não se tornar evidente até os 50 anos.[7]

> Doenças cardíacas mais tarde na vida podem estar relacionadas a traumas de nascimento e à vida uterina [e] AVCs aos 50 anos podem ser o desdobramento lógico de ocorrências aos 6 meses de gestação.[8]

Como veremos mais adiante, a supressão do sistema imunológico e a pressão alta devido a estresse elevado são a raiz do surgimento precoce de diversas doenças e distúrbios no corpo.

O período pós-natal

Quando o bebê nasce, o maior risco de instabilidade energética é a falta de atenção da mãe (ou cuidador) às necessidades do bebê. O toque, os alimentos e a limpeza são de suprema importância para seu desenvolvimento saudável (psicológico). Bebês negligenciados sofrem significativamente quando crianças e, mais tarde, como adultos. Pesquisas mostram que, se uma criança foi negligenciada ou cuidada de modo inadequado antes dos 6 anos de idade, suas chances de ter uma saúde geral deficitária é duas vezes maior.[9]

Quando o desejo da alma de estar presente na percepção 3-D não é forte e a dor (falta de amor) vivenciada pela alma no útero ou durante o nascimento é significativa, a alma pode ficar tão sobrecarregada pela instabilidade energética que escolhe se retirar do corpo do bebê. Normalmente, isso acontece durante os primeiros meses de vida. Isso é conhecido como Síndrome da Morte Súbita Infantil ou SMSI.

Devo esclarecer, porém, que não importa o quanto você seja carinhoso e vigilante como pai ou mãe, o simples fato de estar em um corpo físico afeta a estabilidade energética da alma e prejudica o funcionamento de sua consciência. Quando a dor dessa deficiência se torna grande demais para a alma suportar, especialmente uma alma "jovem" ou menos resiliente, ela se retira do corpo.

Se a alma for capaz de suportar a dor (instabilidade energética) e continuar presente no corpo, para além dos 2 anos de idade, depois que o cérebro/mente límbico passa a dominar, a alma cria uma entidade psíquica a que chamamos de ego. O ego age como um amortecedor, evitando que a alma experimente qualquer instabilidade energética adicional. Em breve explicarei como a alma cria o ego.

Sabemos que temos instabilidade energética armazenada em nossa mente-corpo quando vivenciamos episódios de dor fisiológica que não podem ser diagnosticados. Essa dor é causada pelo acionamento da memória de um trauma guardado em nossa mente-corpo.

Instabilidade energética na mente-corpo mais tarde na vida

A experiência mais frequente de instabilidade energética na mente-corpo é conhecida como "distúrbios psicossomáticos". Eles são condições em que os sintomas físicos de doenças se originam de causas mentais ou emocionais; quando a deficiência de uma função mental causa um distúrbio na função corporal.

Prefiro pensar no componente "psico", de "psicossomático", como uma instabilidade energética no campo de energia do corpo causada pela raiva, medo ou ansiedade, e o componente "somático" como instabilidade energética no campo energético do corpo provocado pelas dificuldades do corpo em manter o funcionamento homeostático causado pelo estresse da raiva, medo e ansiedade. Em outras palavras, sintomas psicossomáticos emergem como um concomitante fisiológico de disfunções psicológicas envolvendo o medo, a ansiedade ou a raiva.

> Em estado de raiva, por exemplo, a pressão sanguínea provavelmente estará alta, e seu pulso e ritmo respiratório, aumentados. Quando a raiva passa, os processos fisiológicos elevados normalmente se amenizam. Porém, se a pessoa tem uma agressividade contida persistente (raiva crônica), que ela é incapaz de expressar abertamente, o estado emocional permanece inalterado, ainda que não esteja evidente em seu comportamento, e os sintomas fisiológicos associados ao estado de raiva persistem. Com o tempo, essa pessoa se torna consciente da disfunção fisiológica. Frequentemente, ela começa a se preocupar com os sinais físicos e sintomas resultantes, mas permanece inconsciente ou em negação das emoções que evocaram os sintomas.[10]

Sempre que experienciamos medo e raiva ou qualquer sentimento derivado, como irritação, impaciência ou ansiedade, no mesmo instante o campo energético da mente-corpo se torna energeticamente instável e começa a produzir hormônios de estresse, preparando o corpo para a reação de luta ou fuga. O ramo simpático do sistema nervoso autônomo continua nesse modo de operação até que a ameaça percebida desapareça.

Se o sistema nervoso simpático continuar permanentemente ativado em razão da impressão traumática ou do Esquema Mal-adaptativo Precoce grave, o corpo vivenciará desequilíbrio químico e a supressão do sistema imunológico, aumentando, assim, as chances de doenças e enfermidades.

Uma das substâncias químicas produzidas pela glândula adrenal, que suprime o sistema imunológico quando o sistema nervoso simpático está estimulado, é o cortisol. Além de suprimir o sistema imunológico, o cortisol aumenta o açúcar no sangue, ajuda no metabolismo de gordura, proteína e carboidrato, bem como diminui a formação óssea. Todas essas ações têm um impacto negativo no funcionamento corporal em longo prazo.

Distúrbios psicossomáticos ocorrem como resultado da ativação inapropriada do sistema nervoso autônomo pelo aumento do estresse decorrente dos medos não resolvidos do ego. Em outras palavras, a dor e o estresse que mantemos trancados em nosso corpo em relação a nossa incapacidade de atender a nossas necessidades são a causa dos distúrbios psicossomáticos.

Distúrbios psicossomáticos incluem, entre outros, hipertensão, problemas respiratórios, distúrbios gastrointestinais, enxaqueca e dores de cabeça tensionais, dores pélvicas, impotência, frigidez, dermatite e úlceras. Mostro nos capítulos seguintes que a natureza exata e a localização dos distúrbios psicossomáticos estão diretamente relacionadas às necessidades deficitárias que você não foi capaz de atender, que, por sua vez, está relacionada ao momento de sua vida em que essas necessidades deficitárias eram mais importantes para seu desenvolvimento psicológico.

A hipótese que estou propondo neste livro é a de que *todas* as desordens fisiológicas são, em seu cerne, de natureza psicossomática. Elas começam na mente e se manifestam no corpo. Toda doença, enfermidade e disfunção física tem raízes na deficiência energética ou na sobrecarga da capacidade da mente-corpo de funcionar em decorrência de causas homeostáticas ou psicológicas, acidentes físicos ou nutrição inadequada.

A mente-corpo é especialmente sensível a experiências que envolvem dificuldade em permanecer vivo. Se falharmos, morreremos, e a intenção da alma em experimentar a consciência de 3ª dimensão (3-D) será frustrada. Sendo assim, os níveis mais altos de medo vivenciados estão associados com a satisfação das necessidades da mente-corpo.

Instabilidade energética na mente emocional

O funcionamento da mente emocional é com mais facilidade e frequência prejudicado durante o Período 3, quando as funções neurológicas e os sistemas de crença pessoal do cérebro/mente límbico sobre como interpretar suas experiências estão se desenvolvendo. Consequentemente, a instabilidade energética durante esse período pode prejudicar o funcionamento da mente emocional pelo resto de nossa vida.

A mente emocional é sensível a experiências que envolvem dificuldades para se manter seguro: se fracassarmos — se formos física e emocionalmente abusados durante o Período 3 —, nossa consciência pode ser permanentemente limitada. Essa é a origem de quase todas as disfunções psicológicas em longo prazo (desordens mentais), incluindo psicoses e neuroses.

As fontes de instabilidade energética na mente emocional têm duas partes: a instabilidade produzida pela raiva, medo e ansiedade sobre não ter nossas necessidades de proteção atendidas, e a instabilidade gerada pela dor psicológica reprimida da mente racional sobre não ter as necessidades de proteção atendidas.

A instabilidade energética associada à raiva, ao medo e à ansiedade é vivenciada pela mente reptiliana como *sensações*; pela mente límbica, como *emoções*; e pelo neocórtex, como *sentimentos*.

A criação do ego

A criação da mente-ego ocorre no início do Período 3, depois que o cérebro/mente límbico começa a se tornar dominante. A razão da alma criar a mente-ego é reduzir o nível de instabilidade energética — a dor da falta de amor que a alma está sentindo —, construindo uma camada psíquica de proteção que chamamos de mente-ego. Ao longo dos anos seguintes, a alma gradualmente cede o controle de sua sobrevivência na consciência de 3ª dimensão (3-D) para a mente-ego, depois de já ter entregado o controle pela sobrevivência para a mente-corpo.

A alma, como um aspecto individuado do campo energético universal, vive em um estado de unicidade e abundância — um mundo de infinita conexão —, em que suas necessidades são instantaneamente atendidas pelo pensamento. Portanto, a alma não tem necessidades e não vivencia a separação. Para a alma, qualquer ausência de gratificação das necessidades do corpo ou sentimentos de separação que o ego vivencia são indicativos da falta de amor. Na tentativa de explorar a realidade física da 3ª dimensão (3-D), a alma está se movendo de um mundo de "conexão" e "abundância" para um mundo de "separação" e "limitação".

Sendo assim, quando as necessidades fisiológicas do corpo e as necessidades psicológicas do ego não são atendidas, quando a mente-corpo e a mente emocional experimentam raiva e medo, a alma sente uma aguda sensação de dor (instabilidade energética). As experiências do feto ou do bebê que fazem com que a mente-corpo tenha dificuldade em manter a homeostase ou as experiências que fazem com que a criança vivencie separação resultam em desconforto energético na mente-alma. Se essas necessidades não forem satisfeitas, o desconforto se transforma em tristeza, depressão e desespero na mente-alma. Do ponto de vista da alma, podemos expressar a relação entre as necessidades não atendidas do corpo e o amor da seguinte forma:

Necessidades do corpo e emocionais não atendidas → Falta de amor

Portanto, quando as necessidades de sobrevivência e segurança do feto ou da criança não são satisfeitas ou são ignoradas, quando a necessidade de amor do feto ou da criança não é atendida ou suas necessidades biológicas são comprometidas, por exemplo, pelo tabagismo, consumo de álcool ou drogas pela mãe, a mente-corpo encontra dificuldade para manter a homeostase biológica, e a mente emocional luta para manter a estabilidade energética. Em outras palavras, quando a mente-corpo experimenta desconforto físico ou a mente emocional vivencia separação, a alma sente uma falta de amor.

O Dr. Arthur Janov coloca isso da seguinte maneira:

> Amar [...] significa cuidar de si mesmo durante a gravidez, quando os neurônios do cérebro do feto estão se desenvolvendo em ritmo acelerado. A mãe precisa se abster de substâncias que ameacem o desenvolvimento do feto, como consumir álcool e tranquilizantes, que acabarão atingindo o organismo do bebê. Amar significa desejar o bebê, pois as mães que não querem seus filhos descobrem que eles têm mais problemas de saúde, tanto físicos quanto psicológicos. Acima de tudo, não se deve fumar durante a gravidez. O feto é capaz de sentir o fumo e pode sufocar ou se engasgar no útero.[11]

Amar também significa cuidar bem do bebê depois do nascimento. Sem o amor da mãe (ou um substituto da mãe), a saúde futura do corpo está comprometida.

O Impacto da Instabilidade Energética

Uma pesquisa recente realizada pelo Langone Medical Center, da Universidade de Nova York, apoia essa afirmação.[12]

Esse estudo descobriu que, quando filhotes de ratos experienciam dor, centenas de genes em seus cérebros se modificam pela presença da mãe. Essa é a primeira vez que cientistas demonstraram como um cérebro infantil reage à presença ou ausência da mãe quando expostos ao estresse. A professora Regina Sullivan, que liderou o estudo, explica:

> Nosso estudo demonstra que o conforto materno a um bebê com dor não apenas incita uma resposta comportamental, como também o conforto em si modifica circuitos neurais críticos durante o início do desenvolvimento cerebral.[13]

Então, como a alma lida com os traumas (demonstrações físicas e emocionais da falta de amor) que ela experiencia durante o tempo passado no útero, o nascimento e os primeiros dois ou três anos de vida? Ela absorve as dores emocionais e as feridas para o campo energético, provocando mal funcionamento nos circuitos do cérebro/mente reptiliano em desenvolvimento e, mais tarde, nos circuitos do cérebro/mente límbico em desenvolvimento.

Quando a alma começa a se sobrecarregar com a dor da separação, ela se dissocia da consciência de 3ª dimensão (3-D), criando um amortecedor energético que chamamos de ego. Uma vez que o ego é criado, ele protege a alma absorvendo a dor psicológica associada com o desenvolvimento da criança. Primeiro, a dor da raiva, medo e solidão relacionados ao não atendimento de nossas necessidades de segurança durante o estágio de desenvolvimento de conformidade, depois a dor da raiva, medo e isolamento associados à não satisfação das necessidades de proteção durante o estágio de desenvolvimento de diferenciação.

Para manter o funcionamento, o ego reprime a dor da separação (solidão e isolamento) de sua mente consciente para a subconsciente. Quando a mente emocional é dominante, a dor (instabilidade energética) é reprimida para a mente-corpo, e, enquanto a mente racional é a dominante, a dor (instabilidade energética) é reprimida para a mente emocional.

Transtorno Dissociativo de Identidade (TDI)

Quando crianças jovens experienciam abuso sexual ou físico reiterado ou são ignoradas pelos pais, a mente emocional dominante reprime a dor que está vivenciando para a mente-corpo, e, se as experiências continuarem, ela se dissocia da dor, criando um alter ego. Ao tornar o alter ego o repositório da dor, a mente-ego (a mente emocional e, mais tarde, a mente racional) é capaz de continuar funcionando normalmente. As crianças que vivenciam diferentes formas de experiências traumáticas reiteradas podem ter vários alter egos.

De acordo com a American Psychiatric Association (APA), as principais características dos transtornos dissociativos são "uma quebra nas funções normalmente integradas de consciência, memória, identidade e percepção".

A APA afirma ainda que:

> O Transtorno Dissociativo de Identidade (ou Transtorno de Múltipla Personalidade) é caracterizado pela presença de duas ou mais identidades distintas ou estados de personalidade que, de modo recorrente, assumem o controle do comportamento do indivíduo, acompanhado por uma incapacidade de se recordar de informações pessoais importantes muito extensas para serem explicadas por esquecimentos corriqueiros. É um transtorno caracterizado pela fragmentação da identidade, em vez da proliferação de personalidades separadas.[14]

O que é impressionante sobre os alter egos é que eles apresentam diferentes sintomas físicos para a personalidade hospedeira, a personalidade do ego que se protege criando os alter egos.

> O alter carrega todas as memórias encapsuladas pelo tempo, incluindo memórias do corpo [memórias do campo energético], e com uma intensidade que nunca foi diluída e nunca foi compartilhada. O hospedeiro evitou incidentes traumáticos e deixou para o alter ego a responsabilidade de lidar com eles.[15]

Alter egos absorvem as emoções e os sentimentos reprimidos do ego hospedeiro e os acomodam em seus campos energéticos. Quando um alter ego surge, os sintomas físicos da doença e das enfermidades provocadas pela instabilidade energética associados com as experiências dolorosas reprimidas são agora encontrados na mente-corpo do alter ego.

Quando um alter ego surge como a personalidade dominante, o corpo experiencia sintomas físicos associados às instabilidades energéticas do alter ego. Quando o alter ego não está presente, o corpo vivencia sintomas físicos associados às instabilidades energéticas do ego hospedeiro. Uma personalidade pode ser cega, enquanto a personalidade hospedeira pode ter visão perfeita.

Em minha opinião, o fato de alter egos poderem experimentar diferentes sintomas no mesmo corpo físico comprova, sem sombra de dúvidas, que o funcionamento do campo energético do corpo depende, e está contido, no campo energético do ego. Quando um alter ego assume a percepção consciente (se torna dominante), ele surge com seu próprio template corporal de disfunções e sintomas.

As implicações disso são gigantescas. Significa que o chamado corpo "físico" é um reflexo exato do histórico pessoal do campo energético da mente-ego. Se mudar sua personalidade, mudará seus sintomas físicos.

Psicoses

Outra forma significativa de limitação de consciência que se origina no Período 3 é a psicose, que é um estado mental que prejudica o raciocínio, a percepção e o julgamento. Uma pessoa experienciando uma psicose perde uma conexão sólida com a realidade. Ele ou ela se torna delirante. Pode ter alucinações, se tornar paranoica ou mudar de personalidade. As psicoses — como a esquizofrenia, o transtorno delirante e o transtorno bipolar — podem interferir significativamente em nosso funcionamento diário.

> Seja qual for a razão (e podem ser muitas), a vítima de psicose aprendeu incorretamente a natureza dos seres humanos. Em vez de aprender que seres humanos nascem capazes de receber amor, são sociáveis e não violentos, eles se identificam com a mensagem de que a realidade é perigosa; que seres humanos poderosos, incluindo o resto do mundo, são consistentemente malignos. Estes outros podem parecer bons; podem dizer que são amigáveis, mas a confiança fundamental foi quebrada, e eles não merecem confiança.[16]

Existem algumas semelhanças *e* diferenças entre psicose e Transtorno Dissociativo de Identidade (TDI). A principal semelhança é que ambos são causados por trauma precoce — experiências dolorosas de não conseguir atender a nossas necessidades de proteção ou de separação causadas pelo sentimento de não ser amado. A principal diferença é que as pessoas sofrendo de TDI dividem sua mente em partes para que o ego hospedeiro consiga funcionar de modo normal, enquanto as pessoas com psicose não dividem a mente em partes. Elas tentam continuar operando normalmente, apesar do fato de sua atribuição de significado ter sido gravemente prejudicada.

Neuroses

Uma forma menos grave de limitação que normalmente tem sua origem durante o Período 3 e nos primeiros estágios do Período 4 é algo que todos sofremos em algum grau, que chamamos de neuroses.

Enquanto a psicose impede significativamente essa função diária, uma neurose não. Uma neurose pode prejudicar o funcionamento diário, mas não o impede. Conseguimos continuar nossas atividades diárias, mas, em decorrência da neurose, as decisões que tomamos podem inibir nossa capacidade de encontrar felicidade em nossa vida. As neuroses surgem de experiências da primeira infância de dificuldade e fracasso em atender a nossas necessidades de proteção e segurança. Essas dificuldades condicionam nossa mente emocional e racional em modos específicos de pensamento baseado em nossas experiências passadas. A *Enciclopédia Britânica* define neurose da seguinte maneira:

> As neuroses são caracterizadas por ansiedade, depressão ou outros sentimentos de infelicidade ou angústia fora de proporção às circunstâncias de vida da pessoa. Elas podem prejudicar o funcionamento diário em praticamente qualquer área de sua vida, relacionamentos ou relações externas, mas o prejuízo não é grave o bastante para incapacitar a pessoa. Pacientes com neuroses não sofrem da perda de senso de realidade vista em pessoas com psicoses.[17]

Maslow considera as neuroses da mesma forma que eu, como uma falha no crescimento pessoal:

> É uma incapacidade de alcançar o padrão que poderia ser atingido, e até, podemos dizer, que deveria ser atingido, em termos biológicos, se a pessoa tivesse crescido e se desenvolvido livremente. Possibilidades humanas e pessoais se perderam. O mundo se estreitou, assim como a consciência. As habilidades foram inibidas. As perdas cognitivas, a perda dos prazeres, das alegrias e dos êxtases, a perda da competência, a inabilidade de relaxar, o enfraquecimento da força de vontade, o medo da responsabilidade — todas essas são diminuições da humanidade.[18]

Maslow afirma, ainda, que o medo da própria grandiosidade, a fuga ou as limitações que impomos ao nosso destino possível são também um sinal de deficiência psicológica:

> Se você deliberadamente planeja ser menos do que é capaz de ser, advirto que será profundamente infeliz pelo resto de sua vida. Você estará fugindo de suas próprias capacidades, suas próprias possibilidades.[19]

Esquemas Mal-adaptativos Precoces

Outro termo que às vezes é usado para descrever a limitação do funcionamento da consciência é o Esquema Mal-adaptativo Precoce (EMP), que enfatiza a exploração de origens na infância ou na adolescência de problemas psicológicos e mecanismos de adaptação mal-adaptados.[20]

Esquemas Mal-adaptativos Precoces são padrões de pensamento baseados em medos normalmente criados durante os Períodos 3 e 4. O termo *precoce* se deve ao fato de se originar quando se é jovem. O termo *mal-adaptativo* refere-se à deficiência no funcionamento normal (atribuição de significado) da mente dominante, e *esquema* porque está relacionado a um modo de ser que sempre empregamos quando confrontados por um conjunto de circunstâncias específico que nos faz recordar de situações de nossa infância em que vivenciamos sofrimento e dor emocional na tentativa de satisfazer nossas necessidades de segurança ou de proteção.

Jeffrey Young, fundador e diretor do Cognitive Therapy Centres de Nova York e Fairfield County (Connecticut), descreve o EMP da seguinte forma:

> O Esquema Mal-adaptativo Precoce [um tema, não apenas uma crença] parece ser o resultado de experiências disfuncionais com os pais, irmãos e amigos durante os primeiros anos da vida de um indivíduo. A maioria dos esquemas é causada por experiências cotidianas nocivas com membros da família e amigos que cumulativamente reforçam o esquema. Por exemplo, uma criança que é constantemente criticada quando seu desempenho não atende aos padrões dos pais tende a desenvolver um esquema de fracasso/incompetência.[21]

Se você desenvolveu um Esquema Mal-adaptativo Precoce durante seus anos de formação, sua mente estará constantemente em busca de padrões de informação que correspondam a esses esquemas.

Abraham Maslow descreve como a falha em atender a nossas necessidades em nossa infância contribui para nossas neuroses mais tarde na vida:

A criança que tem a felicidade de crescer normalmente fica saciada e entediada com os prazeres que já saboreou suficientemente, e mostra-se ávida (sem necessidade de que a instiguem) de avançar para outros prazeres superiores e mais complexos, tão depressa lhe sejam acessíveis sem perigo ou ameaça.[22] Ela quer avançar, progredir, crescer.

Somente se a frustração, o fracasso, a reprovação ou o ridículo interferirem no próximo passo é que a criança se fixa ou regride, e estamos então diante das complexidades da dinâmica patológica e das concessões neuróticas em que os impulsos permanecem vivos, mas insatisfeitos, ou até da perda de impulso e de capacidade.[23]

Essas experiências precoces negativas podem nunca ocorrer novamente, mas seus efeitos perduram. Eles se tornam arraigados em seu cérebro como caminhos neurais. As memórias dessas experiências e as emoções associadas se transformam em estímulos embutidos que moldam e distorcem sua realidade presente de acordo com seu passado. Isso significa que você estará predisposto, mesmo quando adulto, a acreditar que ainda é inapto para satisfazer essas necessidades.

Baseado nisso, podemos ver que o traço comum ligando a psicose, a neurose e o EMP é uma deficiência na atribuição de significado relacionada a experiências em que não satisfizemos nossas necessidades durante os períodos de rápida aprendizagem emergente. Essas experiências condicionam a maneira como nossa mente cria a realidade pela formação de crenças baseadas no medo. Quando temos essas crenças, consciente ou subconscientemente, elas nos afetam de duas maneiras. Estamos em constante vigilância — sempre procurando por oportunidades para satisfazer nossas necessidades não atendidas —, e as memórias da dor e do sofrimento emocional originalmente vivenciadas e reprimidas são frequentemente acionadas, prejudicando nossa capacidade de tomar decisões.

Instabilidade energética na mente racional

O funcionamento da mente racional é normalmente prejudicado mais tarde no Período 3 e durante o Período 4, quando as funções neurológicas do cérebro/mente neocórtex e sistemas de crenças pessoais sobre como interpretar essas experiências estão em desenvolvimento. Consequentemente, a instabilidade energética experimentada durante esses períodos pode prejudicar o funcionamento da mente racional pelo resto de nossa vida.

A mente racional é sensível a experiências que envolvem dificuldades de manter a segurança. Se fracassarmos nessa luta — se não formos respeitados, apreciados ou reconhecidos —, nossa consciência fica limitada. Essa limitação é a raiz de quase todas as neuroses mentais de longa duração relacionadas à autoestima.

As fontes de instabilidade energética (dor) na mente racional se dividem em duas partes: a instabilidade engendrada pelo medo e a ansiedade de não satisfazermos nossas necessidades de sobrevivência, segurança e proteção no momento presente e a instabilidade criada quando a dor psicológica da mente racional, que foi reprimida para a mente emocional, é acionada na percepção consciente da mente racional.

Transtorno do Estresse Pós-traumático (TEPT)

Uma limitação mais grave da mente racional do que a neurose é a condição chamada de Transtorno do Estresse Pós-traumático (TEPT), que é descrito oficialmente da seguinte maneira:

> O TEPT é um distúrbio psiquiátrico que pode ocorrer depois de uma experiência ou testemunho de acontecimentos que ameaçam a vida, como combate militar, desastres naturais, ataques terroristas, acidentes graves ou violência física ou sexual na fase adulta ou na infância. As pessoas que sofrem de TEPT frequentemente revivem a experiência em pesadelos e recordações, têm dificuldade para dormir e se sentem alienadas ou distantes, e esses sintomas podem ser graves o bastante para prejudicar significativamente a vida diária das pessoas.[24]

Os sintomas do TEPT surgem quando a dor do medo é associada à dificuldade de compreender uma experiência traumática (geralmente envolvendo morte), que é reprimida da mente racional ou emocional, na consciência do momento presente por um som, visão ou situação que age como um lembrete da experiência traumática. Os sintomas de TEPT normalmente começam a surgir alguns meses depois da experiência traumática e podem continuar por muitos anos.

Assim que a memória da experiência traumática é acionada, todo o nosso ser, incluindo nossa mente consciente dominante, fica sobrecarregado por emoções como culpa, vergonha, medo, raiva e ódio. Durante esses eventos, perdemos nossa habilidade de pensar claramente, e nossa função de sobreposição desliga.

Pessoas normalmente desenvolvem Transtorno de Estresse Pós-traumático (TEPT) quando são vítimas ou presenciaram um evento traumático ou uma série de eventos traumáticos, que podem ser um acidente grave, desastre natural, estupro

A Nova Psicologia do Bem-Estar Humano

ou outro crime violento, combate militar, tortura, ataque terrorista, abuso físico ou sexual na infância, violência doméstica etc. Algumas pessoas, como refugiados e asilados, podem ter vivenciado diversos eventos traumáticos em sua vida.

Um dos principais sintomas de TEPT é reviver o trauma. As pessoas têm recordações vívidas que incluem ver, ouvir e sentir coisas que eram parte do trauma original. Essas memórias intrusivas parecem reais, como se estivessem acontecendo no momento presente. Se a pessoa achou que morreria na ocasião, ela se sentirá como se fosse morrer toda vez que vivenciar a recordação. Também podem experienciar pesadelos aterrorizantes em que revivem o trauma. Normalmente, elas se debatem ou gritam durante o sono, e acordam se sentindo desorientadas.

Pessoas com TEPT podem se sentir constantemente ameaçadas. Sentem que sua vida está arruinada. Podem se culpar pelo que aconteceu, acham que não fizeram o que deveriam na época, podem sentir vergonha por não conseguir evitar o ataque, ou culpa porque não impediram que acontecesse. Podem encontrar dificuldade em manter um relacionamento e tendem a evitar contato com outras pessoas. Consequentemente, o TEPT pode ter um efeito devastador nos relacionamentos.

Pesquisadores demonstraram que experienciar eventos traumáticos na infância aumenta o risco de desenvolver sintomas de psicose mais tarde.[25]

A história de nossa compreensão do TEPT está intimamente ligada à experiência traumática de veteranos de guerra. A primeira vez que essa condição foi notada foi na Primeira Guerra Mundial. Naquela época, o TEPT era chamado de "neurose de guerra". As tentativas de compreender essa condição na época eram na maioria das vezes ignoradas pelas instituições militares. O primeiro grande avanço para entender o TEPT surgiu depois da Guerra do Vietnã, quando veteranos começaram a tirar a própria vida. Mais recentemente, em 2012, o número de soldados norte-americanos que cometeram suicídio foi maior do que o dos mortos em combate. Para William Nash, psiquiatra da marinha aposentado que dirigiu o programa de controle de estresse da Marinha dos Estados Unidos, expressões de tormento devido ao TEPT eram muito familiares. Ele trabalhou com centenas de militares da ativa que lutavam com pensamentos suicidas, especialmente quando foram designados para Fallujah, no Iraque, durante o ápice dos combates em 2004.

Nash concluiu que, ao contrário dos pressupostos amplamente estabelecidos, não é o medo e o terror que os soldados enfrentam no campo de batalha que causam a maioria do dano psicológico, mas os sentimentos de vergonha e culpa relacionados aos danos morais sofridos. O primeiro da lista, disparado, é quando um dos colegas é morto.

O Impacto da Instabilidade Energética omitted

"Ouço o mesmo relato de forma reiterada de fuzileiros navais — a principal causa comum de angústia para eles é fracassar em proteger seus 'irmãos'. A significância disso é inimaginável, é comparável aos sentimentos relatados por pais que perderam um filho."[26]

Em *The Body Keeps The Score* ["O corpo registra as marcas (ou traumas)", em tradução livre], Bessel Van Der Kolk declara que:

> O trauma resulta em uma reorganização básica na forma como a mente e o cérebro lidam com as percepções. Ele muda não apenas como pensamos e o que pensamos, mas também nossa própria capacidade de racionar. Descobrimos que ajudar as vítimas de trauma a encontrar as palavras para descrever o que aconteceu a elas é profundamente significativo, mas não é o suficiente.
>
> O ato de contar a história não altera necessariamente as reações físicas e hormonais do corpo, que permanece hipervigilante, preparado para um ataque ou violência a qualquer momento. Para uma real mudança ocorrer, o corpo precisa aprender que o perigo passou e a viver na realidade do presente.[27]
>
> Gradualmente, as profissões psicológicas começaram a entender que os sintomas associados ao trauma têm suas origens na reação de todo o corpo ao trauma original.[28]

Você não precisa ser um veterano de guerra ou uma criança vítima de abuso para experienciar o TEPT. Quaisquer experiências de trauma significativo podem prejudicar seu funcionamento no dia a dia.

O que acredito que acontece na mente das pessoas que sofrem de TEPT é uma dificuldade de compreender o significado de suas experiências. Quando não conseguimos entender a morte de alguém ou um evento de risco à nossa própria vida, entramos no modo padrão e preenchemos o vazio de não ser capaz de compreender, assumindo nossos piores medos como verdades: o medo da morte e o medo de que a vida não tem sentido. Isso lança nossa mente em extrema turbulência e caos, pois isso contraria o impulso da alma de estar presente na consciência de 3ª dimensão (3-D) e o desejo do corpo de permanecer vivo. Portanto, com o TEPT, não é suficiente expressar os pensamentos e sentimentos da experiência traumática, é preciso liberar visceralmente o medo da extinção do campo energético do corpo revivendo e conscientemente atribuindo um novo significado à experiência.

Medo como causa de instabilidade energética

Ao longo deste capítulo, mantive o foco em como as experiências precoces da mente-corpo, mente emocional e mente racional são prejudicas pelas impressões dos traumas e as crenças desenvolvidas quando passamos por reiteradas experiências de não atendimento de nossas necessidades.

A razão de os traumas e experiências precoces que não satisfizeram nossas necessidades terem um significativo impacto em nosso funcionamento fisiológico e psicológico posterior é que eles ocorreram quando o cérebro/mente reptiliano, o cérebro/mente límbico e o cérebro/mente neocórtex ainda estão crescendo e se desenvolvendo. Em outras palavras, quando as memórias e os caminhos neurais estão se formando, eles condicionam nossa atribuição de significado para o resto de nossa vida. Experiências precoces de trauma e necessidades não atendidas têm um significativo impacto na calibração dos processos de atribuição de significado e tomada de decisão que governam nossas reações fisiológicas (mente-corpo) e psicológicas (mente-ego) às situações. A causa dessas deficiências é o impacto da emoção de medo, raiva e tristeza em nosso cérebro/mente em desenvolvimento. Podemos resumir esses impactos da seguinte forma:

Dificuldade em atribuir significado → Piores medos → Instabilidade energética

Necessidades podem não ser atendidas → Medo/ansiedade → Instabilidade energética

Necessidades não atendidas → Medo/raiva → Instabilidade energética

Quando temos dificuldade de atribuir significado aos acontecimentos, nossa mente sempre retoma nossos piores medos. Quando nossas necessidades podem não ser atendidas, experimentamos o medo em relação a nossa capacidade de satisfazer nossas necessidades de sobrevivência, segurança ou proteção. Quando não somos capazes de atender a nossas necessidades, tememos as consequências e ficamos com raiva.

Medo, ansiedade e raiva, não importa onde e como surgem, induzem a uma reação de luta (agressão), fuga ou paralisação na mente-corpo, uma reação de proteção e defesa da mente emocional e uma reação de cuidado e prevenção na mente racional. Todas essas reações e respostas fazem com que a mente-corpo e a mente-ego experimentem instabilidade energética, que prejudica o funcionamento homeostático do corpo e o funcionamento mental da mente racional e emocional. Essa instabilidade energética é vivenciada pela alma como falta de amor.

Normalmente, o medo nos salva a vida. Ele nos diz para prestar atenção ao que está acontecendo, porque nossa sobrevivência, segurança ou proteção podem estar ameaçadas. Quando a ameaça desaparece, o medo se dissipa. Mas quando a ameaça é reprimida, o medo e a raiva associados não desaparecem. Eles continuam a prejudicar o funcionamento homeostático de nossa mente-corpo, afetando, assim, nossa saúde física. Quando as memórias do medo e da raiva reprimidos são desencadeadas, elas prejudicam o processo de tomada de decisão da mente dominante.

O impacto do medo nos estágios precoces de desenvolvimento psicológico

Do ponto de vista do desenvolvimento, o impacto do medo é mais significativo durante os dois primeiros anos de nossa vida (o estágio de desenvolvimento de sobrevivência), quando o cérebro/mente reptiliano (mente-corpo) é dominante.

Mente-corpo

O cérebro/mente reptiliano é projetado para um propósito principal: manter o corpo vivo em seu ambiente físico. Ele reage à satisfação ou não de suas necessidades por meio de sensações: sentimentos energéticos no corpo. O cérebro/mente reptiliano também é projetado para a procriação.

Experiências que provocam sensações vitalizantes, como a preocupação com nossa alimentação e conforto físico, mantêm o cérebro/mente reptiliano em condição de estabilidade energética. No nível subconsciente da mente-corpo — a mente-alma —, sensações vitalizantes são interpretadas como amor, liberando a emoção da alegria, que desencadeia a sensação corporal de vitalidade.

A falta de cuidado com nossa alimentação e conforto físico é experimentada pela mente-corpo como sensações que suprimem a vida. Para manter o funcionamento normal, as memórias dessas sensações desvitalizantes são reprimidas para o subconsciente da mente-corpo — a mente-alma —, onde elas são interpretadas como falta de amor, liberando a emoção de tristeza, que desencadeia sensações corporais de cansaço.

Mente emocional

A atribuição de significado dos 2 aos 7 anos (o estágio de desenvolvimento psicológico da conformidade), em que o cérebro/mente límbico é dominante, é mais sofisticada do que a atribuição de significado da mente-corpo, porque nossas necessidades nesse estágio de desenvolvimento são mais complexas. Um ambiente mais complexo requer uma mente mais complexa para manter a estabilidade energética. O cérebro/mente límbico é projetado principalmente para manter o corpo seguro em seu ambiente social (família).

Experiências que desencadeiam sentimentos agradáveis, como segurança e aceitação, mantêm o cérebro/mente límbico em uma condição de estabilidade energética. No nível subconsciente da mente emocional — a mente-corpo —, sentimentos agradáveis são interpretados como sensações vitalizantes. No nível inconsciente da mente emocional — a mente-alma —, sensações que suportam a vida são interpretadas como amor, liberando a emoção de alegria, que desencadeia o sentimento de pertencimento na mente emocional.

Uma falta de cuidado com nossas necessidades de proteção e aceitação é experimentada na mente emocional como sentimentos desagradáveis. Para manter o funcionamento normal, os sentimentos desagradáveis são reprimidos para o subconsciente da mente emocional — a mente-corpo —, onde são vivenciados como sensações desvitalizantes. No nível consciente da mente emocional — a mente-alma —, sensações desvitalizantes são interpretadas como falta de amor, liberando a emoção de tristeza, que desencadeia o sentimento de solidão na mente emocional.

Mente racional

A atribuição de significado a partir dos 8 anos de idade, quando o cérebro/mente neocórtex é dominante, tem que ser mais sofisticada do que a do cérebro/mente límbico, porque as necessidades de nosso ego nesse estágio de desenvolvimento são mais complexas. Um ambiente mais complexo requer uma mente mais complexa para manter a estabilidade energética. O cérebro/mente neocórtex é projetado principalmente para manter o corpo seguro em seu ambiente cultural.

Experiências que desencadeiam pensamentos felizes, como a segurança, o respeito e o reconhecimento, mantêm o cérebro/mente neocórtex em uma condição de estabilidade energética. No nível subconsciente da mente racional — a mente emocional —, pensamentos felizes são interpretados como sentimentos agradáveis, e no nível inconsciente da mente racional — a mente-corpo —, sentimentos agradáveis são interpretados como sensações vitalizantes. No nível superinconsciente da mente racional — a mente-alma —, sensações vitalizantes são interpretadas como amor, liberando a emoção de alegria, que desencadeia pensamentos de contentamento.

Uma falta de cuidado com nossas necessidades de segurança, respeito e reconhecimento é experimentada pela mente racional como pensamentos de infelicidade. Para manter o funcionamento normal, os pensamentos infelizes são reprimidos para o subconsciente da mente racional — a mente emocional —, onde eles são interpretados como sentimentos desagradáveis. No nível inconsciente da mente racional — a mente-corpo —, os sentimentos desagradáveis são vivenciados como sensações desvitalizantes, e no nível superinconsciente da mente racional — a mente-alma —, sensações desvitalizantes são interpretadas como falta de amor, liberando a emoção de tristeza, que desencadeia pensamentos de desespero.

A Tabela 11.2 mostra o impacto que a satisfação, a insatisfação e a possibilidade de insatisfação de nossas necessidades podem causar em nossa mente-corpo, mente emocional, mente racional e mente-alma

TABELA 11.2: O IMPACTO DA SATISFAÇÃO DE NOSSAS NECESSIDADES EM NOSSAS QUATRO MENTES

Cérebro/mente	Necessidades satisfeitas	Necessidades não satisfeitas ou potencialmente não satisfeitas
Neocórtex (mente racional)	Pensamentos felizes e de contentamento	Pensamentos de infelicidade e de desespero
Límbico (mente emocional)	Sentimentos agradáveis e de pertencimento	Sentimentos desagradáveis e de solidão
Reptiliano (mente-corpo)	Sensações vitalizantes e vitalidade	Sensações desvitalizantes e cansaço
Mente-alma	Energia do amor	Energia do medo

A Tabela 11.2 mostra como a satisfação de nossas necessidades promove a energia vitalizante e a não satisfação de nossas necessidades promove a energia supressora do medo. O medo leva ao cansaço, à solidão e ao desespero, e o amor leva à vitalidade, ao pertencimento e ao contentamento.

Como o amor é a fonte vital para a alma e como o corpo é a manifestação física do campo energético da alma, a consequência é que o amor também é a fonte vital do corpo. Do mesmo modo, as sensações induzidas pelo medo e pela supressão da vida bloqueiam o fluxo da energia do amor, e as sensações induzidas pelo amor, vitalizantes, abrem o fluxo de energia.

Vamos recordar, neste ponto, as palavras da Dra. Barbara L. Fredrickson, citada no prefácio. Ela chama o amor de "emoção suprema".[29] E afirma:

> [amor] talvez seja a emoção mais essencial para a prosperidade e a saúde. Seu corpo foi projetado para desfrutar desse poder — para viver dele. [...] o amor é muito mais onipresente do que você jamais imaginou possível pelo simples fato de amor ser conexão.[30]

O Dr. Arthur Janov concorda com Fredrickson, e vai além. Ele afirma:

> Amor nos primeiros estágios da vida literalmente molda o cérebro e nos afeta pela vida toda.[31] Ele determina quanto tempo viveremos e de quais doenças sofreremos mais tarde na vida. Não é exagero dizer que a falta de amor no início já estabelece os limites de quanto tempo viveremos e quão feliz será nossa vida.[32]

O Estudo Grant de Harvard chegou a conclusão semelhante:

> Os 75 anos e os 20 milhões de dólares gastos no Estudo Grant apontam, pelo menos para mim, para uma conclusão muito clara: "Felicidade é amor. Ponto-final" [...] O amor vence tudo.[33]

Resumo dos pontos principais

Os principais pontos do Capítulo 11:

1. A mente-alma é a mais frágil de nossas mentes, pois sua consciência é facilmente prejudicada. Não está acostumada a viver no mundo material e em qualquer forma de instabilidade energética. Quaisquer experiências do corpo de não ter suas necessidades satisfeitas são vivenciadas pela alma como falta de amor.
2. O funcionamento da mente-corpo é mais facilmente prejudicado quando as funções neurológicas do cérebro/mente reptiliano estão se desenvolvendo. Consequentemente, a instabilidade energética durante esse período pode prejudicar o funcionamento da mente-corpo pelo resto de nossa vida.
3. O funcionamento da mente emocional é mais facilmente prejudicado quando as funções neurológicas do cérebro/mente límbico e sistemas de crenças pessoais sobre como interpretar suas experiências estão em desenvolvimento. Consequentemente, a instabilidade energética durante esse período pode prejudicar o funcionamento da mente emocional pelo resto de nossa vida.

O Impacto da Instabilidade Energética

4. O funcionamento da mente racional é mais facilmente prejudicado quando as funções neurológicas do cérebro/mente neocórtex e o sistema de crenças pessoais sobre como interpretar suas experiências estão em desenvolvimento. Consequentemente, a instabilidade energética durante esse período pode prejudicar o funcionamento da mente racional pelo resto de nossa vida.

5. A criação da mente-ego ocorre depois que o cérebro/mente límbico começa a se tornar dominante. A razão de a alma criar a mente-ego é reduzir o nível de instabilidade energética — a dor da falta de amor que está sentindo — pela construção de uma camada psíquica de proteção que chamamos de mente-ego.

6. Quando uma criança pequena experiencia reiterado abuso físico ou sexual ou é ignorada por seus pais, a mente emocional dominante reprime a dor que está vivenciando para a mente-corpo, e, se as experiências continuam, ela se dissocia da dor criando um alter ego.

7. A falta de cuidado com nossa alimentação ou conforto físico é experimentada pela mente-corpo como sensações desvitalizantes.

8. A falta de cuidado com nossas necessidades de proteção e aceitação é experimentada pela mente emocional como sentimentos desagradáveis.

9. A falta de cuidado com nossas necessidades por segurança, respeito e reconhecimento é vivenciada pela mente racional como pensamentos de infelicidade.

10. Como o amor é a fonte vital da alma e como o corpo é a manifestação física do campo energético da alma, a consequência é que o amor também é a fonte vital do corpo.

Referências e notas

1. Dr. Arthur Janov, *The Biology of Love* (Nova York: Prometheus Books), 2000.
2. Ibid., pp. 219–227.
3. Ibid., p. 192.
4. Ibid., p. 193.
5. Ibid., p. 207.
6. Ibid., p. 207.
7. Ibid., p. 206.
8. Ibid., p. 203.
9. Flaherty, Thompson, Litrownik, English, Black et al., *Effect of Early Childhood Adversity on Child Health*, Archives of Pediatrics and Adolescent Medicine, 160, 1232–1238.
10. International Encyclopaedia of Rehabilitation.
11. Dr. Arthur Janov, *The Biology of Love* (Amerhurst: Prometheus Books), 2000, pp. 264–265.

A Nova Psicologia do Bem-Estar Humano

12. Ibid.
13. *The Amazing Effect of Mother's Mere Presence on Infant Pain and Brain Development*, Psyblog, publicação: 9 dez 2014.
14. American Psychiatric Association.
15. Jo L. Ringrose, *Understanding and Treating Dissociative Identity Disorder* (Londres: Karnac), 2012, p 3.
16. www.truthtrustconsent.com/public_html/psychiatry/the-cause-and-cure-of-psicose (conteúdo em inglês)
17. Enciclopédia Britânica.
18. Abraham Maslow, *The Farther Reaches of Human Nature* (Nova York: Penguin Books), 1977 edition, pp. 32–33.
19. Ibid., p. 35.
20. Jeffrey E. Young, Janet S. Kolsko e Marjorie E. Weishaar, *Schema Therapy: A practitioner's guide* (Nova York: The Guilford Press), 2003, p. 5.
21. Jeffrey E. Young, *Cognitive Therapy for Personality Disorders: A schema-focused approach* (revised edition) (Sarasota: Professional Resource Press), 1994, p. 11.
22. Abraham Maslow, *Toward a Psychology of Being* (Nova York: Van Nostrand), 1968, p. 56–57, lançado no Brasil com o título *A Psicologia do Ser*.
23. Ibid.
24. http://www.ptsd.ne.gov/what-is-ptsd.html (conteúdo em inglês)
25. http://www.mentalhealthcare.org.uk/post_traumatic_stress_disorder_and_psicose (conteúdo em inglês)
26. http://www.theguardian.com/world/2013/feb/01/us-military-suicide-epidemic-veteran (conteúdo em inglês)
27. Dr. Bessel van der Kolk, *The Body Keeps the Score: Mind, brain and body in the transformation of trauma* (Nova York: Penguin Books), 2014, p. 21.
28. Ibid., p.11.
29. Dr. Barbara Fredrikson, *Love 2.0* (Nova York: Hudson Street Press), 2013, p. 10.
30. Ibid., p. 18.
31. Dr. Arthur Janov, *The Biology of Love* (Nova York: Prometheus Books), 2000, p. 15.
32. Ibid., p. 39.
33. George E. Vaillant, *Adaptation to Life* (Boston: Harvard University Press), 1977, Preface to the 1995 Edition, p. 52.

12

O CAMPO ENERGÉTICO HUMANO

Cada parte de nossa anatomia está ligada a um estágio de desenvolvimento psicológico. Quando você fracassa em dominar um estágio de desenvolvimento, os chacras naquela parte da anatomia se tornam hiperativos ou subativos, oferecendo energia vitalizante demais ou de menos para essas partes de sua anatomia. Esse desequilíbrio energético é a fonte de todas as nossas desordens fisiológicas.

Chegamos agora ao que, para mim, talvez seja a parte mais empolgante do livro: a conexão dos Sete Estágios de Desenvolvimento Psicológico ao campo energético humano. Isso é algo em que tenho pensado e que tenho estudado por quase 15 anos. Para fazer essa conexão, precisamos entender como o campo energético humano é estruturado e depois como ele opera.

O modelo do campo energético humano que proponho é o modelo oriental clássico. Ele abrange sete camadas. As quatro camadas superiores correspondem ao corpo "espiritual" de nossa alma, e as três camadas inferiores correspondem ao corpo "terreno" do nosso ego. Quando morremos, nossa alma abandona as três camadas inferiores do campo energético e continua a funcionar a partir das quatro camadas superiores. Não perdemos a consciência quando morremos, apenas perdemos nossa consciência de 3ª dimensão (3-D) e nossa conexão com a materialidade.

Cada camada do campo energético opera em uma frequência de vibração diferente que está em harmonia com as outras camadas. As camadas superiores do campo energético, mais distantes do corpo, operam em frequências de vibração mais altas, e as inferiores operam nas frequências mais baixas. Cada chacra é representado por uma cor diferente, e cada cor tem um comprimento de onda e frequência próprios, sendo a violeta a extremidade superior e a vermelha a extremidade inferior.

Cada camada do campo energético corresponde a um nível específico de consciência, que está ligado a cada uma das outras camadas através de um vórtex de energia conhecido como chacra. "Chacra" é uma palavra em sânscrito que significa roda. Chacras são canais/portais através dos quais a força vital (prana/energia do amor) do campo energético universal atravessa para ativar nossos corpos espiritual e terreno.

As cinco camadas intermediárias do campo energético têm dois chacras: um na parte da frente e um na parte de trás do corpo. Cada camada superior e inferior do campo energético tem um chacra: o chacra superior aponta para o Céu, e o chacra inferior aponta para a Terra. Cada chacra está conectado a uma das principais glândulas associadas ao sistema endócrino. As glândulas endócrinas secretam hormônios diretamente na corrente sanguínea para regular e sustentar nossa fisiologia e comportamento.

Para permanecer saudáveis, nossos chacras precisam estar em equilíbrio e abertos, para que possam receber energia do campo energético universal. Se não estão em equilíbrio — se estão hiperativos ou subativos —, nossa saúde é afetada. Quando estão hiperativos, atraem energia demais. Quando estão subativos, atraem energia de menos.

Uma das maneiras de equilibrar os chacras é pela acupuntura, e outra forma é a cromoterapia. Os chacras inferiores são representados pelo vermelho, laranja e amarelo, e os chacras superiores, pelo azul, anil e violeta. O chacra central (cardíaco) é representado pelo verde.[1]

A fonte da instabilidade energética do chacra é nossa reação ao medo. Se lutarmos e tivermos dificuldade de superar nossos medos, nossos chacras se tornam hiperativos: atraem energia vitalizante demais para as partes do corpo associadas ao chacra. Se ficarmos paralisados e cedermos aos nossos medos, nossos chacras se tornam subativos — eles não conseguem atrair energia vitalizante suficiente para as partes do corpo associadas ao chacra. Se nos libertarmos da energia associada aos nossos medos, nossos chacras conseguem funcionar normalmente. Se nos identificarmos com a alma e aprendermos a confiar em nossa alma, não experimentaremos o medo.

O sistema nervoso autônomo

Para entender o impacto que os chacras hiperativos ou subativos têm em nosso corpo físico, precisamos nos familiarizar com o sistema nervoso autônomo (SNA) do corpo. O SNA é responsável pela regulação das reações do corpo às mudanças externas em nosso ambiente. Existem duas ramificações do sistema nervoso autônomo: um é controlado pela atribuição de significado e tomada de decisão do cérebro/mente reptiliano, e o outro é controlado pela atribuição de significado e tomada de decisão do cérebro/mente límbico.

A parte que é controlada pelo cérebro/mente reptiliano é conhecida como sistema nervoso simpático. É ele que torna nossos chacras hiperativos e está ligado à hiperatividade. A parte controlada pelo cérebro/mente límbico é chamada de sistema nervoso parassimpático. Essa é a parte do SNA que modula o fluxo de energia para nossos chacras para que possamos descansar, manter a calma e meditar.

O sistema nervoso simpático é responsável por lidar com o perigo e as emergências. Ele estimula as glândulas corporais a liberar hormônios que aumentam o ritmo cardíaco, nos permite levar mais oxigênio aos nossos pulmões e nos torna mais vigilantes sempre que a mente-corpo experiencia o medo, sempre que percebemos alguma forma de ameaça à satisfação de nossas necessidades.

O sistema parassimpático é o responsável pela cura e recuperação do corpo de traumas físicos. Ele estimula as glândulas corporais para liberar hormônios que reduzem o ritmo cardíaco, relaxam nossa respiração e facilitam a digestão. Em um dia normal, ambos serão ativados à medida que lidamos com os estresses do trabalho e desfrutamos dos prazeres do relaxamento quando chegamos em casa.

Quando aprendemos durante os períodos de aprendizagem emergente rápida que se esforçar ou lutar é inútil, ou tentar atender a nossas necessidades é impossível ou desperdício de energia, as impressões e crenças formadas fazem com que nosso sistema nervoso simpático se desligue, deixando o sistema parassimpático dominante e tornando nossos chacras subativos. Nessas circunstâncias, nossos chacras não mais atrairão energia suficiente para vitalizar as partes do corpo associadas a eles. Podemos, ainda, mudar para um estado alterado em que nos distanciamos das experiências atuais que nos lembram dessas dificuldades.

Se aprendemos em nossas experiências que vivemos em um mundo hostil onde não se pode confiar nas pessoas, o sistema nervoso simpático fica permanentemente ligado, constantemente anulando a resposta de relaxamento do sistema parassimpático. Isso faz com que nossos chacras se tornem hiperativos. Eles atraem muita energia, estimulando constantemente as partes do corpo associadas ao chacra hiperativo.

Se aprendemos durante os períodos de aprendizagem emergente rápida que lutar não é inútil e que somos capazes de satisfazer nossas necessidades mesmo que tenhamos de lutar, as impressões e crenças aprendidas fazem com que nossos chacras funcionem normalmente.

Para ter um corpo saudável, precisamos manter nossos chacras equilibrados. Isso é possível ao aprendermos a superar nossos medos e incluir a energia do amor em tudo que fazemos. A ativação do sistema nervoso parassimpático por meio da atenção plena e da meditação são extremamente úteis nesse sentido. Ele nos permite acalmar nossos medos e acessar nossa energia de amor.

Um resumo das características comportamentais associadas a um chacra hiperativo e subativo para cada estágio de desenvolvimento psicológico/nível de consciência é mostrado na Tabela 12.1.

TABELA 12.1: CARACTERÍSTICAS DE CHACRAS HIPERATIVOS E SUBATIVOS

Estágios/níveis	Chacra hiperativo (excesso de força vital)	Chacra subativo (falta de força vital)
Serviço/serviço	Superintelectualização, frustração pelo potencial não realizado, excesso de dedicação à espiritualidade, negligência às necessidade do corpo. Senso de justiça exacerbado.	Dificuldade de tomar decisões, ausência de senso de satisfação pessoal, sensação de exaustão ou opressão, forma de pensar rígida.
Integração/ fazer a diferença	Vive em um mundo de fantasia, sonhos e ilusões. Falta de clareza. Crédulo. Muito aberto a influência de gurus ou figuras de autoridade.	Falta de habilidade de pensar por si mesmo, e tende a se submeter à autoridade. Forma de pensar rígida. Fica confuso facilmente. Acha difícil se integrar.
Autorrealização/ coesão interna	Falante, domina as conversas, mau ouvinte. Pode também ser dogmático e não muito adaptável. Busca o sucesso pelas conquistas.	Não expressa as opiniões ou ideias, introvertido, reticente e tímido. Reluta em pedir ajuda e apoio. Baixa criatividade.
Individuação/ transformação	Facilmente irritável e nervoso. Satisfazer as próprias necessidades é primordial, comparado à satisfação das necessidades dos outros. Impaciente, agressivo e hostil.	Frio, reservado, não permite que as pessoas se aproximem. Evita proximidade e compartilhamento. Medo de rejeição e sentimento de não ser merecedor de amor.

Estágios/níveis	Chacra hiperativo (excesso de força vital)	Chacra subativo (falta de força vital)
Diferenciação/ autoestima	Arrogante, dominador e crítico dos outros. Considera-se superior. Demanda atenção. Senso de direito adquirido e narcisismo.	Autoimagem negativa. Passividade, submissão, falta de confiança e indecisão. Sensível à crítica. Precisa de alguém para restabelecer a confiança. Medo de rejeição e ficar sozinho.
Conformidade/ relacionamento	Ciumento ou possessivo, com a tendência a ser emocionalmente desequilibrado. Manipula os outros para atender a suas necessidades sexuais e de amor. Envolve-se em relacionamentos nocivos.	Uma vida desprovida de intimidade, rigoroso consigo mesmo, evita o conflito, rígido e inflexível e esconde as emoções. Não é muito aberto e passa a impressão de frígido ou impotente.
Sobrevivência/ sobrevivência	Materialista, intimidador e ganancioso. Assume riscos temerários, quer controlar as situações, e pode ser obcecado em acumular riquezas. Microgerencia as situações. Não confia.	Sente-se facilmente indesejado. Antecipa o pior. Evita atividades físicas e sente-se com a energia em baixa. É passivo e não perseverante. Desiste com muita facilidade.

Com essa compreensão do funcionamento do sistema nervoso simpático e parassimpático e suas relações com a atuação dos chacras, agora podemos explorar a ligação entre os Sete Níveis de Consciência, os Sete Estágios de Desenvolvimento Psicológico e o campo energético humano.

As camadas do campo energético

As relações entre os Sete Níveis de Consciência, as camadas do campo energético e os chacras são mostrados na Figura 12.1 e na Tabela 12.2.

A Nova Psicologia do Bem-Estar Humano

Figure 12.1: O campo energético humano, os chacras e os níveis de consciência

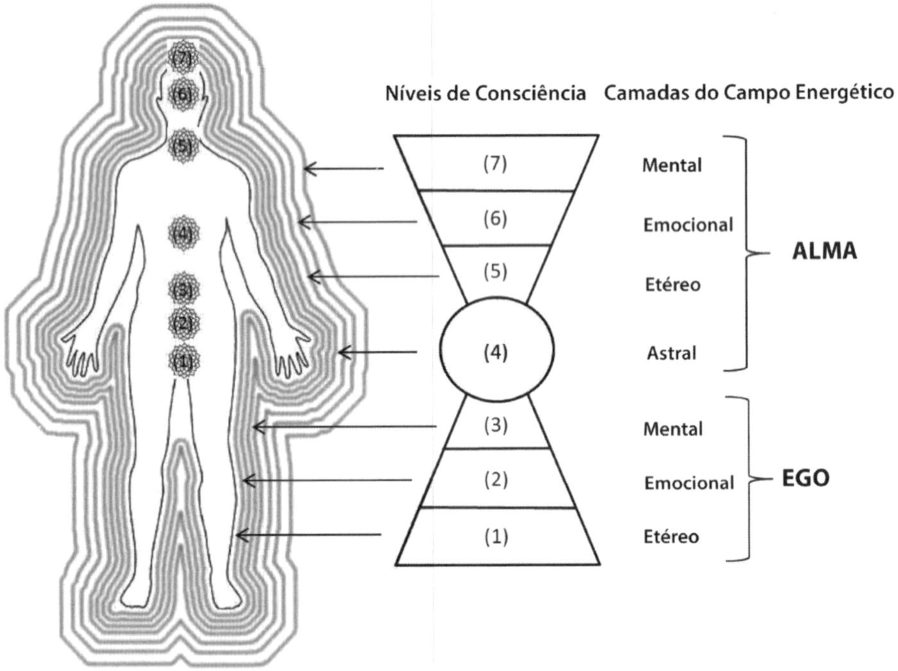

Tabela 12.2: O campo energético humano, os chacras, estágios de desenvolvimento psicológico e níveis de consciência

Camada do campo energético	Chacra	Estágio de desenvolvimento psicológico	Nível de consciência de operação
Mental (superior)	Coronário (7)	Serviço	Serviço
Emocional (superior)	Frontal (6)	Integração	Fazer a diferença
Etérea (superior)	Laríngeo (5)	Autorrealização	Coesão interna
Astral	Cardíaco (4)	Individuação	Transformação
Mental (inferior)	Plexo solar (3)	Diferenciação	Autoestima
Emocional (inferior)	Sacral (2)	Conformidade	Relacionamento
Etérea (inferior)	Raiz (1)	Sobrevivência	Sobrevivência

As camadas do ego

Camada 1: O campo etérico inferior

O campo etérico inferior, que é energizado pelo fluxo de energia através do chacra raiz, representa o estágio de desenvolvimento psicológico de sobrevivência e o nível de consciência de sobrevivência. Somos bem-sucedidos em superar esse estágio de desenvolvimento quando nos sentimos no controle de nossa vida e podemos satisfazer nossas necessidades de sobrevivência.

Em seu livro *Mãos de Luz: Um guia para a cura através do campo de energia humana*, a Dr. Barbara Brennan oferece a seguinte descrição do campo etérico inferior:

> [O campo etérico inferior] consiste de uma estrutura definida de linhas de força, ou matriz de energia, em que a matéria física dos tecidos corporais é moldada e ancorada. Os tecidos físicos existem apenas por causa do campo vital por trás dele; que é o campo antecedente, não resultado, do corpo físico.[2]

A descrição de Brennan do campo etérico inferior se correlaciona intimamente com a teoria mais recente emanada dos estudos da dor. Essa nova teoria surgiu devido ao desafio apresentado pelo conceito de membro fantasma, que era conhecido como "Teoria do Portão". Embora essa teoria tenha estado em voga por várias décadas, ela não era capaz de esclarecer adequadamente a dor experienciada no corpo fantasma de pessoas que tiveram membros amputados ou a conexão nervosa para os membros inferiores rompida. Para superar essa dificuldade, pesquisadores sugeriram que o cérebro contém um modelo do corpo chamado de neuromatrix (ou neuromatriz) e que a dor em um membro fantasma tem origem no modelo do cérebro.[3]

Isso é exatamente o que proponho aqui, exceto pelo detalhe de que a matriz não está no cérebro, está no campo energético do corpo.

O chacra raiz se torna hiperativo quando você tenta compensar as dificuldades que teve em atender a suas necessidades durante o estágio de desenvolvimento de sobrevivência, quando compensa excessivamente a falta de controle que sentiu em fases iniciais da vida. Essas dificuldades podem fazer com que você se torne materialista, intimidador e ganancioso, assumindo riscos temerários, queira controlar as situações e fique obcecado em acumular riqueza. Você quer microgerenciar sua vida. Não confia nas outras pessoas. E será exigente e extremamente persistente.

A Nova Psicologia do Bem-Estar Humano

O chacra raiz se torna subativo quando você se resigna às dificuldades enfrentadas em satisfazer suas necessidades durante o estágio de desenvolvimento de sobrevivência, quando aceita a falta de controle que sentiu em sua vida. Essas dificuldades podem levá-lo à passividade, baixa energia, evitar atividade, falta de imaginação e medo de explorar sua criatividade. Você não cria uma boa impressão nas pessoas, e a falta de interesse delas faz com que se sinta indesejado. Antecipa o pior e desiste facilmente quando enfrenta oposição.

Camada 2: O campo emocional inferior

O campo emocional inferior, que é energizado pelo chacra sacral, representa o estágio de desenvolvimento psicológico de conformidade e o nível de consciência de relacionamento. As emoções que armazenamos no campo emocional inferior afetam o fluxo de energia para o campo etérico inferior. Somos bem-sucedidos na superação desse estágio de desenvolvimento quando nos amamos, expressamos nossas emoções e sentimentos e criamos limites emocionais que nos permitem satisfazer nossas necessidades de proteção.

O chacra sacral se torna hiperativo quando você tenta compensar em demasia as dificuldades que teve em atender a suas necessidades de segurança durante o estágio de desenvolvimento de conformidade, quando você compensa excessivamente pela falta de amor e conexão em sua vida. Essas dificuldades podem fazer com que se torne ciumento, possessivo ou carente de amor. Você tem a tendência de manipular os outros para satisfazer suas necessidades sexuais e se envolve em relacionamentos potencialmente nocivos.

O chacra sacral se torna subativo quando você se resigna às dificuldades que teve em atender a suas necessidades durante o estágio de desenvolvimento de conformidade, quando você aceita a falta de amor e de conexões em sua vida e acredita que não é capaz de ser amado. Essas dificuldades podem fazer com que sinta que sua vida é desprovida de intimidade. Você evita conflitos e pode parecer frio, rígido, inflexível, frígido ou impotente. Esconde suas emoções e sentimentos. É rigoroso consigo mesmo e pode se sentir culpado sem razão aparente.

Camada 3: O campo mental inferior

O campo mental inferior, que é energizado pelo chacra do plexo solar, representa o estágio de desenvolvimento de diferenciação e o nível de consciência de autoestima. As formas de pensamento mantidas no campo mental inferior influenciam os sentimentos que armazenamos no campo emocional inferior, que, por sua vez, afetam os fluxos de energia no campo etérico inferior. Somos bem-sucedidos em dominar esse estágio de desenvolvimento quando podemos pensar claramente, ter pensamentos saudáveis e positivos e nos estabelecemos como um membro respeitável da comunidade.

O chacra do plexo solar se torna hiperativo quando tenta compensar em demasia as dificuldades em satisfazer suas necessidades de segurança durante o estágio de desenvolvimento de diferenciação, quando compensa excessivamente pela falta de autoestima sentida na vida. Essas dificuldades podem fazer com que se torne arrogante, dominador e crítico das outras pessoas, considere-se superior, demande atenção e tenha um senso de direito adquirido. Você se torna *workaholic*, buscando poder e intimidando as pessoas. Pode se tornar agressivo quando não consegue atender a suas necessidades. Pode ainda parecer narcisista.

O chacra do plexo solar se torna subativo ou fechado quando você se resigna às dificuldades enfrentadas em satisfazer suas necessidades de segurança durante o estágio de desenvolvimento de diferenciação — quando aceita seus sentimentos de baixa autoestima. Essas dificuldades podem fazer com tenha uma autoimagem negativa, seja passivo e submisso, dócil e tímido, sem confiança e com dificuldades em ser decidido. É sensível às críticas sobre seu desempenho ou atributos físicos ou mentais. Pode precisar constantemente de reafirmação, ter medo de rejeição e de ficar sozinho.

As camadas da alma

Camada 4: Campo astral

O campo astral, que é energizado pelo chacra cardíaco, representa o estágio de desenvolvimento psicológico de individuação e o nível de consciência de transformação. Essa camada do campo energético e as camadas superiores pertencem à alma. Somos bem-sucedidos em superar esse estágio de desenvolvimento quando podemos funcionar com integridade e ser verdadeiros e honestos conosco, quando atingimos um alto nível de coerência entre quem somos como ego e quem somos como alma. Em outras palavras, quando a personalidade do ego se alinha com o caráter da alma.

A Nova Psicologia do Bem-Estar Humano

O campo astral é onde guardamos as memórias de nossas experiências e vidas passadas. Essa também é a camada do campo energético em que armazenamos as memórias de nossos primeiros dois anos de nossa experiência de estar em um corpo humano quando a mente-alma era dominante ou agia como o subconsciente da mente-corpo.

O campo astral é o portal entre o mundo material do ego e o mundo energético da alma. É onde transmutamos a energia do medo em energia de amor, onde começamos a nos desapegar das motivações baseadas em medo de nosso ego para que possamos nos alinhar com as motivações baseadas em amor da alma.

A única maneira de podermos atravessar esse portal é levando uma vida de coerência energética, em que possamos manter um alto nível de integridade com nosso verdadeiro caráter em tudo que fazemos. Para alcançar esse objetivo, o ego precisa primeiro se reunir com seu(s) alter ego(s) e depois se ligar a sua alma. A coerência é o alicerce energético da saúde.

O chacra cardíaco se torna hiperativo quando você tenta compensar em demasia as dificuldades em abandonar a programação de seus pais e o condicionamento social negativos, quando você compensa excessivamente a falta de integridade em sua vida e inconsciente ou abertamente esconde suas desonestidades e falsidades. Essas dificuldades podem fazer, ainda, com que desenvolva raiva e ódio, seja excessivamente sensível e facilmente irritável, impaciente, agressivo e hostil. Atender às *suas* necessidades é primordial, comparado à satisfação das necessidades dos outros.

O chacra cardíaco se torna subativo ou fechado quando você se resigna às dificuldades de abandonar a programação parental e condicionamento mental negativo, quando aceita a falta de integridade em sua vida. Essas dificuldades podem fazer com que se torne retraído e evite intimidade. Você pode parecer frio e sem emoções. Tem medo de rejeição e sente que não é capaz de receber amor.

Alice Miller é categórica em afirmar que a incoerência, que ela define como "o conflito entre o que sentimos e o que pensamos que devemos sentir para que possamos atender às normas e padrões morais que aprendemos na primeira infância" — por exemplo, o quarto mandamento, honre seu pai e sua mãe — é a raiz da maioria das enfermidades físicas.

Quando suas necessidades básicas quando criança — ser apoiado, amado e respeitado — são desconsideradas por seus pais e irmãos, quando você não é apoiado, amado e respeitado, o quarto mandamento de dever honrar pai e mãe não permite que você os culpe, ele apenas lhe permite culpar a si mesmo.

Para superar esse problema, inconscientemente inventamos uma mentira. Suprimimos nossa raiva em relação a nossos pais e a voltamos para nós mesmos,

O Campo Energético Humano

contando uma história sobre como não éramos obedientes, merecedores ou bons o bastante para receber o amor de que desesperadamente precisávamos. Não contar a verdadeira história sobre o que sentimos fecha o chacra cardíaco e nos torna vulneráveis a um ataque cardíaco.

Para ativar completamente a camada astral de nosso campo energético e dominar o estágio de desenvolvimento de individuação, temos que encarar a verdade. Isso requer uma imensa coragem, especialmente quando as memórias reprimidas de não atender a nossas necessidades são tão dolorosas que temos medo de trazê-las para nossa percepção consciente. É extremamente difícil aceitar a ideia de que não éramos amados de maneira adequada por nossos pais, mas é muito libertador quando estamos preparados para aceitar essa verdade. Sempre que permitirmos que nossos medos controlem o que dizemos, quando mentimos, seja deliberadamente ou por omissão, perturbamos o equilíbrio energético nessa camada de nosso campo energético.

Camada 5: O campo etérico superior

O campo etérico superior, que é energizado pelo chacra laríngeo, representa o estágio de desenvolvimento psicológico de autorrealização e o nível de consciência de coesão interna.

Barbara Brennan descreve o campo energético superior da seguinte forma:

> Ele é o modelo do corpo físico. É uma planta ou a forma ideal para a camada etérea inferior assumir.[4]

O chacra laríngeo representa o desejo da alma de se expressar em nosso mundo material de 3ª dimensão. Como indica Brennan, essa camada de campo energético está ligada ao campo etérico inferior. Se você for incapaz de dominar o estágio de desenvolvimento de sobrevivência, não conseguirá manifestar o desejo de sua alma de autoexpressão. Se tem questões não resolvidas no estágio de desenvolvimento de sobrevivência, eles aparecerão quando você atingir o estágio de autorrealização.

Nos tornamos bem-sucedidos em dominar esse estágio de desenvolvimento quando podemos expressar quem realmente somos, quando podemos difundir nossos pensamentos, ideias e opiniões para o mundo, compartilhar nossos sentimentos sem medo e ser abertos em relação a nossa identidade.

Sempre que suas ações e comportamentos comprometem a capacidade da alma de autoexpressão, você perturba o equilíbrio energético nessa camada do campo energético, fazendo com que o chacra laríngeo se torne hiperativo ou subativo.

O chacra laríngeo se torna hiperativo quando você tenta compensar as dificuldades que tem em expressar sua verdadeira natureza durante o estágio de desenvolvimento de autorrealização, quando compensa excessivamente pela falta de autoexpressão. Essas dificuldades podem transformá-lo em uma pessoa que fala demais, dominando as conversas. Será um mau ouvinte. Pode se tornar dogmático ou com senso de superioridade moral, não muito adaptável e constantemente buscando o sucesso pelas conquistas.

O chacra laríngeo se torna subativo quando você se resigna às dificuldades em expressar sua verdadeira natureza durante o estágio de desenvolvimento de autorrealização. Essas dificuldades podem fazer com que reprima a expressão de suas opiniões ou ideias. Pode se tornar introvertido, reticente ou tímido e não pedir ajuda ou apoio quando precisa. Apresentará baixos níveis de criatividade.

Camada 6: O campo emocional superior ou corpo celestial

O campo emocional superior, que é energizado pelo chacra frontal, representa o estágio de desenvolvimento psicológico de integração e o nível de consciência de fazer a diferença.

O chacra frontal representa o desejo da alma de expressar o amor incondicional pela conexão com as outras pessoas. Essa camada do campo energético está conectada ao campo emocional inferior. Se você for incapaz de dominar o estágio de desenvolvimento de conformidade, não conseguirá manifestar o desejo de sua alma por conexão. Se tem questões não resolvidas do estágio de desenvolvimento de conformidade, elas surgirão quando você atingir o estágio de desenvolvimento de integração.

Somos bem-sucedidos em dominar esse estágio de desenvolvimento quando conseguimos criar conexões empáticas com outras pessoas, sentir alegria sem causa e experienciar a inspiração da alma.

Sempre que suas ações ou comportamentos comprometem o desejo de sua alma por conexão e amor incondicional em relação aos outros, você perturba o equilíbrio energético nessa camada de seu campo energético, fazendo com que o chacra frontal se torne hiperativo ou subativo.

O chacra frontal se torna hiperativo quando você tenta compensar as dificuldades em estabelecer conexões de amor incondicional durante o estágio de desenvolvimento de integração, quando você compensa excessivamente seus sentimentos de separação e falta de conectividade. Essas dificuldades podem fazer com que viva em um mundo de fantasia e ilusões. Pode lhe faltar clareza, e você pode seguir pessoas que considera uma figura de autoridade ou um guru. Pode se tornar excessivamente ingênuo.

O chacra frontal se torna subativo quando você se resigna às dificuldades em estabelecer relações de amor incondicional durante o estágio de desenvolvimento de integração. Essas dificuldades podem dificultar sua integração com outras pessoas. Você acata autoridades e fica facilmente confuso. Pode se tornar rígido em seus padrões de pensamento e se recusar a mudar suas crenças.

Camada 7: O campo mental superior ou corpo causal

O campo mental superior, que é atendido pelo chacra coronário, representa o estágio de desenvolvimento psicológico de serviço e o nível de consciência de serviço.

O chacra coronário representa o desejo da alma em contribuir para o bem-estar das pessoas da comunidade a que pertence, e essa camada de campo energético está ligada ao campo mental inferior. Se você não for capaz de dominar o estágio de desenvolvimento de diferenciação, não conseguirá manifestar o desejo de sua alma por contribuição. Se tem questões não resolvidas do estágio de desenvolvimento de diferenciação, elas surgirão quando você atingir o estágio de desenvolvimento de serviço.

Somos bem-sucedidos em dominar esse estágio de desenvolvimento quando somos capazes de sentir conexões de compaixão com as pessoas que sofrem, sentir um profundo senso de bem-estar e experienciar momentos de êxtase. Para viver nessa camada de seu campo energético, você precisa se render aos desejos de sua alma.

Sempre que suas ações ou comportamentos comprometerem os desejos de sua alma por contribuição, você perturba o equilíbrio energético nessa camada de seu campo energético, fazendo com que seu chacra coronário se torne hiperativo ou subativo.

O chacra coronário se torna hiperativo quando você tenta compensar as dificuldades de contribuir para o bem de sua comunidade durante o estágio de desenvolvimento de serviço, quando você compensa excessivamente sua falta de confiança em ser capaz de contribuir. Essas dificuldades podem fazer com que intelectualize demais. Pode se frustrar pela sensação de potencial não realizado, ou por se apegar demais ao caminho espiritual, ignorando as necessidades de seu corpo e desenvolvendo um senso moral exacerbado.

O chacra coronário se torna subativo quando você se resigna às dificuldades de contribuir para o bem de sua comunidade durante o estágio de desenvolvimento de serviço. Esses problemas podem dificultar seu processo de decisão, podem fazer com que experiencie falta de satisfação em sua vida e se sinta cansado e subjugado. Pode se tornar rígido na forma de pensar.

A organização do campo energético humano

Você já deve ter notado neste ponto que tanto o ego quanto a alma têm campos mentais, emocionais e etéricos e que as dificuldades em suprir as necessidades de sobrevivência do ego no nível etérico inferior prejudicam sua capacidade de satisfazer os desejos de sua alma por autoexpressão no nível etérico superior. Da mesma forma, as dificuldades em suprir as necessidades de segurança e proteção do ego nos níveis emocional e mental inferiores prejudicam sua capacidade de satisfazer os desejos de sua alma por conexão e contribuição nos níveis mental e emocional superiores. Essas ligações são mostradas na Figura 12.2 e na Tabela 12.3.

FIGURA 12.2: LIGAÇÕES ENTRE AS CAMADAS DO CAMPO ENERGÉTICO DO EGO E DA ALMA

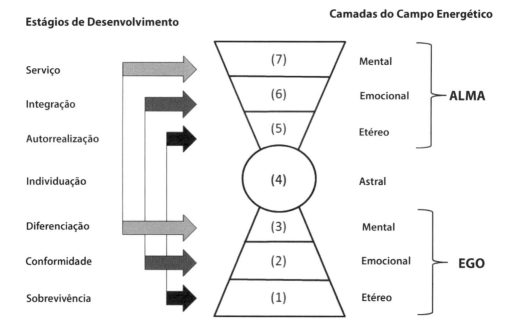

O Campo Energético Humano

Tabela 12.3: Ligações entre os chacras superiores e inferiores e as partes do corpo

Camadas correlacionadas do campo energético	Motivações da alma e do ego	Chacras do ego/ alma e glândulas endócrinas	Partes do corpo e funções relacionadas ao ego e à alma
Camada mental superior	Desejo da alma por contribuição	Chacra coronário e glândula pineal (governa os ritmos corporais)	Cérebro neocórtex (racional) e sistema nervoso central
Camada mental inferior	Capacidade do ego em se estabelecer em uma comunidade	Chacra do plexo solar e glândula pancreática (governa o metabolismo)	Digestão, esôfago, estômago, intestino delgado, duodeno e vesícula biliar. Fígado e pâncreas
Camada emocional superior	Desejo da alma por conexão	Chacra frontal e tireoide (governa metabolismo e crescimento)	Cérebro límbico (emocional), sistema parassimpático. Olhos, face, sistema linfático e endócrino
Camada emocional inferior	Capacidade do ego de criar relacionamentos amorosos	Chacra sacral e gônadas — ovários e testículos (governa o crescimento e a sexualidade)	Intestino grosso. Órgãos reprodutivos. Rins e bexiga
Camada etérea superior	Desejo da alma por autoexpressão	Chacra laríngeo e glândula tireoide (governa o metabolismo e as funções cardíacas e digestivas)	Cérebro reptiliano (mente-corpo), sistema simpático de luta ou fuga. Tórax, pulmões, seios, aparelho faríngeo e vocal, dentes e ouvidos
Camada etérea inferior	Capacidade do ego de sobreviver	Chacra raiz e glândulas adrenais (governa o metabolismo e as ações)	Reto e ânus. Partes de órgãos reprodutivos, coluna lombar, ossos, quadris, pernas, pés

A estrutura e organização do campo energético humano nos leva a algumas descobertas interessantes sobre como o corpo humano funciona.

O cérebro visceral

Embora seja relativamente lógico que os campos etéricos superiores e inferiores estejam conectados — o modelo energético do corpo físico e o modelo energético do corpo-alma — e que os campos emocionais superiores e inferiores estejam conectados — as emoções do ego e as emoções da alma —, à primeira vista parece menos lógico que os campos mentais superiores e inferiores devam estar conectados. Isso porque nossa percepção material 3ª dimensão nos leva a acreditar que o cérebro pensa e o estômago digere. Do ponto de vista da percepção energética 4ª dimensão, cada parte do corpo é um aspecto da mente, e a mente na cabeça está ligada à mente visceral. Pesquisas recentes endossam essa ideia.

Jay Pasricha, diretora médica do John Hopkins Centre for Neurogastroenterology, refere-se ao "cérebro do intestino" como o sistema nervoso entérico. Ela diz:

> O sistema nervoso entérico não parece capaz de pensar da forma como conhecemos, mas ele se comunica em uma via de mão dupla com o cérebro.[5]

Um artigo de Justin e Erica Sonneburg na revista *Scientific American* sugere que:

> Nosso cérebro e intestinos estão conectados por uma ampla rede de neurônios e vias expressas de substâncias químicas e hormônios que constantemente oferecem feedback sobre se estamos com fome, estressados ou ingerimos um micróbio causador de doenças. Essa supervia de informação é chamada de eixo intestino-cérebro e fornece constantes atualizações nas condições [nas duas extremidades da via expressa] [...] [Quando você está] estressado, seu intestino sabe — imediatamente.[6]

O chacra cardíaco

Você deve ter notado na Tabela 12.3 que uma camada do campo energético está faltando: o campo astral. Essa camada do campo energético não está correlacionada com nenhuma outra. O campo astral, que está ligado ao chacra cardíaco, corresponde ao estágio de desenvolvimento de individuação e ao nível de consciência de transformação.

Como já mencionado, esse estágio de desenvolvimento e camada de consciência desempenham um papel muito especial no funcionamento do campo energético humano. Eles são o portal que seu ego precisa atravessar para ativar as camadas da alma de seu campo energético. A única maneira de conseguir passar por esse portal é levando uma vida de coerência energética, em que você é honesto consigo mesmo e com os outros, e em que consegue manter um alto nível de integridade em tudo que faz.

Essa também é a camada do campo energético em que armazena a raiva e o ódio de não satisfazer suas necessidades durante o período uterino e durante os dois primeiros anos de sua vida, quando a alma ou a mente subconsciente era a dominante. Se você tem raiva e ódio armazenado nessa camada de seu campo energético, é provável que aumente seu risco de um ataque cardíaco precoce.

Padrões de disfunção

Quando fracassamos em dominar quaisquer estágios de desenvolvimento psicológico do ego durante os primeiros anos de nossa vida, as questões não resolvidas associadas a nossas necessidades não atendidas tendem a se apresentar como disfunções fisiológicas e psicológicas mais adiante em nossa vida. Elas são como bombas-relógio esperando para explodir.

É por isso que Dr. Janov declara:

> Não é exagero dizer que a falta de amor nos primeiros anos já estabelece os limites do quanto viveremos e do quanto seremos felizes.[7]

Uma equipe de pesquisadores em San Diego chegou a uma conclusão semelhante. Quando perguntaram a 17 mil pessoas com média de idade de 57 anos como foi sua infância, descobriram que a incidência de doenças graves era muitas vezes superior nas pessoas que tinham sofrido abusos na infância, comparado às que cresceram livres desses abusos.[8]

Como as conexões entre as camadas superiores e inferiores do campo energético, a estrutura do campo energético humano nos oferece dicas de quando as bombas-relógio de nossos fracassos em dominar os estágios de desenvolvimento do ego explodirão.

Debilidades energéticas no campo etérico inferior (o nível de consciência de sobrevivência) tendem a se apresentar como disfunções psicológicas ou fisiológicas durante o fim do estágio de desenvolvimento de sobrevivência, ou alguns anos depois, ou depois que atingimos o estágio de desenvolvimento de autorrealização. Do mesmo modo, debilidades no campo emocional inferior (o nível de consciência de relacionamento) tendem a se apresentar como disfunções psicológicas ou fisiológicas durante o estágio de desenvolvimento de conformidade, ou alguns anos mais tarde, ou depois que atingimos o estágio de desenvolvimento de integração. Debilidades no campo mental inferior (o nível de consciência de autoestima) tendem a se apresentar como disfunções psicológicas ou fisiológicas durante o estágio de desenvolvimento de diferenciação, ou alguns anos mais tarde, ou depois que atingimos o estágio de desenvolvimento de serviço. Testo essa hipótese com dados reais no próximo capítulo.

Diferenças de gênero

De modo geral, mulheres têm maior dificuldade em dominar as tarefas envolvidas no nível de consciência de sobrevivência do que os homens, e os homens têm maior dificuldade em dominar as tarefas relacionadas ao nível de consciência de relacionamento do que as mulheres. Como consequência, mais tarde na vida as mulheres encontram mais dificuldade em dominar o estágio de desenvolvimento de autorrealização do que os homens, que, por sua vez, têm mais problemas em dominar o estágio de desenvolvimento de integração do que as mulheres.

Por causa da programação dos pais e as pressões culturais, é mais difícil para as meninas expressarem quem realmente são e estabelecerem o controle de sua vida do que para os meninos, e é mais difícil para os meninos expressar como se relacionam com as outras pessoas e demonstrar emoções do que para as meninas. Espera-se que os meninos sejam fortes e durões e que as meninas sejam dóceis e servientes. Explosões emocionais envolvendo lágrimas são toleradas para as meninas, mas não para os meninos.

Resumo dos pontos principais

Os principais pontos do Capítulo 12.

1. O modelo do campo energético humano que proponho é o modelo clássico oriental. Ele é composto por sete camadas. As quatro camadas superiores correspondem ao corpo "espiritual" da alma e as três inferiores correspondem ao corpo "terreno" do ego.

2. Cada camada do campo energético corresponde a um nível de consciência específico e está ligada a todas as outras camadas através de um vórtex de energia conhecido como chacra.

3. Para se manter saudáveis, nossos chacras precisam estar em equilíbrio e abertos para receber energia do campo energético universal. Se não estiverem equilibrados — se estiverem hiperativos ou subativos —, nossa saúde será afetada.

4. O sistema nervoso autônomo (SNA) tem duas ramificações. Um é controlado pelo cérebro/mente reptiliano, e o outro, pelo cérebro/mente límbico. A parte que é controlada pelo cérebro/mente reptiliano é conhecida como sistema nervoso simpático. A parte controlada pelo cérebro/mente límbico é conhecida como sistema nervoso parassimpático.

5. O sistema nervoso simpático é responsável por lidar com o perigo e as emergências. Ele estimula as glândulas corporais a liberar hormônios que aumentam o ritmo cardíaco, nos faz levar mais oxigênio para os pulmões e nos torna mais vigilantes sempre que a mente-corpo experiencia o medo, sempre que percebemos alguma forma de ameaça em atender a nossas necessidades.

6. O sistema parassimpático é o responsável pela cura e recuperação do corpo de traumas físicos. Ele estimula as glândulas corporais a liberar hormônios que reduzem o ritmo cardíaco, relaxam a respiração e facilitam a digestão.

7. Em um dia normal, os dois sistemas estarão ativos enquanto lidamos com os estresses do trabalho e desfrutamos do relaxamento ao chegarmos em casa.

8. Quando aprendemos, durante os períodos de aprendizagem emergente rápida, que se esforçar ou lutar é inútil ou tentar atender a nossas necessidades é impossível ou desperdício de energia, as impressões e crenças aprendidos fazem com que nosso sistema nervoso simpático se desligue, deixando o sistema parassimpático dominante e tornando nossos chacras hiperativos ou subativos.

9. Se aprendemos em nossas experiências que vivemos em um mundo hostil, onde as pessoas não merecem confiança, o sistema nervoso simpático é ativado permanentemente, anulando sempre a resposta de relaxamento do sistema parassimpático. Isso faz com que nossos chacras se tornem hiperativos. Eles absorvem energia demais, superestimulando as partes do corpo associadas ao chacra hiperativo.

10. Se aprendemos, durante os períodos de aprendizagem emergente rápida, que lutar não é inútil e que somos capazes de suprir nossas necessidades se nos esforçarmos um pouco, as impressões e crenças aprendidas fazem com que nossos chacras funcionem normalmente.

11. Para ter um corpo saudável, precisamos manter nossos chacras equilibrados. Fazemos isso aprendendo como superar nossos medos e incluindo a energia do amor em tudo que fazemos. Atenção plena e meditação são extremamente úteis nessa questão. Elas nos permitem abrandar nossos medos e acessar a energia do amor.

12. Por causa da programação dos pais e pressões culturais, é mais difícil para as meninas expressar quem realmente são e estabelecer o controle em sua vida do que para os meninos, e é mais difícil para os meninos expressar como se relacionam com outras pessoas e demonstrar suas emoções do que para as meninas. Espera-se que os meninos sejam fortes e durões, e que as meninas sejam dóceis e servientes. Explosões emocionais envolvendo lágrimas são toleradas nas meninas, mas não nos meninos.

Referências e notas

1. Kath Roberts & Kate Griffiths, *Colourful Boardrooms: Transforming leaders from the inside out* (Cardiff: Waye Forward Publishing), 2016

2. Barbara Brennan, *Hands of Light: A guide to healing through the human energy field* (Nova York: Bantam), 1988, p. 49. Publicado no Brasil com o título *Mãos de Luz: Um guia para a cura através do campo de energia humana*.

3. T. Hadjistavropoulos e K. D. Craig, *Pain: Psychological perspectives* (Nova York: Psychology Press), 2004, p. 22–23.

4. Barbara Brennan, *Hands of Light: A guide to healing though the human energy field* (Nova York: Bantam), 1988, p. 52. Publicado no Brasil com o título *Mãos de Luz: Um guia para a cura através do campo de energia humana*.

5. http://www.hopkinsmedicine.org/health/healthy_aging/healthy_body/the-brain-gut-connection (conteúdo em inglês).

6. http://www.scientificamerican.com/article/gut-feelings-the-second-brain-in-our-gastrointestinal-systems-excerpt (conteúdo em inglês)

7. Dr. Arthur Janov, *The Biology of Love* (Nova York: Prometheus Books), 2000, p. 19.

8. Alice Miller, *The Body Never Lies: The lingering effects of hurtful parenting* (Nova York: W. W. Norton), 2006, p. 29.

13

O Impacto da Psicologia na Fisiologia

Para atingir a saúde física ideal, precisamos aprender a dominar cada estágio de desenvolvimento psicológico. Precisamos aprender a abandonar os medos do ego em relação a atender a nossas necessidades de sobrevivência, proteção e segurança e incluir plenamente os desejos de autoexpressão, conexão e contribuição de sua alma.

No capítulo anterior, explorei as ligações existentes entre as camadas do campo energético humano, os chacras e os Sete Níveis da Consciência. Neste, quero ir um passo além e relacionar as dificuldades em dominar cada um dos Sete Estágios de Desenvolvimento Psicológico para o surgimento de doenças específicas no corpo. Minha hipótese é: disfunções fisiológicas associadas às dificuldades em dominar um determinado estágio de desenvolvimento psicológico começam a se tornar significativas de 5 a 10 anos depois do início daquele estágio de desenvolvimento e têm o ápice de 10 a 15 anos depois.

Para testar minha hipótese, primeiro identifiquei as principais causas de morte na sociedade ocidental e depois identifiquei as idades em que os sintomas dessas doenças se tornam preponderantes. Então relacionei as idades associadas ao surgimento de sintomas de doenças específicas nas camadas do campo energético e os chacras associados com os estágios de desenvolvimento. Isso me permitiu demonstrar como as dificuldades em dominar os estágios de desenvolvimento psicológico resultam em disfunções fisiológicas específicas em determinadas partes do corpo humano.

Antes de começar minha investigação, estava ciente de que havia múltiplos fatores que poderiam dificultar encontrar as correlações que procurava, o principal entre eles sendo o impacto que o vício em álcool, drogas recreativas e tabaco tem no surgimento de distúrbios fisiológicos específicos. No entanto, apesar dessas dificuldades, decidi seguir em frente em minha investigação.

Um dos fatores que me incentivou a seguir adiante foi a grande quantidade de evidências descobertas pela ciência da psiconeuroimunologia (PNI), que sugerem que a mente e o corpo podem ser considerados um todo irredutível. Michael Lerner trata desse assunto em *Choices of Healing* ["Escolhas de Cura", em tradução livre]. Ao falar sobre PNI, ele declara:

> Agora está começando a parecer que as interações mente-corpo são tão onipresentes que não é mais possível nos referirmos ao corpo e à mente como entidades separadas, mas apenas como corpo-mente. Para a psicologia, isso significa que estados emocionais da mente e padrões comportamentais podem afetar profundamente não apenas os sintomas (das doenças), mas o progresso da própria doença.[1]

Essa conexão entre a psicologia e as doenças é o que estou propondo explorar neste capítulo.

Principais causas de morte

De acordo com as Nações Unidas, as três principais causas de morte no mundo são doenças cardíacas (7,4 milhões por ano), AVC (6,7 milhões por ano) e doenças pulmonares (3,1 milhões por ano).[2] Você verá, na Tabela 13.1, que essas doenças também são as principais causas de morte em cinco nações industrializadas: Estados Unidos, Reino Unido, Canadá, Austrália e Suécia. Outras principais causas de morte nesses países são Mal de Alzheimer, demência, pneumonia e câncer de pulmão, câncer de estômago e colorretal, diabetes, câncer de próstata e de mama e doenças renais e hepáticas.

TABELA 13.1: AS PRINCIPAIS CAUSAS DE MORTE EM CINCO NAÇÕES INDUSTRIALIZADAS

Importância	EUA	Reino Unido	Canadá	Austrália	Suécia
1	Doenças cardíacas	Doenças cardíacas	Doenças cardíacas	Doenças cardíacas	Doenças cardíacas
2	Alzheimer	AVC	Câncer de pulmão	AVC	AVC
3	Câncer de pulmão	Pneumonia	AVC	Câncer de pulmão	Alzheimer

O Impacto da Psicologia na Fisiologia

Importância	EUA	Reino Unido	Canadá	Austrália	Suécia
4	AVC	Câncer de pulmão	Alzheimer	Alzheimer	Câncer de pulmão
5	Câncer de pulmão	Alzheimer	Câncer de pulmão	Câncer de pulmão	Câncer colorretal
6	Câncer colorretal	Câncer de pulmão	Câncer colorretal	Câncer colorretal	Câncer de próstata
7	Hipertensão	Câncer colorretal	Diabetes	Diabetes	Câncer de pulmão
8	Pneumonia	Câncer de mama	Pneumonia	Câncer de próstata	Pneumonia
9	Câncer renal	Câncer de próstata	Câncer de mama	Câncer de mama	Diabetes

Fonte: Nações Unidas, Organização Mundial da Saúde.

Classifiquei as principais causas de morte na Tabela 13.1 em quatro grupos usando diversas gradações, das mais escuras para as mais claras:

- Disfunções que afetam o cérebro/mente: AVC, demência, Mal de Alzheimer.

- Disfunções que afetam os órgãos localizados no tórax: doença cardíaca coronariana, doenças pulmonares (pneumonia, asma etc.), câncer de pulmão e câncer de mama.

- Disfunções que afetam órgãos localizados no abdômen: diabetes, câncer de estômago, câncer colorretal, câncer de fígado, doenças renais e câncer de próstata.

- Outros problemas: hipertensão, associada com o coração e pressão alta, e diabetes, associada às dificuldades na produção de insulina pelo pâncreas ou às células do corpo não respondendo adequadamente à insulina produzida.

Além da doença cardíaca, as outras principais causas de morte seguem um padrão. O risco mais alto de morte é o proveniente das doenças associadas à cabeça. O segundo maior risco de morte é por doenças de órgãos associados com o tórax (exceto o coração), e o terceiro maior risco é proveniente de doenças associadas com o abdômen. Acredito que essa progressão de risco de morte aumentado decorrente de distúrbios no abdômen inferior para os distúrbios do cérebro/mente reflete as crescentes dificuldades vinculadas ao domínio dos estágios mais altos de desenvolvimento psicológico.

A maioria das disfunções fisiológicas associadas às principais causas de morte ocorre durante os estágios de desenvolvimento psicológico de autorrealização, integração e serviço, na segunda metade de nossa vida. Assim, para tornar minha investigação mais completa, incluí também algumas das principais causas de morte e disfunções fisiológicas experienciadas durante os estágios de desenvolvimento psicológico da sobrevivência, conformidade, diferenciação e individuação, na fase inicial de nossa vida.

Por causa da alta incidência de suicídio em todas as partes do mundo, especialmente entre pessoas jovens, dediquei o Capítulo 14 a uma discussão sobre as ligações entre o desenvolvimento psicológico e o risco de tirar a própria vida.

Ainda, como o câncer afeta muitas partes do corpo, e diferentes grupos etários, dediquei uma seção separada no final deste capítulo para a ligação entre o câncer e a disfunção psicológica.

Principais causas de morte nos Estados Unidos (2013) e no Reino Unido (2014)

Para correlacionar disfunções fisiológicas *específicas* com as dificuldades em dominar estágios de desenvolvimento psicológico *específicos*, utilizei os dados sobre as principais causas de morte por idade nos Estados Unidos e no Reino Unido. As cinco principais causas de morte nos Estados Unidos e no Reino Unido por grupo etário e o estágio de desenvolvimento psicológico são mostrados nas Tabelas 13.2a e 13.2b, respectivamente.

Como os dados dos Estados Unidos não estavam disponíveis especificamente para o grupo etário de 0 a 2 anos — o estágio de desenvolvimento da sobrevivência — e nem para o grupo etário de 3 a 7 anos — o estágio de desenvolvimento da conformidade —, mas estava disponível para o primeiro ano de vida, a faixa entre 1 e 4 anos e entre 5 e 9 anos, decidi usar os dados do primeiro ano de vida para representar o estágio de desenvolvimento da sobrevivência, e os dados das faixas etárias de 1 a 4 e 5 a 9 para representar o estágio de desenvolvimento de conformidade.

Os dados do Reino Unido estão representados de forma ligeiramente diferente. Agrupei todas as faixas etárias em estágios de desenvolvimento psicológico e separei os gêneros. Tive dificuldades semelhantes com os dados do Reino Unido em

O Impacto da Psicologia na Fisiologia

relação aos grupos etários iniciais dos estágios de desenvolvimento psicológico. Assim, incluí todos os dados dos grupos etários de 1 a 4 e 5 a 9 no estágio de desenvolvimento psicológico de conformidade e ignorei o estágio de sobrevivência. Também foi difícil relacionar o estágio de desenvolvimento da diferenciação aos dados, então encurtei o estágio de diferenciação e aumentei o de individuação, para que pudessem se encaixar nas faixas etárias das fontes de dados.

Nas duas tabelas, destaquei o câncer, as doenças cardíacas e o suicídio usando tons diferentes de cinza. Destaquei o câncer porque ele tende a estar presente em todas as faixas etárias, as doenças cardíacas por serem a principal causa de morte no mundo, e destaquei o suicídio porque não é um problema fisiológico, mas psicológico.

As causas de morte não diretamente relacionadas a fatores fisiológicos ou psicológicos, como acidentes e homicídios, foram indicadas com destaque em cinza e são ignoradas no restante da análise.

Tabela 13.2a: Causas de morte por estágio de desenvolvimento psicológico nos Estados Unidos em 2013

	Primária	Secundária	Terciária	Quaternária	Quinária
	ESTÁGIO DE DESENVOLVIMENTO DE SOBREVIVÊNCIA				
Menor que 1	Congênita	Baixo peso	SMSI	Complicações	Acidentes
	ESTÁGIO DE DESENVOLVIMENTO DE CONFORMIDADE				
1–4	Acidentes	Congênita	Homicídio	Câncer	Doença cardíaca
5–9	Acidentes	Câncer	Congênita	Homicídio	Pulmões
	ESTÁGIO DE DESENVOLVIMENTO DE DIFERENCIAÇÃO				
10–14	Acidentes	Câncer	Suicídio	Congênita	Homicídio
15–19	Acidentes	Suicídio	Homicídio	Câncer	Doença cardíaca
20–24	Acidentes	Suicídio	Homicídio	Câncer	Doença cardíaca
	ESTÁGIO DE DESENVOLVIMENTO DE INDIVIDUAÇÃO				
25–29	Acidentes	Suicídio	Homicídio	Câncer	Coração
30–34	Acidentes	Suicídio	Câncer	Doença cardíaca	Homicídio
35–39	Acidentes	Câncer	Doença cardíaca	Suicídio	Homicídio

A Nova Psicologia do Bem-Estar Humano

	Primária	Secundária	Terciária	Quaternária	Quinária
ESTÁGIO DE DESENVOLVIMENTO DA AUTORREALIZAÇÃO					
40–44	Acidentes	Câncer	Doença cardíaca	Suicídio	Fígado
45–49	Câncer	Doença cardíaca	Acidentes	Suicídio	Fígado
ESTÁGIO DE DESENVOLVIMENTO DE INTEGRAÇÃO					
50–54	Câncer	Doença cardíaca	Acidentes	Fígado	Suicídio
55–59	Câncer	Doença cardíaca	Acidentes	Fígado	Pulmões
ESTÁGIO DE DESENVOLVIMENTO DE SERVIÇO					
60–64	Câncer	Doença cardíaca	Pulmões	Diabetes	Acidentes
65–69	Câncer	Doença cardíaca	Pulmões	Diabetes	AVC
70–74	Câncer	Doença cardíaca	Pulmões	AVC	Diabetes
75–79	Câncer	Doença cardíaca	Pulmões	AVC	Diabetes
80–84	Doença cardíaca	Câncer	Pulmões	AVC	Alzheimer
85–89	Doença cardíaca	Câncer	AVC	Pulmões	Alzheimer
90–94	Doença cardíaca	Câncer	Alzheimer	AVC	Pulmões
95–99	Doença cardíaca	Alzheimer	Câncer	AVC	Pulmões
100+	Doença cardíaca	Alzheimer	AVC	Gripe	Câncer

Fonte: CDC/NCHS, National Vital Statistics System, Mortalidade 2013 (EUA).

O Impacto da Psicologia na Fisiologia

Tabela 13.2b: Causas de morte por estágio de desenvolvimento psicológico no Reino Unido em 2014

	Primária	Secundária	Terciária	Quaternária	Quinária
ESTÁGIO DE DESENVOLVIMENTO DE CONFORMIDADE (1–4)					
MASC.	Congênita	Pulmões	Acidentes	Câncer	Câncer
FEM.	Congênita	Pulmões	Homicídio	Acidentes	Câncer
ESTÁGIO DE DESENVOLVIMENTO DA DIFERENCIAÇÃO (5–19)					
MASC.	Suicídio	Transporte (2)	Câncer	Congênita	Câncer
FEM.	Transporte (2)	Suicídio	Câncer	Congênita	Paralisia Cerebral
ESTÁGIO DE DESENVOLVIMENTO DA INDIVIDUAÇÃO (20–34)					
MASC.	Suicídio	Envenenamento (1)	Transporte (2)	Homicídio	Fígado
FEM.	Suicídio	Envenenamento (1)	Fígado	Transporte (2)	Câncer de mama
ESTÁGIO DE DESENVOLVIMENTO DA AUTORREALIZAÇÃO (35–49)					
MASC.	Suicídio	Doença cardíaca	Fígado	Envenenamento (1)	AVC
FEM.	Câncer de mama	Fígado	Suicídio	Envenenamento (1)	Doença cardíaca
ESTÁGIO DE DESENVOLVIMENTO DE INTEGRAÇÃO (50–64)					
MASC.	Doença cardíaca	Câncer de próstata	Fígado	Colorretal	Pulmão
FEM.	Câncer de mama	Câncer	Doença cardíaca	Pulmão	Fígado
ESTÁGIO DE DESENVOLVIMENTO DE SERVIÇO (65–79)					
MASC.	Doença cardíaca	Câncer de próstata	Pulmão	AVC	Câncer de próstata
FEM.	Câncer de mama	Doença cardíaca	Pulmão	AVC	Alzheimer

Fonte: Office for National Statistics, Reino Unido.

Observações: (1) Envenenamento se refere ao envenenamento acidental; (2) Transporte se refere a acidentes de transportes.

Principais causas de morte por estágios de desenvolvimento psicológico nos Estados Unidos e no Reino Unido

Estágios de desenvolvimento de sobrevivência e conformidade

As principais causas de morte durante os estágios de sobrevivência (EUA) e de conformidade (EUA e Reino Unido) são condições congênitas e câncer. Isso se aplica para ambos os sexos. A SMSI (Síndrome da Morte Súbita Infantil) é a terceira maior causa de morte de crianças nos primeiros anos de vida nos Estados Unidos, e também é significativa no Reino Unido.

Estágio de desenvolvimento de diferenciação

A principal causa de morte durante o estágio de desenvolvimento de diferenciação nos Estados Unidos e no Reino Unido é o suicídio. A segunda principal causa de morte é o câncer. Diabetes também é uma causa de morte significativa durante este estágio de desenvolvimento psicológico nos Estados Unidos. Outras disfunções são obesidade, anorexia nervosa e bulimia nervosa.

Estágio de desenvolvimento de individuação

A principal causa de morte durante o estágio de desenvolvimento de individuação nos Estados Unidos e no Reino Unido é o suicídio. A segunda principal causa de morte nos Estados Unidos é o câncer. No Reino Unido, é doença hepática. Diabetes e doenças hepáticas são também causas significativas de morte nos Estados Unidos neste estágio de desenvolvimento.

Estágio de desenvolvimento de autorrealização

As principais causas de morte para homens nos Estados Unidos durante este estágio de desenvolvimento psicológico são as doenças cardíacas, seguidas pelo câncer. A principal causa de morte para mulheres é o câncer, seguida de doenças cardíacas. A forma de câncer que mais afeta as mulheres neste estágio de desenvolvimento é o câncer de mama. Outras principais causas de morte para homens e mulheres nos Estados Unidos são doenças hepáticas, diabetes e suicídio. No Reino Unido, o suicídio e as doenças cardíacas são as principais causas de morte em homens. Para as mulheres, é o câncer.

Estágio de desenvolvimento de integração

As principais causas de morte no Reino Unido e nos Estados Unidos para homens e mulheres durante este estágio de desenvolvimento psicológico são as doenças cardíacas e o câncer. Doenças hepáticas também são proeminentes em homens e mulheres. A forma de câncer que mais afeta homens neste estágio é o câncer de próstata. Diabetes e doenças hepáticas são também as principais causas de morte nos Estados Unidos.

Estágio de desenvolvimento de serviço

As principais causas de morte no Reino Unido e nos Estados Unidos para homens e mulheres durante este estágio de desenvolvimento psicológico são as doenças cardíacas e o câncer. Outras principais causas de morte tanto para homens quanto para mulheres são doenças pulmonares, AVC e diferentes formas de demência. Diabetes, doenças hepáticas e renais também são as principais causas de morte nos Estados Unidos.

Minha hipótese

Os detalhes da hipótese que estou tentando testar — a idade em que as disfunções fisiológicas associadas com cada estágio de desenvolvimento começam a surgir e a idade em que chegam ao seu ápice — são mostrados na Tabela 13.3.

TABELA 13.3: ESTÁGIOS DE DESENVOLVIMENTO PSICOLÓGICO, IDADES EM QUE AS DISFUNÇÕES FISIOLÓGICAS COMEÇAM A SURGIR E IDADE A PARTIR DA QUAL CHEGAM AO SEU ÁPICE

Faixa etária do estágio de desenvolvimento	Idade em que as doenças começam a surgir	Idade a partir da qual a doença chega ao ápice
60+	65	75
50–59 anos	55	65
40–49 anos	45	55
25–39 anos	35	45

Faixa etária do estágio de desenvolvimento	Idade em que as doenças começam a surgir	Idade a partir da qual a doença chega ao ápice
8–24 anos	18	28 e/ou 60
3–7 anos	13	23 e/ou 50
0–2 anos	5	15 e/ou 40

Por causa das ligações entre os campos mental, emocional e etéreo, inferior (ego) e superior (alma), mostrados na Figura 12.2, estou sugerindo que, quando você atinge os estágios de desenvolvimento superiores (alma), qualquer fraqueza ou deficiência em sua capacidade de atender a suas necessidades do estágio de desenvolvimento inferior (ego) correspondente pode colocar pressão adicional (instabilidade) nas camadas inferiores mental, emocional e etérea do campo energético, provocando disfunções fisiológicas associadas àqueles níveis.

As dificuldades na superação do estágio de desenvolvimento da autorrealização podem surgir como disfunções fisiológicas nas partes do corpo conectadas ao chacra laríngeo ou ao chacra raiz. Da mesma forma, as dificuldades em superar o estágio de desenvolvimento da integração poderiam surgir na forma de problemas fisiológicos nas partes do corpo conectadas ao chacra frontal ou ao chacra sacral, dificuldades no estágio de desenvolvimento de serviço podem surgir na forma de problemas fisiológicos em partes do corpo conectadas ao chacra coronário ou ao chacra do plexo solar.

Isso também significa que os problemas fisiológicos associados à sobrevivência (chacra raiz) podem atingir seu ápice durante o estágio de desenvolvimento de sobrevivência ou de autorrealização. Problemas fisiológicos associados ao estágio de desenvolvimento de relacionamento e da conformidade (chacra sacral) poderiam atingir seu ápice durante o estágio de desenvolvimento de conformidade ou de integração, e problemas fisiológicos associados ao estágio de desenvolvimento da autoestima e de diferenciação (chacra do plexo solar) podem atingir seu ápice durante o estágio de desenvolvimento de diferenciação ou de serviço.

Órgãos do corpo e funções endócrinas atendidas por cada chacra

A ligação entre os estágios de desenvolvimento psicológico, os chacras e os órgãos/funções endócrinas do corpo associados com cada camada do campo energético

O Impacto da Psicologia na Fisiologia

humano é mostrada na Tabela 13.4. As glândulas endócrinas são importantes, pois regulam o funcionamento homeostático do corpo.

Tabela 13.4: Problemas fisiológicos associados ao estágio de desenvolvimento psicológico

Estágio de desenvolvimento/ Camada de energia	Chacra	Glândulas endócrinas	Órgãos/partes da anatomia	Problemas fisiológicos
Serviço/ Mental superior	Coronário (7)	Pineal: três ciclos biológicos e sono (Melatonina)	Neocórtex	Mal de Alzheimer, demência, doença de Parkinson, enxaquecas.
Integração/ Emocional superior	Frontal (6)	Pituitária: regulação do crescimento físico	Cérebro límbico, olhos, orelhas, nariz.	Infecções e problemas com visão e audição.
Autorrealização/ Etérea superior	Laríngeo (5)	Tireoide: regulação da temperatura corporal e metabolismo	Cérebro/mente reptiliano, pescoço, boca, cordas vocais, pulmões, mamas, esôfago.	Câncer de mama, asma, problemas pulmonares e tireoidianos. Infecções na boca e na garganta.
Individuação/ Campo astral	Cardíaco	Timo: sistema imunológico	Coração, sistema circulatório, braços e mãos	Doença cardíaca, pressão alta
Diferenciação/ Mental inferior	Plexo Solar (3)	Pâncreas: metabolismo (insulina)	Estômago, duodeno, pâncreas, fígado, vesícula biliar, coluna cervical	
Conformidade/ Emocional inferior	Sacral (2)	Gônadas: sistema reprodutivo	Próstata, ovários, bexiga, cólon, intestino delgado, baço, região pélvica	Câncer de próstata, câncer de ovário, problemas urinários, dores pélvicas, anorexia, bulimia e obesidade
Sobrevivência/ Etérea inferior	Raiz (1)	Adrenal: resposta ao estresse	Reto, ânus, coluna lombar, pernas, pés	Osteoartrite, veias varicosas, tumores retais, dores na coluna lombar

A Nova Psicologia do Bem-Estar Humano

As seguintes seções deste capítulo relacionam distúrbios fisiológicos e doenças específicas aos estágios de desenvolvimento psicológico.

Distúrbios físicos associados com o estágio de desenvolvimento de serviço

O estágio de desenvolvimento psicológico de serviço, que começa na faixa dos 60 anos, está relacionado ao campo mental superior e ao chacra coronário. Esse estágio de desenvolvimento diz respeito a usar seus pensamentos e intenções para contribuir com o bem comum de sua comunidade, sociedade, da humanidade ou do planeta. As partes do corpo e as funções homeostáticas associadas ao chacra coronário são mostradas na Tabela 13.5.

TABELA 13.5: Características do estágio de desenvolvimento psicológico de serviço

Estágio de Desenvolvimento	Serviço
Impulsos energéticos	Pensamentos e intenções
Campo energético	Superior mental
Tarefas de desenvolvimento	Contribuição: usar suas habilidades e talentos para aliviar o sofrimento e melhorar o bem-estar dos outros. Intenções e pensamentos direcionados a servir a comunidade, sociedade, humanidade, futuras gerações ou o planeta.
Chacra	Coronário
Sistema endócrino	Glândula pineal
Função endócrina (funcionamento homeostático)	Ciclos biológicos, sono
Partes do corpo	Neocórtex
Funções corporais	Sistema nervoso central
Problemas físicos/psicológicos	Mal de Alzheimer, doença de Parkinson, enxaquecas
Problemas psicológicos	Demência
Sentimentos negativos	Tristeza e depressão
Sentimentos positivos	Alegria e compaixão

Estágio de Desenvolvimento	Serviço
Características associadas aos chacras equilibrados	Quando o chacra coronário está funcionando normalmente, você consegue contribuir com o bem-estar de sua comunidade. Você tem acesso à sabedoria universal. Está em paz consigo mesmo. É compassivo, sem preconceitos e não julga, está atento ao mundo a sua volta e conhece a si mesmo.

O chacra coronário controla o fluxo de energia para a camada do campo energético que representa o estágio de desenvolvimento psicológico de serviço e o nível de consciência de serviço. As partes da anatomia energizadas pelo chacra coronário são o cérebro/mente neocórtex e a glândula pineal.

O progresso do estágio de desenvolvimento de serviço (o campo mental superior) depende de nossa capacidade de dominar o estágio de desenvolvimento de diferenciação (campo mental inferior). Se não conseguirmos desenvolver nossa autoestima (confiança pelo respeito de reconhecimento) no estágio de diferenciação, estaremos mal equipados e ineficazes em fazer nossa contribuição para nossa comunidade no estágio de serviço.

Se quiser evitar a disfunção cerebral em idade avançada, você deve estabelecer um senso de autoestima saudável quando jovem, e depois, quando chegar aos 60 anos, dedicar suas energias a ajudar amigos e membros das comunidades social, religiosa ou espiritual às quais pertence. A pior coisa que pode fazer ao chegar à idade de se aposentar é reduzir sua esfera de influência ou raio social. Você precisa ser capaz de se conectar com os outros para que possa usar seus dons e talentos para fazer uma contribuição positiva para sua comunidade.

Contribuir com as outras pessoas traz significado e propósito à sua vida, estabiliza o fluxo de energia de seu chacra coronário e aumenta sua vontade de viver. Quando é incapaz de fazer isso, a energia de sustentação da vida do campo energético universal que flui através do chacra coronário é reduzida, e o cérebro encolhe. Conforme o cérebro encolhe, várias formas de demência[4] e AVCs têm início.

Em seu livro *Anatomy of an Illness* ["Anatomia de uma Doença", em tradução livre], Norman Cousins fala da química da "vontade de viver". Ele cita o trabalho de Ana Aslan (1897–1988), uma das principais endocrinologistas da Romênia. Ao relatar uma conversa que teve com ela, ele declara:

> Ela falou de sua crença de que existe uma relação direta entre uma forte vontade de viver e o equilíbrio químico do cérebro. Ela está convencida de que a criatividade — um dos aspectos da vontade de

A NOVA PSICOLOGIA DO BEM-ESTAR HUMANO

viver — produziu os impulsos cerebrais que estimulam a glândula pituitária, desencadeando efeitos na glândula pineal e em todo o sistema endócrino.[5]

Cousins também fala de seus encontros com Pablo Casals (1876–1973), violinista e maestro mundialmente conhecido, e Albert Schweitzer (1875–1965), mais conhecido por seu trabalho como médico missionário na África. Ele conheceu esses dois homens altamente criativos quando ambos já eram octogenários.

> O que aprendi com esses dois homens é que um senso de propósito altamente desenvolvido e vontade de viver estão entre as principais matérias-primas da existência humana. Eu me convenci de que esses componentes podem muito bem representar a força mais potente dentro do alcance humano.[6]

Essas declarações corroboram as descobertas do Estudo Terman e do Estudo Grant, mencionados no prefácio. George Vaillant faz a seguinte afirmação sobre esses estudos:

> Assim como a criatividade nas mulheres do estudo Terman, a criatividade nos homens universitários [Estudo Grant] estava associada ao envelhecimento bem-sucedido.[7] Resumindo, a criatividade estava positivamente correlacionada a preocupação com as próximas gerações, sublimação e altruísmo.[8]

Depois de discutir o que acontece quando temos dificuldades em dominar o estágio de desenvolvimento psicológico de serviço e os tipos de disfunções que ocorrem, analisaremos a incidência do Mal de Alzheimer, dos AVCs e da doença de Parkinson, todas doenças que prejudicam o funcionamento da mente e danificam o funcionamento do cérebro.

Mal de Alzheimer

É um doença cerebral progressiva que danifica e eventualmente destrói células cerebrais, levando à perda de memória e raciocínio debilitado. O Mal de Alzheimer em geral se desenvolve lenta e gradualmente, e se agrava conforme as células cerebrais se enfraquecem e morrem. Por fim, a condição é fatal e, atualmente, não há cura. O Mal de Alzheimer é o tipo mais comum de demência, correspondendo a 50–80%

de todas as mortes provocadas por demência nos Estados Unidos. Um a cada três idosos nos Estados Unidos morre de Alzheimer ou outro tipo de demência. Dois terços das vítimas da doença são mulheres.

A Figura 13.1 mostra a prevalência de pessoas de diferentes grupos etários que sofriam de Alzheimer nos Estados Unidos em 2015.[9] O risco de desenvolver a doença aumenta significativamente a partir dos 70 anos. De acordo com a Organização Mundial de Saúde, a incidência de demência na Europa é semelhante à dos Estados Unidos.[10]

FIGURA 13.1: PROPORÇÃO DE PESSOAS COM MAL DE ALZHEIMER NOS ESTADOS UNIDOS EM 2015

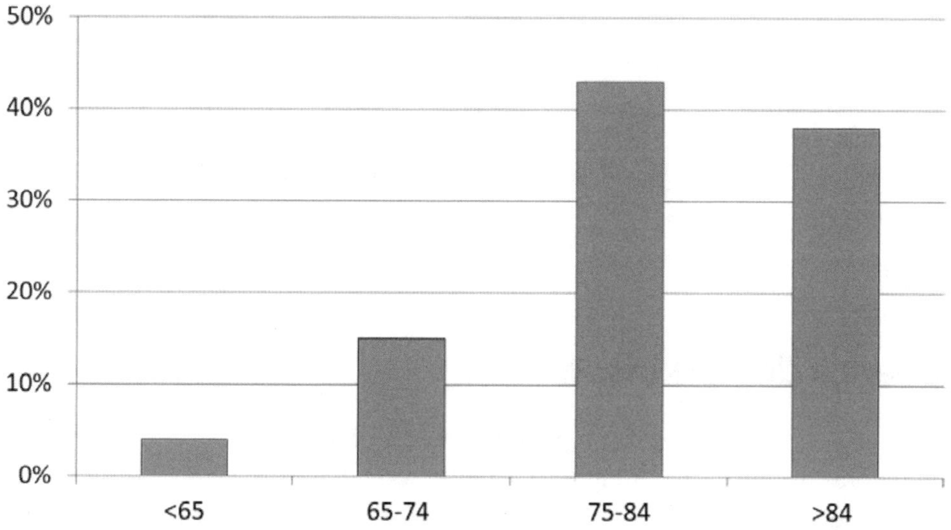

Fonte: American Alzheimer's Association.

AVCs

AVCs ocorrem quando o fluxo sanguíneo no cérebro é cortado. Sem sangue, as células cerebrais não conseguem funcionar. A Figura 13.2 mostra a prevalência de AVCs na Austrália em 2009. A faixa etária mais propensa a AVCs é entre 75 e 84 anos.

Figura 13.2: Prevalência de AVCs na Austrália em 2009

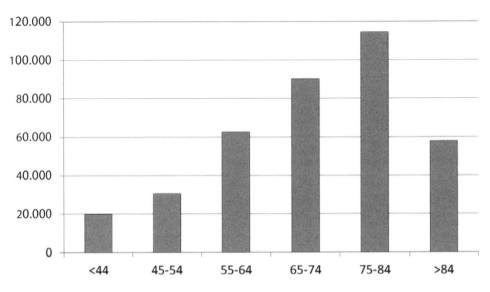

Fonte: Australia Institute of Health and Welfare.

Doença de Parkinson

É uma condição neurológica progressiva causada pela morte de células nervosas produtoras de dopamina. A Figura 13.3 mostra o número de pessoas sofrendo da doença no Reino Unido em 2009. O número de pessoas com a doença de Parkinson aumenta gradualmente depois dos 60 anos de idade, e seu ápice é entre os 75 e os 79 anos.

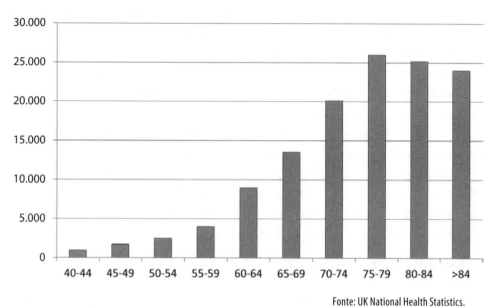

Figura 13.3: Número de pessoas sofrendo de doença de Parkinson no Reino Unido em 2009

Fonte: UK National Health Statistics.

Conclusão

As principais causas de morte ligadas ao estágio de desenvolvimento de serviço — Mal de Alzheimer, AVCs, doença de Parkinson — mostram um aumento significativo em prevalência na faixa dos 60 anos, com picos entre 75 e 84, o que se alinha à minha hipótese (veja a Tabela 13.3).

A conclusão extraída desses dados é a de que a incapacidade de dominar o estágio de desenvolvimento de serviço frequentemente leva a doenças cerebrais.

Distúrbios físicos associados com o estágio de desenvolvimento de integração

O estágio de desenvolvimento psicológico de integração, que tem início na faixa dos 50 anos, está relacionado ao campo emocional superior e ao chacra frontal. Esse estágio de desenvolvimento se refere a se conectar com outras pessoas e construir relacionamentos de amor incondicional. As partes do corpo e as funções homeostáticas associadas ao chacra frontal são mostradas na Tabela 13.6.

A Nova Psicologia do Bem-Estar Humano

Como nossa capacidade de dominar o estágio de desenvolvimento de integração (o campo emocional superior) é altamente dependente de nossa capacidade de dominar o estágio de desenvolvimento de conformidade (o campo emocional inferior), também incluí informação sobre essas partes do corpo e funções homeostáticas associadas a esses dois estágios de desenvolvimento na Tabela 13.6.

O estágio de desenvolvimento psicológico de conformidade, que tem início por volta dos 2 anos de idade, está relacionado ao campo emocional inferior e ao chacra sacral. Esse estágio de desenvolvimento se refere a aprender como lidar com seus relacionamentos para que você se sinta aceito e seguro.

Os estágios de desenvolvimento psicológico de integração e conformidade estão relacionados porque ambos estão ligados à qualidade de nossas conexões: a extensão em que podemos amar a nós mesmos (estágio de conformidade) e a extensão em que amamos aos outros (o estágio de integração).

TABELA 13.6: CARACTERÍSTICAS DOS ESTÁGIOS DE DESENVOLVIMENTO PSICOLÓGICO DE CONFORMIDADE E INTEGRAÇÃO

Estágio de Desenvolvimento	Integração	Conformidade
Impulsos energéticos	Emoções e sentimentos em relação aos outros	Emoções e sentimentos em relação a si mesmo
Campo de energia	Emocional superior	Emocional inferior
Tarefa de desenvolvimento	Conectar-se: construir conexões e desenvolver empatia pelos outros em relacionamentos de amor incondicional para que possa fazer a diferença em sua vida	Proteção: sentir-se protegido e seguro ficando perto de seus parentes e da comunidade e satisfazer sua necessidade por relacionamentos amorosos
Chacra	Frontal	Sacral
Sistema endócrino	Pituitária	Gônadas
Função endócrina (funcionamento homeostático)	Regulação do crescimento físico	Sistema reprodutivo
Partes do corpo	Cérebro límbico, olhos, orelhas, nariz	Órgãos sexuais femininos, bexiga, cólon, intestino, próstata, rins e baço
Funções corporais	Percepção	Sistema nervoso autônomo, sistema parassimpático

Estágio de Desenvolvimento	Integração	Conformidade
Problemas físicos	Infecções e problemas de visão e audição	Câncer de próstata, câncer de ovário, problemas urinários, dores pélvicas, anorexia nervosa, bulimia nervosa e obesidade
Problemas psicológicos	Não consigo me conectar com as outras pessoas	Não sou amado o bastante
Sentimentos negativos	Tristeza e depressão	Culpa e repreensão
Sentimentos positivos	Empatia e conexão	Segurança e proteção
Características associadas com chacras equilibrados	Quando o chacra frontal está funcionando normalmente, consegue construir relacionamentos de amor incondicional com a finalidade de fazer a diferença na vida das pessoas. Você consegue facilmente criar conexões empáticas e pode ser visto como carismático. Você tem acesso a sua intuição. Tem clareza sobre seu propósito. Não está preso ao mundo material.	Quando o chacra sacral está funcionando normalmente, você é capaz de construir relações amorosas e íntimas. Seus sentimentos fluem livremente e são expressados sem ser excessivamente emocional. Você não tem medo de conflitos e pode ser vivaz e apaixonado. Não tem problemas para lidar com sua sexualidade e se sente confortável em seu corpo.

O chacra frontal controla o fluxo de energia para a camada do campo energético que representa o estágio de desenvolvimento psicológico de integração e o nível de consciência de fazer a diferença. As partes da anatomia energizadas pelo chacra são o cérebro/mente límbico, a glândula pituitária e os olhos, orelhas e nariz.

O chacra sacral controla o fluxo de energia da camada do campo energético que representa o estágio de desenvolvimento psicológico de conformidade. As partes da anatomia energizadas pelo chacra sacral são os órgãos sexuais femininos, bexiga, cólon, intestinos, rins, baço e a próstata, que ajuda a regular a função sexual masculina.

Como essas duas camadas do campo energético e seus chacras estão unidos, os problemas no estágio de desenvolvimento psicológico de integração podem aparecer como disfunções fisiológicas na área do corpo ligada ao chacra frontal ou ao chacra sacral.

Se temos dificuldades no início da vida em construir relacionamentos que nos mantenham seguros, então o chacra sacral será energeticamente instável, e essa instabilidade comprometerá nossa capacidade de fazer conexões quando atingirmos o estágio de desenvolvimento de integração. A pressão para fazer conexões no estágio de desenvolvimento de integração pode agravar ainda mais a instabilidade do campo emocional inferior, resultando em distúrbios ou doenças nas partes do corpo associadas ao chacra sacral. Isso é especialmente verdade para homens que não são estimulados a mostrar o lado emocional de sua personalidade durante o estágio de desenvolvimento de conformidade.

Entre as principais causas de morte estão duas disfunções relacionadas com o funcionamento do chacra sacral: câncer de próstata e câncer de ovário. Não existem, entre as principais causas de morte, alguma que se relacione ao funcionamento do chacra frontal. Nossa capacidade de construir relacionamentos está ligada ao desenvolvimento do cérebro/mente límbico, localizado na parte do corpo energizada pelo chacra frontal.

Como é de se esperar, quando comparamos a incidência de câncer de próstata e de ovário na Suécia (veja a Figura 13.4), um chacra sacral subativo é substancialmente mais prevalente em homens do que em mulheres. Em outras palavras, a incidência de câncer de próstata é significativamente maior do que a de câncer de ovário.

Figura 13.4: Novos casos de câncer de próstata e ovário na Suécia em 2012

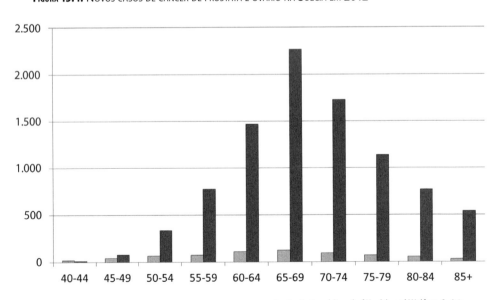

Fonte: National Board of Health and Welfare, Suécia.

O Impacto da Psicologia na Fisiologia

Acredito que são dois os motivos para essas diferenças. Primeiro, mulheres são mais inclinadas a criar conexões amorosas por causa do imperativo biológico da maternidade. Homens, em geral, não experienciam esse profundo senso de conexão. Segundo, as mulheres são tratadas de modo diferente que os homens. Há mais pressão sobre as mulheres para se conformar — se encaixar aos outros —, e mais pressão sobre os homens para se diferenciar — se destacar dos outros. Portanto, mulheres tendem a exercitar seus "músculos" de conexão emocional mais cedo e com mais frequência do que os homens.

As pressões sobre os homens para se diferenciarem significa que eles precisam parecer fortes: não podem ser vistos como fracos se quiserem ser respeitados em suas comunidades, e não podem demonstrar suas emoções. Eles são pressionados a suprimir seus sentimentos e se desconectar. Ao se desconectar de seus sentimentos, eles se desconectam de suas almas.

Se quer evitar disfunções relacionadas a seu chacra sacral mais adiante na vida, você deve aprender como estabelecer relacionamentos amorosos saudáveis quando jovem. Isso, infelizmente, não é algo sobre o que temos muito controle. Apenas quando nos tornamos adultos e encontramos dificuldade em construir um relacionamento íntimo nos damos conta de nossas necessidades de proteção (emocional) não atendidas. Se você sofre dessa maneira, é importante buscar ajuda profissional para liberar suas crenças de relacionamentos baseadas em medo. Libertar energias negativas acumuladas associadas às suas crenças sobre não poder ser amado (uma incapacidade de atender a suas necessidades de proteção) ajudará a evitar distúrbios físicos mais tarde na vida.

Câncer de próstata

A próstata é uma glândula exócrina[11] do sistema reprodutivo masculino que está localizada logo abaixo da bexiga, em frente ao reto. A glândula prostática tem o tamanho aproximado de uma noz. A uretra — um tubo que vai da bexiga até a extremidade do pênis e carrega a urina e o sêmen para fora do corpo — atravessa a próstata. Existem milhares de minúsculas glândulas na próstata, que produzem um fluido que compõe parte do sêmen. Esse fluido protege e nutre o esperma.

O câncer de próstata surge de um crescimento anormal e descontrolado das células. As células cancerosas em crescimento comprimem a uretra e atrapalham o funcionamento normal da próstata.

As Figuras 13.5 e 13.6 mostram o número de novos casos de câncer de próstata entre homens no Reino Unido e na Suécia, respectivamente. A incidência de câncer de próstata começa a se tornar significativa na metade da faixa dos 50 anos e tem seu pico no fim da faixa de 60 anos e início dos 70.

Figura 13.5: Novos casos de câncer de próstata por idade no Reino Unido, 2009–2011

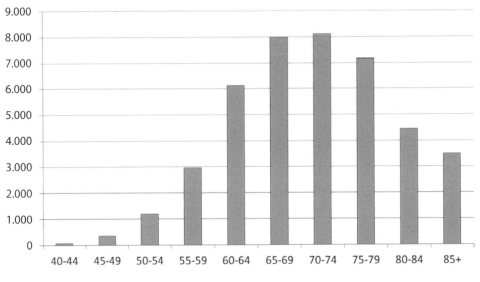

Fonte: Cancer Research, Reino Unido.

Figura 13.6: Novos casos de câncer de próstata por idade na Suécia em 2012

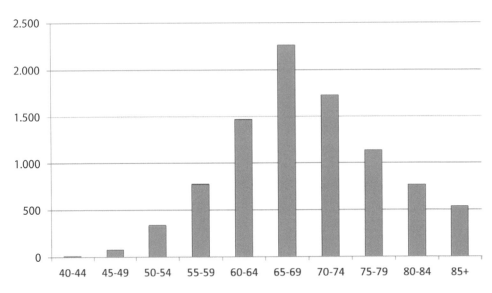

Fonte: National Board of Health and Welfare, Suécia.

Câncer de ovário

A distribuição da incidência de câncer de ovário em mulheres por idade é mostrada na Figura 13.7. É quase a mesma do câncer de próstata em homens. Os dados na Figura 13.7 são os mesmos apresentados na Figura 13.4, com um eixo vertical aumentado. Isso indica, acredito, que as mulheres que têm dificuldades em dominar o estágio de desenvolvimento de conformidade e inibem o funcionamento de seus chacras sacrais experimentam disfunções fisiológicas semelhantes a de homens quando atingem o estágio de desenvolvimento de integração.

Figura 13.7: Novos casos de câncer de ovário na Suécia em 2012.

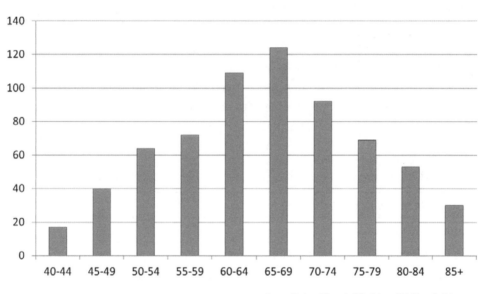

Fonte: National Board of Health and Welfare, Suécia.

Conclusão

As duas principais causas de morte ligadas ao estágio de desenvolvimento de individuação — câncer de próstata e câncer de ovário — mostram um aumento significativo na prevalência na faixa dos 50 anos, com picos entre 65 e 70 anos, o que se alinha à minha hipótese (veja a Tabela 13.3).

Nesses dois casos, o impacto de não ser capaz de dominar o nível emocional mais alto surge nas partes do corpo associadas com o nível emocional inferior, sugerindo que as raízes psicológicas do câncer de próstata e câncer de ovário começam a ser criadas na fase inicial da vida, no estágio de desenvolvimento de conformidade.

A conclusão extraída a partir desses dados é a de que a impossibilidade de dominar o estágio de desenvolvimento de integração está primariamente ligada ao fracasso de superar o estágio de desenvolvimento de conformidade e leva a doenças associadas aos órgãos sexuais.

Distúrbios físicos associados ao estágio de desenvolvimento de autorrealização

O estágio de desenvolvimento psicológico de autorrealização, que começa na faixa dos 40 anos, se relaciona ao campo etéreo superior e ao chacra laríngeo. Esse estágio de desenvolvimento está relacionado à expressão do propósito de sua alma para que você possa encontrar significado em sua vida. A área do corpo e as funções homeostáticas associadas ao chacra laríngeo são mostrados na Tabela 13.7. Os progressos no estágio de desenvolvimento de autorrealização (o campo etérico superior) dependem de nossa capacidade de dominar o estágio de desenvolvimento de sobrevivência (o campo etérico inferior).

TABELA 13.7: CARACTERÍSTICAS DO ESTÁGIO DE DESENVOLVIMENTO PSICOLÓGICO DE AUTORREALIZAÇÃO

Estágio de desenvolvimento	Autorrealização
Impulso energético	Expressão
Campo energético	Etérico superior
Tarefa de desenvolvimento	Autoexpressão: expressar seu eu-alma e estar presente na realidade física/material. Ações para desenvolver o eu. Expressar significado e propósito
Chacra	Laríngeo
Sistema endócrino	Glândula tireoide
Função endócrina (funcionamento homeostático)	Temperatura corporal e metabolismo
Partes do corpo	Cérebro/mente reptiliano, pescoço, boca, cordas vocais, pulmões, esôfago e mamas
Funções corporais	Respiração, lactação
Problemas fisiológicos	Câncer de mama, asma, problemas de pulmão, pescoço e tireoide. Infecções de boca e garganta

Estágio de desenvolvimento	Autorrealização
Problemas psicológicos	Não tenho propósito
Sentimentos negativos	Tristeza e depressão
Sentimentos positivos	Confiança e entusiasmo
Características associadas aos chacras equilibrados	Quando o chacra laríngeo está funcionando normalmente, você não tem problemas para se expressar e vocalizar sua verdade. Frequentemente se sente inspirado e criativo. Você sente que sua vida tem propósito e significado.

O chacra laríngeo controla o fluxo de energia para a camada do campo energético que representa o estágio de desenvolvimento psicológico de autorrealização e o nível de consciência de coesão interna. As partes da anatomia energizadas pelo chacra laríngeo são o cérebro/mente reptiliano, pulmões, cordas vocais, esôfago, mamas e a tireoide.

O sucesso na superação do estágio de desenvolvimento psicológico de autorrealização depende do sucesso no domínio do estágio de desenvolvimento psicológico de sobrevivência. O estágio de desenvolvimento psicológico de autorrealização representa o desejo da alma de autoexpressão, a principal razão para a encarnação da alma. O estágio de desenvolvimento de sobrevivência representa a vontade do ego de sobreviver e estabelecer o controle sobre sua vida, o desejo da alma de estar presente na consciência de 3ª dimensão (3-D). Se você não consegue estabelecer o controle sobre sua vida, a alma não consegue satisfazer seu desejo de autoexpressão.

Comparadas aos garotos e homens, que normalmente têm liberdade para se expressar desde cedo, garotas e mulheres vivendo em sociedades patriarcais — grande parte do mundo ocidental — tendem a ter sua autoexpressão suprimida desde cedo. Isso traz grandes implicações para a incidência de disfunções fisiológicas na área do tórax, como o câncer de mama.

Câncer de mama

O câncer de mama surge do crescimento anormal e descontrolado de células mamárias, que formam tumores malignos. A Figura 13.8 mostra a incidência de novos casos de câncer de mama entre mulheres no Reino Unido durante o período de 2009 a 2011. A Figura 13.9 mostra a incidência de novos casos de câncer de mama entre mulheres na Suécia durante 2012.

A Nova Psicologia do Bem-Estar Humano

Figura 13.8: Novos casos de câncer de mama no Reino Unido, 2009–2011

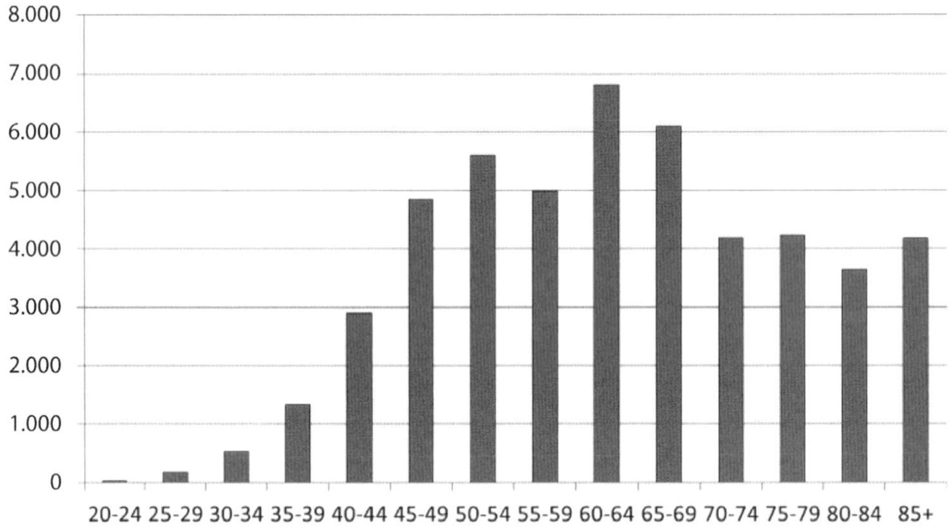

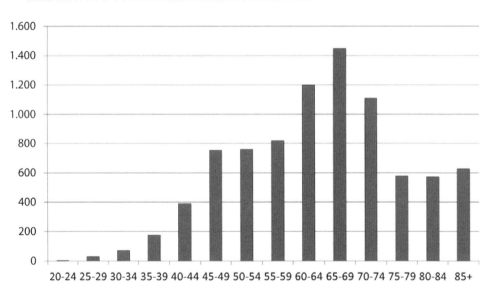

Fonte: Cancer Research, Reino Unido.

Figura 13.9: Novos casos de câncer de mama na Suécia em 2012

Fonte: National Board of Health and Welfare, Suécia.

A distribuição de novos casos de câncer de mama por idade é muito similar no Reino Unido e na Suécia. Existem dois períodos em que o aumento no número de mulheres diagnosticadas com câncer de mama é significativo: durante o estágio de desenvolvimento psicológico de autorrealização (40–49 anos) e no estágio de desenvolvimento psicológico de serviço (60–69 anos). O número de novos casos se estabiliza durante o estágio de desenvolvimento psicológico de integração (50–59 anos) e diminui para um nível muito mais baixo durante a faixa de 70 a 80 anos.

Isso sugere que as mulheres experimentam dificuldades não apenas em dominar o estágio de desenvolvimento de autorrealização — em encontrar significado e propósito na vida —, mas também em dominar o estágio de desenvolvimento de serviço — em encontrar significado e propósito depois de alcançarem a idade de se aposentar ou depois que seus filhos saem de casa.

As mulheres encontram muito menos dificuldades durante o estágio de desenvolvimento de integração porque são predispostas a ser competentes em se conectar com os outros. É por isso que, mais tarde na vida, o número de mulheres que têm dificuldades em dominar o estágio de desenvolvimento psicológico de integração é muito menor do que aquelas com dificuldade de superar o estágio de desenvolvimento de autorrealização. Consequentemente, a proporção de mulheres que sofrem de câncer de mama comparada à de câncer de ovário é muito maior. Essa comparação é mostrada na Figura 13.10 usando dados da Suécia. Em 2011, 6,44 vezes mais mulheres desenvolveram câncer de mama do que câncer de ovário (8.382 contra 1.301).

Figura 13.10: Novos casos de câncer de mama e de ovário na Suécia em 2012

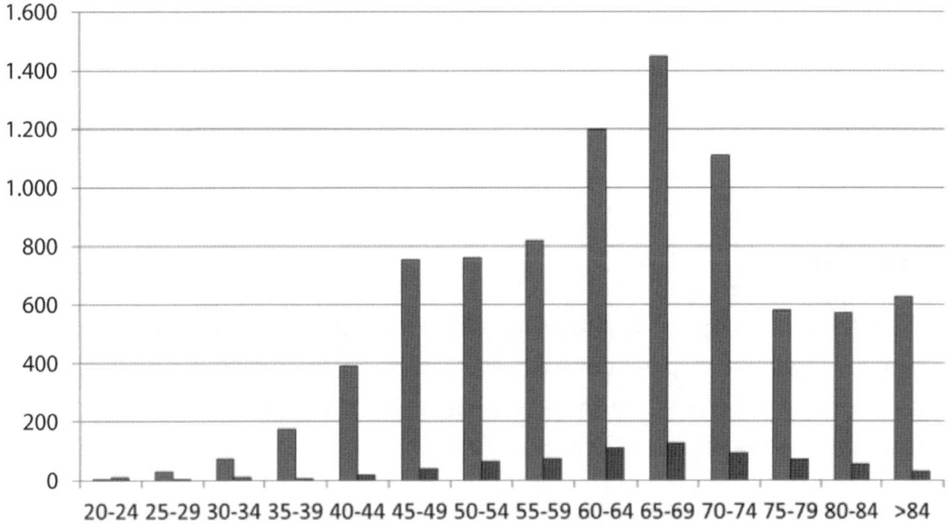

Fonte: National Board of Health and Welfare, Suécia.

Problemas respiratórios

Todas as criaturas precisam respirar para continuar vivas. Sem pulmões que funcionem adequadamente e um amplo suprimento de oxigênio, não podemos respirar, e, se não conseguirmos respirar, morremos em questão de minutos. Existem diversas doenças que afetam os pulmões: câncer de pulmão, asma, gripe, pneumonia, fibrose cística e enfisema. A Figura 13.11 mostra o número de mortes por problemas respiratórios na Suécia em 2012. A incidência de mortes começa a se tornar significativa na faixa dos 40 anos e tem seu pico no início da faixa dos 70 anos.

Figura 13.11: Número de mortes por problemas respiratórios na Suécia em 2012

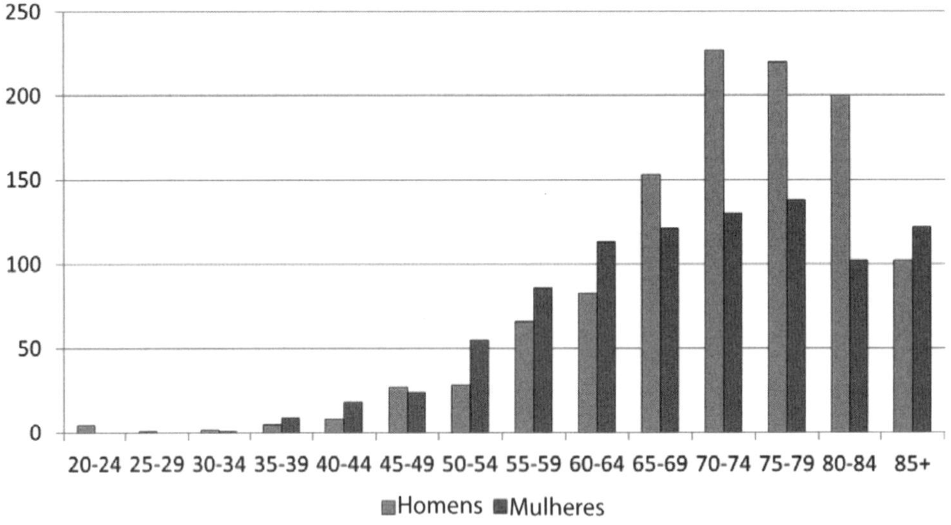

Fonte: National Board of Health and Welfare, Suécia.

Suicídio

Embora o suicídio seja uma das principais causas de morte no estágio de desenvolvimento psicológico de autorrealização, ele é um problema psicológico, e não fisiológico. Por essa razão, discuto a relação entre o suicídio e os estágios de desenvolvimento psicológico no próximo capítulo.

Conclusão

As duas principais causas de morte ligadas ao estágio de desenvolvimento de autorrealização — câncer de mama e doenças pulmonares — começam a mostrar um aumento significativo em prevalência na faixa dos 40 e dos 50 anos, especialmente problemas respiratórios em mulheres, o que se alinha a minha hipótese (veja a Tabela 13.3).

O câncer de mama parece ocorrer em picos. Um pico ocorre no final da faixa dos 40 anos, exatamente de acordo com minha hipótese, e o outro pico ocorre no final da faixa dos 60 anos, cerca de 10 anos depois. Acredito que isso se deva ao fato de as mulheres não apenas experienciarem dificuldades no estágio de desenvolvimento de autorrealização; elas também enfrentam dificuldades em dominar o estágio de desenvolvimento de serviço. Isso estaria em perfeito alinhamento com minha hipótese.

A conclusão extraída desses dados é a de que a impossibilidade de dominar o estágio de desenvolvimento de autorrealização leva ao câncer de mama em mulheres e a problemas respiratórios em homens e mulheres.

Distúrbios físicos associados ao estágio de desenvolvimento de individuação

O estágio de desenvolvimento psicológico de individuação, que tem início na metade da faixa dos 20 anos, se relaciona ao chacra cardíaco. Esse estágio de desenvolvimento diz respeito a aprender como viver em estado de coerência. A coerência é o grau em que você consegue viver a vida como um todo unificado. Em outras palavras, o grau em que consegue curar a separação de seu ego e sua alma e alinhar as motivações de seu ego com as de sua alma.

A causa primária da separação são os medos que você desenvolveu durante os três primeiros estágios de desenvolvimento sobre ser capaz de atender a suas necessidades básicas. O estágio de desenvolvimento de individuação é onde você começa a se libertar desses medos. Esse é um requisito essencial para acessar os estágios de desenvolvimento psicológico superiores.

As partes do corpo e as funções homeostáticas associadas ao chacra cardíaco são mostradas na Tabela 13.8.

A Nova Psicologia do Bem-Estar Humano

TABELA 13.8: CARACTERÍSTICAS DO ESTÁGIO DE DESENVOLVIMENTO PSICOLÓGICO DE INDIVIDUAÇÃO

Estágio de desenvolvimento	Individuação
Impulso energético	Amor
Campo energético	Astral
Tarefa de desenvolvimento	Liberdade: dominar os medos que aprendeu na infância e adolescência sobre ser capaz de satisfazer suas necessidades deficitárias.
Chacra	Cardíaco
Sistema endócrino	Timo
Função endócrina (funcionamento homeostático)	Sistema imunológico
Partes do corpo	Coração, sistema circulatório, braços e mãos
Funções corporais	Circulação sanguínea
Problemas físicos e mentais	Doença cardíaca e pressão alta
Problemas psicológicos	Identidade: eu não sei quem sou
Sentimentos negativos	Raiva e ódio
Sentimentos positivos	Amor e coragem
Características associadas com chacras equilibrados	Quando o chacra cardíaco está funcionando normalmente, você é honesto consigo mesmo e com os outros. Mantém um alto grau de integridade em tudo que faz. Você está disposto a olhar para sua sombra e identificar, enfrentar e superar seus medos.

O chacra cardíaco controla o fluxo de energia para a camada do campo energético que representa o estágio de desenvolvimento psicológico de individuação e o nível de consciência da transformação. As partes da anatomia energizadas pelo chacra cardíaco são o coração e a glândula timo. Essa é a primeira camada do campo de energia que "pertence" à alma. As camadas inferiores do campo de energia "pertencem" ao ego.

Quando você morre, as primeiras três camadas do campo de energia do ego são liberadas, e a "vida" de sua alma continua a operar a partir das camadas da alma: os campos astral, e os campos etéricos superior emocional e mental.

A camada astral do campo de energia é onde as impressões das vidas passadas são guardadas e onde as impressões de sua vida atual, que sua alma carrega para

O Impacto da Psicologia na Fisiologia

a próxima vida, estão localizadas. Essas impressões condicionam nossa orientação fisiológica e psicológica "iniciais" em nossa vida ao serem incorporadas nas três primeiras camadas de nosso campo energético. Portanto, quem você é em sua vida atual não está apenas baseado em sua história pessoal nesta vida, mas também nas impressões psicológicas das histórias pessoais de suas vidas passadas. Isso significa que podemos nos curar de impressões negativas de vidas passadas na vida atual, e podemos estar livres delas em vidas futuras. Isso também significa que impressões negativas "herdadas" de vidas anteriores podem afetar nossa saúde fisiológica nos primeiros anos de nossa vida atual. Isso, acredito, tem grande relação com mortes na infância, como câncer, que não estão relacionadas ao trauma do nascimento.

A camada de nosso campo energético associada ao chacra cardíaco é onde armazenamos nossa raiva e ódio por não ter nossas necessidades atendidas durante nosso tempo no útero e durante os primeiros dois anos de nossa vida, quando a alma era dominante ou agia como o subconsciente do cérebro/mente reptiliano. Se você armazenou raiva e ódio nessa camada do seu campo de energia, é provável que aumente o risco de um ataque cardíaco precoce. Todas as formas de dor fisiológica ou psicológica são interpretadas pela alma como falta de amor.

Um estudo sobre abuso e negligência infantil realizado pela Universidade de Toronto demonstrou que:

> Indivíduos que relataram ter sido abusados fisicamente quando crianças apresentaram uma probabilidade 45% maior de sofrer de doenças cardíacas do que seus pares que não haviam sofrido abuso.[12]

Um estudo realizado pela Universidade de Toronto relaciona abuso sexual infantil em meninos a ataques cardíacos.[13] De acordo com esse estudo, homens que experienciaram abuso sexual na infância tinham três vezes mais probabilidade de sofrer ataques cardíacos do que homens que não sofreram abuso sexual.

Outro estudo realizado nos Estados Unidos chegou a conclusão semelhante.

> Experiências adversas na infância podem provocar alterações psicológicas e fisiológicas que eventualmente levam a doença cardíaca.[14]

Esse estudo descobriu que aqueles que sofreram abuso físico ou emocional ou cresceram em um lar disfuncional tinham de 30% a 70% mais probabilidade de sofrer ataque cardíaco ou outros problemas cardíacos. O estudo também descobriu que crianças que são abusadas ou negligenciadas têm três vezes mais probabilidade de enfrentar vício em drogas quando adultos e duas vezes mais probabilidade de se tornar alcoólicos. Elas também têm duas vezes mais chance de fumar ou de ser severamente obesas.

Podemos concluir que viver em coerência com seu eu-alma significa abrir mão do medo, da dor e da raiva armazenados no campo energético de sua alma no nível astral. Quando você não abandona esse medo e raiva, quando deixa essa dor acumulada e vive em estado de incoerência, o risco de um ataque cardíaco aumenta.

Pesquisadores da Escola de Saúde Pública de Harvard descobriram que nas duas horas imediatamente após uma explosão de raiva o risco de ataques cardíacos aumenta quase cinco vezes e o risco de AVC aumenta mais de três vezes. Eles dizem que não está claro por que a raiva é perigosa. Acredito que não está claro para eles pois não reconheceram as dimensões energéticas de nossa existência. Assim como a maioria dos cientistas médicos, eles analisam o mundo ao seu redor através de lentes da realidade material de 3ª dimensão (3-D).

Doenças cardíacas

Doenças cardiovasculares (DCVs), também conhecidas como doenças cardíacas, são uma classe de doenças que afetam o coração e a circulação sanguínea. As DCVs incluem angina e infarte do miocárdio (ataque cardíaco). Outras DCVs incluem AVC (derrame), hipertensão e cardiomiopatia. A doença cardíaca é a principal causa de morte no mundo. A Figura 13.12 mostra o número de adultos nos Estados Unidos a cada mil, por gênero e idade, diagnosticados como tendo sofrido um ataque cardíaco em 2015.

Figura 13.12: Número de adultos nos Estados Unidos a cada 100 mil diagnosticados com ataque cardíaco por idade e gênero em 2014

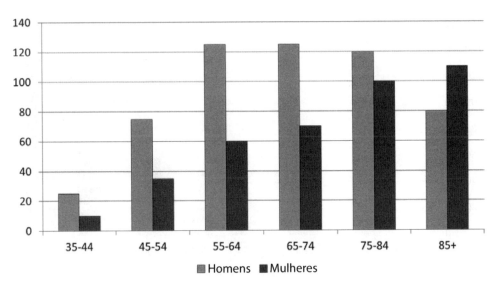

Fonte: American Heart Association.

A Figura 13.13 mostra o número de mortes, por gênero e idade, nos Estados Unidos decorrentes de ataque cardíaco em 2012, e a Figura 13.14 mostra o número de mortes, por gênero, no Reino Undo decorrentes de ataque cardíaco em 2014. É importante lembrar que a incidência de mortes decorrentes de doença ocorre muito depois da prevalência de uma doença. A doença tem que estar presente e desenvolvida antes que possa causar a morte.

A Nova Psicologia do Bem-Estar Humano

Figura 13.13: Número de mortes por gênero provocadas por doenças relacionadas ao coração nos Estados Unidos em 2012

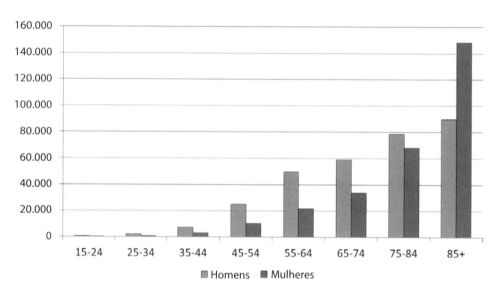

Fonte: National Vital Statistics, Vol. 64, Nº. 10, 31 de agosto de 2015.

Figura 13.14: Número de mortes por gênero provocadas por doenças relacionadas ao coração no Reino Unido em 2014.

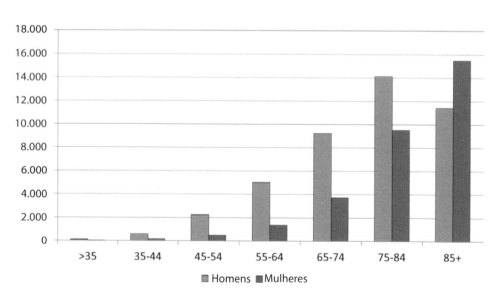

Fonte: British Heart Foundation, Cardiovascular Disease Statistics, 2014.

O Impacto da Psicologia na Fisiologia

É de se notar que a prevalência e a incidência de ataques cardíacos são significativamente menores em mulheres do que em homens em todas as faixas etárias, exceto acima de 85 anos, quando as mulheres têm mais chance de sofrer e de morrer de doenças cardíacas do que os homens.

Suicídio

Embora o suicídio seja uma das principais causas de morte no estágio de desenvolvimento psicológico da individuação, é um problema psicológico, e não fisiológico. Por esse motivo, discuto a relação entre o suicídio e os estágios de desenvolvimento psicológico no próximo capítulo.

Conclusão

A principal causa de morte relacionada ao estágio de desenvolvimento de individuação é a doença cardíaca. Problemas relacionados ao coração — ataques cardíacos e pressão sanguínea — começam a mostrar um aumento significativo na prevalência na faixa dos 30 anos (homens e mulheres) e tendem a atingir o ápice (em homens) na metade da faixa dos 50 e início da faixa dos 60 anos (Figura 13.12), o que se alinha com minha hipótese (veja a Tabela 13.3). Doenças cardíacas em mulheres atingem o ápice 20 a 30 anos mais tarde.

A conclusão a que cheguei a partir desses dados é a de que a falta de domínio do estágio de desenvolvimento de individuação frequentemente leva a problemas cardíacos.

Desordens físicas associadas ao estágio de desenvolvimento de diferenciação

O estágio de desenvolvimento psicológico da diferenciação, que começa em meados da faixa dos 20 anos, se relaciona ao campo mental inferior e ao chacra do plexo solar. Esse estágio de desenvolvimento se refere a estabelecer um senso de identidade e segurança física e emocional na estrutura cultural de sua existência. Sucesso nesse estágio de desenvolvimento requer confiança e autoestima. A área do corpo e as funções homeostáticas associadas com o chacra do plexo solar são mostradas na Tabela 13.9.

A Nova Psicologia do Bem-Estar Humano

TABELA 13.9: CARACTERÍSTICAS DO ESTÁGIO DE DESENVOLVIMENTO PSICOLÓGICO DA DIFERENCIAÇÃO

Estágio de desenvolvimento	Diferenciação
Impulsos energéticos	Pensamentos e crenças
Campo de energia	Mental inferior
Tarefa de desenvolvimento	Segurança: desenvolver sua confiança em uma comunidade em que pode demonstrar suas habilidades e talentos e se sentir respeitado e reconhecido. Intenções e pensamentos direcionados para se sentir seguro e servindo a si mesmo
Chacra	Plexo solar
Sistema endócrino	Pâncreas
Função endócrina (funcionamento homeostático)	Metabolismo
Partes do corpo	Estômago, duodeno, pâncreas, fígado, vesícula biliar e coluna dorsal. Relacionado ao cérebro/mente neocórtex (mente racional)
Funções corporais	Digestão
Problemas físicos	Úlceras de estômago, câncer de cólon, intestino irritável, diabetes, hipoglicemia e doenças de fígado.
Problemas psicológicos	Não sou bom o bastante
Sentimentos negativos	Vergonha e inveja
Sentimentos positivos	Poder e confiança
Características associadas aos chacras equilibrados	Quando o chacra do plexo solar está funcionando normalmente, você consegue estabelecer a si mesmo em uma comunidade em que recebe respeito e reconhecimento. Pode expressar seu poder pessoal. Sente-se no controle, tem confiança e tem uma avaliação positiva de si mesmo. Você é espontâneo e desinibido.

O chacra do plexo solar controla o fluxo de energia para a camada do campo energético que representa o estágio de desenvolvimento psicológico de diferenciação e o nível de consciência de autoestima. As partes da anatomia energizadas pelo chacra do plexo solar são "o cérebro no intestino", o estômago, o intestino delgado, o fígado, a vesícula biliar e o pâncreas, que regulam o sistema digestivo e controlam os níveis de açúcar no sangue.

A principal causa de morte associada com o estágio de desenvolvimento psicológico de diferenciação e o nível de consciência da autoestima é o suicídio. Como esse é um problema psicológico, e não fisiológico, como mencionado anteriormente, proponho lidar com esse tópico no próximo capítulo, que é dedicado exclusivamente à conexão entre o suicídio e os estágios de desenvolvimento psicológico.

Outros problemas psicológicos que surgem no estágio de desenvolvimento de diferenciação e no nível de consciência de autoestima são os transtornos alimentares (bulimia nervosa, anorexia nervosa e obesidade): controlar ou não controlar a quantidade de comida ingerida. Embora os sintomas de bulimia nervosa, anorexia nervosa e obesidade sejam diferentes, eles estão relacionados à autoestima, à disciplina e ao controle.

Depois do suicídio, a principal causa de morte e transtornos fisiológicos associados ao estágio de desenvolvimento de diferenciação são as doenças hepáticas e o diabetes.

Doenças hepáticas

O fígado tem um importante papel em muitas funções corporais, desde a produção de proteína e coágulos sanguíneos até o metabolismo do colesterol, glicose e ferro. O funcionamento do fígado é afetado por certas drogas, abuso de álcool, hepatite etc. A incidência de morte provocada por doenças hepáticas na Suécia em 2012 é mostrada na Figura 13.15.

Mortes causadas por doenças hepáticas começam no início da faixa dos 20 e dos 30 anos e continuam a aumentar na faixa dos 40 e 50, alcançando seu ápice na faixa dos 60 anos.

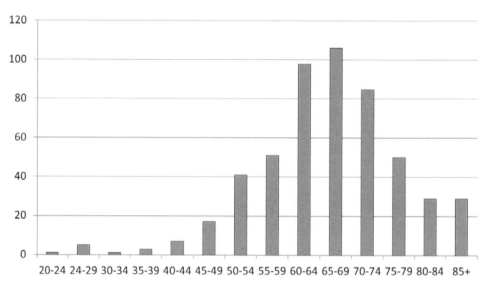

Figura 13.15: Número de mortes provocadas por doenças hepáticas na Suécia em 2012

Fonte: National Board of Health and Welfare, Suécia.

Diabetes

Diabetes é um termo geral para uma variedade de transtornos metabólicos diferentes que afetam a capacidade do corpo de digerir e processar o açúcar adequadamente. Deixado sem tratamento, o diabetes pode levar a sérias complicações em longo prazo. A Figura 13.16 mostra a incidência de morte provocada por diabetes nos Estados Unidos em 2012. As mortes causadas por diabetes começam no início da faixa dos 20 e 30 anos e continuam a aumentar nas faixas dos 40 e 50 anos, atingindo o ápice no final da faixa dos 70 anos.

Figura 13:16: Número de mortes provocadas por diabetes nos Estados Unidos em 2012.

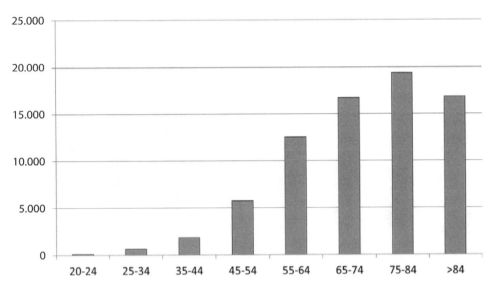

Fonte: National Vital Statistics Reports, Volume 64, Número 10.

Obesidade

A obesidade é definida como um transtorno em que a gordura corporal excessiva se acumulou ao ponto de poder afetar adversamente a saúde. A forma mais comum de medir a gordura corporal é o Índice de Massa Corporal (IMC), calculado como o peso em quilograma dividido pela altura em metros quadrados. Adultos com um IMC maior do que 25kg/m², mas com menos do que 30kg/m², são considerados com excesso de peso. Adultos com IMC superior a 30kg/m² são considerados obesos. Um adulto com mais de 45 quilos de excesso de peso ou com IMC superior a 40kg/m² é considerado obeso mórbido.

Estar cima do peso aumenta significativamente o risco de morte causada por hipertensão, dislipidemia, diabetes Tipo 2, AVC, osteoartrite e doença coronariana. Outras desordens incluem doença vesicular, apneia do sono, problemas respiratórios e cânceres de mama, próstata e cólon.

Nos últimos anos, a obesidade atingiu proporções epidêmicas nos Estados Unidos e no Reino Unido. A Figura 13.17 mostra o percentual da população considerado obeso nos Estados Unidos entre 1960 e 2010.

Figura 13.17: Percentagem de população nos Estados Unidos considerada obesa

Fonte: National Centre for Health Statistics.

A epidemia de obesidade não se limita aos adultos: nos Estados Unidos, o percentual de jovens acima do peso mais do que dobrou nos últimos 20 anos. A Figura 13.18 mostra o percentual de pessoas de diferentes faixas etárias nos Estados Unidos em 2012 consideradas obesas.

Figura 13:18: Percentual da população dos Estados Unidos considerada obesa por faixa etária em 2012

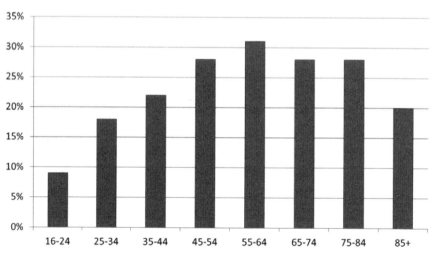

Fonte: National Centre for Health Statistics.

O Impacto da Psicologia na Fisiologia

Pessoas que sofrem de obesidade não só têm baixos níveis de autoestima como também têm baixos níveis de disciplina e autocontrole. Acredito que a obesidade seja um problema de reconhecimento. As pessoas obesas ingerem mais alimentos do que precisam para compensar a falta de reconhecimento que obtêm em sua vida. Elas usam a comida como um substituto da energia de valorização, algo que as nutre.

Ao alimentar o estômago, elas estão tentando preencher o vazio da baixa autoestima nessa camada do campo energético. Carecem de disciplina e autocontrole, porque desistiram de buscar reconhecimento. A obesidade é um sinal de que o chacra do plexo solar está subativo.

A recente explosão da obesidade sugere que pessoas jovens estão sofrendo com a falta de reconhecimento e valorização de seus pais, colegas e professores. Essa carência de valorização é demonstrada pelo tempo excessivo consigo mesmo, por não receber refeições nutritivas (excesso de *junk food*), por não ser supervisionado e pela ruptura de relações familiares.

Anorexia nervosa

A anorexia nervosa é caracterizada pelo medo de ganhar peso e uma restrição irracional e não saudável de alimentos. Pesquisas sugerem que cerca de 1% das adolescentes nos Estados Unidos sofrem de anorexia, e estimam que 20% das pessoas sofrendo de anorexia morrerão prematuramente em decorrência de complicações relacionadas a seus transtornos alimentares.[15]

As pessoas com anorexia podem sofrer de condições médicas potencialmente fatais, incluindo doenças cardíacas, renais e hepáticas, e desequilíbrios de potássio e magnésio, que podem levar à falência cardíaca. Mais ainda, elas podem sofrer de osteoporose (perda e porosidade óssea), baixa pressão sanguínea, úlceras, vertigens e desmaios, ritmo cardíaco irregular, dores de cabeça, náusea e uma miríade de outros problemas físicos. Pessoas com anorexia também experimentam ansiedade, depressão e outros problemas psicológicos.

Anoréxicos se comportam de maneira exatamente oposta à dos obesos em relação à comida. Enquanto os obesos abdicam de atender a suas necessidades de autoestima, e, portanto, carecem de disciplina em relação à comida, os anoréxicos, não; eles são totalmente disciplinados e controlados na alimentação.

A figura paterna dos anoréxicos é geralmente ausente ou não presta muita atenção às suas vidas. Consequentemente, o anoréxico não recebe o respeito e o reconhecimento de que precisa. Anoréxicos aprenderam que precisam controlar tudo que recebem do mundo externo para preservar e nutrir seu senso de autoestima. Eles tendem a nutrir sua autoestima pela excelência acadêmica.

Para a maioria das pessoas, a anorexia é a ausência de apetite. Não é esse o caso. Os anoréxicos apenas se comportam como se não tivessem fome. Na realidade, eles controlam a ingestão de alimentos por outras razões.

Algumas pessoas explicam a anorexia de um ponto de vista religioso, pois o asceticismo tem fortes ligações com os transtornos alimentares. Marilyn Lawrence, psicoterapeuta do Reino Unido e especialista em anorexia, explica que:

> Jejum, automutilação e autoflagelação frequentemente fazem parte de tradições religiosas ocidentais e orientais.[16]

> O corpo é visto, como o mundo exterior, como essencialmente pecaminoso. A mente-alma pode atingir a perfeição apenas se o corpo puder ser subjugado e dominado. O corpo é percebido como inimigo da alma, a qual ele tenta manter presa em sua imperfeição pecaminosa.[17]

Nessa afirmação, não vemos apenas uma ligação entre disciplina e controle — as necessidades do corpo precisam ser "subjugadas e dominadas" —, vemos ainda uma ligação ao problema fundamental discutido neste livro — o problema da dinâmica ego-mente e o propósito fundamental da vida. Lawrence continua com as ligações entre religião e anorexia nervosa:

> Jovens garotas, vivenciando a puberdade, veem seus corpos como incontroláveis. A natureza incontrolável do corpo não pode ser aceita.[18]

> Enquanto pacientes [atualmente] são clara e altamente motivadas a buscar incansavelmente seus objetivos de magreza absoluta, elas não parecem saber o que as motiva [...] Santos medievais [...] por outro lado, eram claros e explícitos de que tentavam libertar suas almas da prisão do corpo. Eles buscavam a perfeição espiritual.[19]

Essa última afirmação claramente sugere que os santos medievais que "tentavam libertar suas almas da prisão do corpo" buscavam o reconhecimento espiritual, o reconhecimento de seu mundo interior.

Não importa o motivo pelo qual jovens garotas buscam "incansavelmente" buscar a magreza, pois me parece que as causas psicológicas da anorexia, assim como em todos os transtornos alimentares, está conectada às experiências vividas por crianças e adolescentes em obter o reconhecimento de que precisam durante o estágio de desenvolvimento de diferenciação e de obter algum nível de controle sobre sua tomada de decisão. Essa necessidade de exercer o controle sugere que elas também têm dificuldades de atender a suas necessidades no estágio de desenvolvimento de sobrevivência. Os problemas de severo controle e de autodisciplina dos anoréxicos são alguns dos fatores que os diferenciam dos bulímicos.

Bulimia nervosa

A bulimia nervosa é caracterizada por episódios de rápida ingestão de grandes quantidades de alimentos e depois se livrar do que ingeriu vomitando, usando laxantes ou diuréticos. Como, normalmente, bulímicos não são tão perigosamente magros quanto os anoréxicos, os danos físicos ao seu corpo não são tão severos. Bulímicos geralmente sofrem de depressão e abuso de substâncias, e, assim como os anoréxicos, eles não abriram mão de atender a suas necessidades de autoestima. As principais diferenças entre eles são:

- Bulímicos não são tão disciplinados e controlados quanto os anoréxicos.

- Bulímicos buscam reconhecimento de sua imagem corporal (autoestima) do mundo externo, enquanto acredito que os anoréxicos buscam reconhecimento de seu mundo interno e externo.

Cerca de 50% das pessoas que têm anorexia nervosa acabam desenvolvendo bulimia nervosa ou padrões bulímicos. A mudança da anorexia para a bulimia normalmente é considerada um passo na direção da cura. Mais informações sobre as causas psicológicas da anorexia nervosa podem ser encontradas no livro *A Experiência Anoréxica*, de Marilyn Lawrence.[20]

Conclusão

Além do suicídio, as duas principais causas de morte relacionadas a dificuldades no domínio do estágio de desenvolvimento da diferenciação são doenças hepáticas e diabetes. A prevalência desses transtornos começa a surgir no início da faixa dos 20 anos e gradualmente se torna mais importante nos 10 ou 15 anos seguintes, o que se alinha com minha hipótese (veja a Tabela 13.3).

A conclusão a que chego a partir desses dados é a de que o fracasso em dominar o estágio de desenvolvimento de diferenciação frequentemente leva ao diabetes e a doenças hepáticas.

Em relação aos transtornos alimentares, o aparecimento de anorexia nervosa, bulimia nervosa e obesidade se alinha com minha hipótese — anorexia nervosa e bulimia nervosa afetam principalmente garotas adolescentes e jovens mulheres (12–24 anos). Anoréxicas tendem a se distribuir no limite inferior dessa faixa, e as bulímicas, no limite superior dessa faixa.

Apesar de a obesidade poder ocorrer em qualquer estágio de nossa vida, o rápido aumento da obesidade entre crianças e adolescentes sugere que elas não estão obtendo a atenção e o reconhecimento de que tanto precisam de seus pais para dominar o estágio de desenvolvimento de diferenciação.

Transtornos alimentares têm a taxa de mortalidade mais alta entre todas as doenças mentais, e a anorexia é a terceira doença crônica mais comum entre adolescentes nos Estados Unidos e no Reino Unido.

Distúrbios físicos associados ao estágio de desenvolvimento de conformidade

O estágio de desenvolvimento psicológico de conformidade, que começa na infância, se relaciona ao campo emocional inferior e ao chacra sacral. Esse estágio de desenvolvimento se refere a encontrar segurança física e emocional em sua vida. A área do corpo e as funções homeostáticas associadas ao chacra sacral são mostradas na Tabela 13.10.

TABELA 13.10: CARACTERÍSTICAS DO ESTÁGIO DE DESENVOLVIMENTO PSICOLÓGICO DE CONFORMIDADE

Estágio de desenvolvimento	Conformidade
Impulsos energéticos	Emoções e sentimentos em relação a si mesmo
Campo de energia	Emocional inferior
Tarefa de desenvolvimento	Proteção: sentir-se seguro e protegido ficando próximo de seus entes queridos e de sua comunidade e satisfazendo sua necessidade de relacionamentos amorosos
Chacra	Sacral
Sistema endócrino	Gônadas
Função endócrina (funcionamento homeostático)	Sistema reprodutivo
Partes do corpo	Órgãos sexuais femininos, bexiga, cólon, intestino e próstata, rins e baço

O Impacto da Psicologia na Fisiologia

Estágio de desenvolvimento	Conformidade
Funções corporais	Sistema nervoso autônomo — sistema parassimpático
Problemas físicos e mentais	Câncer de próstata, câncer de ovário, problemas ovarianos, dores pélvicas, anorexia, bulimia e obesidade
Problemas psicológicos	Não sou amado o suficiente
Sentimentos negativos	Culpa e repreensão
Sentimentos positivos	Segurança e proteção
Características associadas a chacras equilibrados	Quando o chacra sacral está funcionando normalmente, você é capaz de criar relações íntimas e amorosas. Seus sentimentos fluem livremente e são expressados sem ser excessivamente emocional. Você não tem medo de conflito, e pode ser apaixonado e cheio de vida. Não tem problemas em lidar com sua sexualidade e se sente confortável em seu corpo.

O chacra sacral controla o fluxo de energia para a camada do campo energético que representa o estágio de desenvolvimento psicológico de conformidade e o nível de consciência de relacionamento. As partes da anatomia energizadas pelo chacra sacral são os órgãos sexuais femininos, a próstata, a bexiga, o cólon, o intestino, rins e baço.

Conclusão

Há algumas causas principais de morte *diretamente* relacionadas ao estágio de desenvolvimento de conformidade. As principais causas de morte *indiretamente* relacionadas ao estágio de desenvolvimento de conformidade (segurança emocional) são o câncer de ovário e de próstata. Outros problemas indiretamente relacionados a dificuldades no domínio das necessidades do estágio de desenvolvimento de conformidade incluem infecções urinárias e renais.

As consequências mais profundas e duradouras das dificuldades de atender às necessidades físicas e emocionais do estágio de desenvolvimento de conformidade são distúrbios mentais. Dependendo da gravidade das dificuldades encontradas nesse estágio de desenvolvimento, esses distúrbios podem variar de neuroses a transtornos dissociativos de identidade.

Problemas físicos associados ao estágio de desenvolvimento de sobrevivência

O estágio de desenvolvimento psicológico de sobrevivência se relaciona ao campo etérico inferior e ao chacra raiz. Esse estágio de desenvolvimento se refere a permanecer vivo: o problema existencial elementar que enfrentamos em nossa vida. A área do corpo e as funções homeostáticas associadas ao chacra raiz são mostradas na Tabela 13.11.

TABELA 13.11: CARACTERÍSTICAS DO ESTÁGIO DE DESENVOLVIMENTO PSICOLÓGICO DE SOBREVIVÊNCIA

Estágio de desenvolvimento	Sobrevivência
Impulso energético	Ação
Campo de energia	Etéreo inferior
Desafio de desenvolvimento	Sobrevivência: permanecer vivo e sobreviver. Manter a saúde física e a vitalidade. Ações focadas nas próprias necessidades.
Chacra	Raiz
Sistema endócrino	Glândulas adrenais
Função endócrina (funcionamento homeostático)	Resposta ao estresse e metabolismo
Partes do corpo	Reto, ânus, coluna lombar, pernas e pés. Ligação com o cérebro/mente reptiliano (corpo-mente)
Funções corporais	Defecação
Problemas físicos	Artrite, veias varicosas, tumores retais e dores na coluna lombar
Problemas psicológicos	Eu não tenho o suficiente para sobreviver
Sentimentos negativos	Medo e ansiedade
Sentimentos positivos	Controle e vitalidade
Características associadas aos chacras equilibrados	Quando o chacra raiz está funcionando normalmente, você se sente centrado e estável — no controle de sua vida. Você está presente aqui e agora, conectado ao seu corpo físico e confiante de que as coisas darão certo.

O chacra raiz controla o fluxo de energia para a camada do campo de energia que representa o estágio de desenvolvimento psicológico de sobrevivência e o nível

O Impacto da Psicologia na Fisiologia

de consciência de sobrevivência. As partes da anatomia energizadas pelo chacra raiz são os quadris, as pernas e as glândulas adrenais.

As causas de morte durante o estágio de desenvolvimento de sobrevivência são variadas. Uma das mais significativas é a Síndrome da Morte Súbita Infantil (SMSI). Outros problemas fisiológicos diretamente relacionados a esse estágio de desenvolvimento incluem artrite em crianças.

Síndrome da Morte Súbita Infantil

A ciência médica não tem explicação para a ocorrência de SMSI. As autópsias nunca revelaram qualquer sinal de mal funcionamento fisiológico em mortes atribuídas à SMSI: o coração simplesmente parece parar de bater.

SMSI normalmente ocorre entre dois e quatro meses de idade e tende a afetar mais bebês do sexo masculino do que feminino. A SMSI ocorre durante o sono, momento em que a percepção consciente dominante está "desligada" e a percepção da alma está ativa. Acredito que a SMSI é uma ação voluntária da alma. Quando o desejo da alma de estar presente na percepção 3-D não é forte e ela está sobrecarregada pela instabilidade energética (dor) vivenciada na percepção material, ela pode escolher se retirar do corpo do bebê. Essa é uma escolha da alma e não pode ser considerada pelos pais como um fracasso em cuidar do bebê.

Artrite

Embora a artrite reumatoide seja comumente associada a adultos idosos, há uma versão dessa doença que afeta crianças. Essa condição, chamada artrite reumatoide juvenil (ARJ), pode variar de ser relativamente inócua a apresentar consequências permanentes e potencialmente perigosas. De acordo com algumas fontes, aproximadamente 300 mil crianças nos Estados Unidos sofrem de alguma forma de artrite.

Conclusão

A causa de morte *diretamente* relacionada ao estágio de desenvolvimento de sobrevivência é a SMSI. Outros problemas fisiológicos diretamente relacionados incluem a artrite.

Existem muitos problemas físicos *indiretamente* relacionados ao estágio de desenvolvimento de sobrevivência. Eles incluem doença cardíaca, pressão alta e

A Nova Psicologia do Bem-Estar Humano

câncer. Outros problemas que surgem das dificuldades em atender às necessidades do estágio de desenvolvimento da sobrevivência e nível de consciência de sobrevivência incluem problemas relacionados ao ânus, às pernas e aos pés.

As consequências mais profundas e duradouras da dificuldade de atender às necessidades do estágio de desenvolvimento psicológico de sobrevivência são os distúrbios mentais. Dependendo do nível de dificuldade, esses problemas podem variar de neuroses a diferentes formas de psicose.

Disfunções do câncer

O que difere as disfunções do câncer comparadas a outras causas de morte é que elas não são confinadas a partes específicas do corpo. Quase todos os órgãos do corpo, incluindo o cérebro, exceto o coração, podem ser afetados pelo câncer. Isso sugere que o câncer não é primariamente um problema de desenvolvimento e mais um problema existencial — uma incapacidade profunda de priorizar os desejos da alma por causa da desconexão entre as motivações do ego e da alma. Por essa razão, a maioria das disfunções de câncer geralmente não surgem até a segunda metade de nossa vida.

O risco de câncer aumenta consideravelmente quando o sistema imunológico foi comprometido por repetidas dificuldades em atender a nossas necessidades de sobrevivência, segurança e proteção. Quando nos resignamos a não sermos capazes de atender a uma dessas necessidades, o sistema nervoso simpático para, e o sistema imunológico é enfraquecido.

O câncer ataca quando existe uma incapacidade de atender aos desejos da alma e quando a instabilidade energética devido a um chacra subativo é maior — quando o funcionamento do sistema imunológico está mais comprometido.

Para a maioria das mulheres, esses dois problemas são encontrados na mesma camada do campo de energia: a que corresponde à área do tórax. Essa camada do campo de energia corresponde ao nível de consciência de coesão interna e ao estágio de desenvolvimento psicológico de autorrealização. A instabilidade energética na área do tórax e as dificuldades em atender aos desejos da alma por autoexpressão levam ao câncer de mama.

O risco de câncer de mama aumenta se, durante o estágio de desenvolvimento psicológico de sobrevivência, o bebê do sexo feminino enfrenta dificuldades em atender a suas necessidades e se, durante a infância, foi ensinado a colocar as necessidades dos outros a frente de suas próprias.

> Médicos frequentemente relatam a impressão de que muitas pacientes de câncer funcionaram como "doadoras" em grande parte da vida, subordinando a consciência de suas necessidades às necessidades dos outros. Aprender a ter consciência e articular seus desejos pode às vezes ser uma possibilidade nova e até mesmo aterradora.[21]

Para a maioria dos homens, os dois problemas — a incapacidade de priorizar os desejos da alma e a instabilidade energética — são encontrados em diferentes camadas do campo de energia. O nível mais alto de instabilidade energética em homens tende a ocorrer na área do abdômen inferior, que corresponde ao nível de consciência de relacionamento e ao estágio de desenvolvimento de conformidade.

Como essa camada do campo de energia suporta a camada do campo de energia associada ao estágio de desenvolvimento de individuação, quando os homens alcançam o estágio de desenvolvimento de integração, sua capacidade de atender aos desejos da alma de conexão é comprometida pela instabilidade energética que eles têm na camada do campo de energia associada ao estágio de desenvolvimento de conformidade. Consequentemente, a falha em atender aos desejos da alma de conexão surge na forma de câncer de próstata.

É importante lembrar que as células cancerosas não são células doentes; são células em que o desejo de cooperar na busca do bem comum foi suprimido, em que o senso de separação da alma é mais alto.

Quando as células sentem esse senso de separação, elas perdem o senso maior de identidade (cada célula é parte de um órgão) e começam a focar seus interesses próprios. Elas crescem e se desenvolvem sem se preocupar com as outras células, se tornam egocêntricas, focando unicamente sua própria sobrevivência. Elas foram imbuídas pela alma de um desejo de sobreviver, e é nisso que se concentram. Seu foco exclusivo no interesse próprio em algum momento leva a sua morte. Isso é verdade em todos os contextos de vida: um foco no interesse próprio sempre leva ao fracasso.

Usando a teoria dos jogos, dois pesquisadores de biologia evolutiva descobriram que "a evolução o punirá se você for egoísta e cruel. Por um curto período e contra um conjunto específico de oponentes, alguns organismos egoístas podem ter vantagem. Mas o egoísmo não é evolucionariamente sustentável".[22]

A evolução não progride pelas entidades se tornando mais adaptadas, e sim pelas mais estáveis e mais inclusivas. Existe uma vantagem evolucionária definitiva em ser capaz de expandir sua consciência (seu senso de identidade) para incluir os outros. Em outras palavras, existe uma vantagem evolutiva em aumentar seu desenvolvimento psicológico.

O que tudo isso significa?

O que tentei demonstrar neste capítulo, com base nos dados coletados de muitas fontes, é que nossa saúde fisiológica está intimamente relacionada às dificuldades enfrentadas em atender às necessidades de nosso ego e aos desejos de nossa alma. Mais especificamente, nossa saúde é uma função de nossa capacidade de alinhar as motivações de nosso ego com as motivações de nossa alma.

Para atingir a saúde física ideal, precisamos aprender a dominar cada estágio de desenvolvimento psicológico, abandonando os medos do ego sobre atender a nossas necessidades de sobrevivência, segurança e proteção e incluir plenamente os desejos de nossa alma por autoexpressão, conexão e contribuição. A Tabela 13.12 resume os problemas fisiológicos relacionados com as dificuldades em dominar os diferentes estágios de desenvolvimento.

TABELA 13.12: ESTÁGIOS DE DESENVOLVIMENTO E SURGIMENTO DE PROBLEMAS FISIOLÓGICOS.

Estágio de desenvolvimento psicológico	Problemas fisiológicos
Serviço	Mal de Alzheimer, AVCs e doença de Parkinson
Integração	Câncer de próstata e câncer de ovário
Autorrealização	Câncer de mama, problemas respiratórios
Individuação	Doença cardíaca
Diferenciação	Doença hepática, diabetes, obesidade, anorexia nervosa e bulimia nervosa
Conformidade	Principalmente problemas psicológicos
Sobrevivência	Principalmente problemas psicológicos e SMSI

Minha profunda esperança é a de que as descobertas obtidas pela conexão de psicologia e fisiologia possam contribuir para uma maior compreensão das raízes das disfunções fisiológicas, e que lidar com as disfunções psicológicas no início da vida possa aumentar o nível de bem-estar psicológico e fisiológico mais tarde na vida.

Resumo dos pontos principais

Os principais pontos do Capítulo 13.

1. Minha hipótese é a de que disfunções fisiológicas associadas com as dificul- dades em dominar um determinado estágio de desenvolvimento psicológico

começam a se tornar significativas entre 5 e 10 anos, depois do início daquele estágio de desenvolvimento, e atingem o ápice entre 10 e 15 anos depois.

2. De acordo com as Nações Unidas, as três principais causas de morte no mundo são a doença cardíaca (7,4 milhões por ano), AVC (6,7 milhões por ano) e doenças pulmonares (3,1 milhões por ano).

3. Por causa das conexões existentes entre os campos etéricos inferiores (ego) e superiores (alma), dos campos emocional e mental, quando você atinge os estágios de desenvolvimento superiores (alma), qualquer fraqueza ou deficiência em sua capacidade de atender às necessidades do estágio de desenvolvimento inferior (ego) correspondente pode aumentar a pressão (instabilidade) nas camadas etéricas inferiores do campo de energia emocional e mental provocando disfunções fisiológicas nesses níveis.

4. As principais causas de morte associadas ao estágio de desenvolvimento psicológico de serviço estão relacionadas a disfunções do cérebro.

5. As principais causas de morte associadas ao estágio de desenvolvimento psicológico de integração são câncer de próstata e câncer de ovário.

6. As principais causas de morte associadas ao estágio de desenvolvimento psicológico de autorrealização e integração são câncer de mama e doença pulmonar.

7. A principal causa de morte associada ao estágio de desenvolvimento psicológico de individuação é a doença cardíaca.

8. As principais causas de morte associadas ao estágio de desenvolvimento psicológico de diferenciação são as doenças hepáticas e o diabetes.

9. Não há principais causas de morte associadas ao estágio de desenvolvimento psicológico de conformidade.

10. A principal causa de morte associada ao estágio de desenvolvimento psicológico de sobrevivência é a Síndrome da Morte Súbita Infantil.

11. O câncer não é primariamente um problema de desenvolvimento, e, sim, existencial; uma profunda incapacidade de priorizar os desejos da alma. Por esse motivo, a maioria das disfunções de câncer não tende a surgir até atingirmos a segunda metade de nossa vida.

12. O risco de câncer aumenta consideravelmente se o sistema imunológico foi comprometido por repetidas dificuldades em atender a nossas necessidades de sobrevivência, segurança ou proteção.

Referências e notas

1. Michael A. Lerner, *Choices of Healing: Integrating the best of conventional and complementary approaches to câncer* (Boston: MIT Press), 1994, p. 137.

A Nova Psicologia do Bem-Estar Humano

2. WHO, Health Statistics.

3. Em teosofia, um campo da filosofia esotérica, a glândula pineal é chamada de terceiro olho. É através desse "olho" que acessamos o potencial de nossa alma e os estados superiores de consciência.

4. A demência, também conhecida como senilidade, é uma categoria ampla de doenças cerebrais que causam a diminuição gradual e permanente na capacidade de pensar e recordar.

5. Norman Cousins, *Anatomy of an Illness* (Nova York: W. W. Norton & Co.), 1979, p.53.

6. Ibid., p. 79.

7. George E. Vaillant, *The Wisdom of the Ego* (Boston: Harvard University Press), 1993, p. 223.

8. Ibid., p. 224.

9. http://www.alz.org/facts/downloads/facts_figures_2015.pdf (conteúdo em inglês)

10. Demência: A public priority, WHO, 2012.

11. As glândulas exócrinas secretam seus produtos em dutos que terminam do lado externo do corpo, enquanto as glândulas endócrinas secretam seus produtos na corrente sanguínea.

12. Universidade de Toronto. *Link Between Childhood Physical Abuse and Heart Disease*. Science Daily, 23 jul 2010.

13. Universidade de Toronto. *Childhood Sexual Abuse Linked to Later Heart Attacks in Men*. Science Daily, 6 set 2012.

14. http://www.lifeclinic.com/fullpage.aspx?prid=521310&type=1 (conteúdo em inglês)

15. http://www.anad.org/get-information/about-eating-disorders/eating-disorders-statistics (conteúdo em inglês)

16. Marilyn Lawrence, *The Anorexic Mind* (Londres: Karnac), 2008, p. 7. Lançado no Brasil como *A Experiência Anoréxica*.

17. Marilyn Lawrence, *Anorexic Nervosa—The Control Paradox*. Women's Studies International Quarterly, 2: 93-101.

18. Marilyn Lawrence, *The Anorexic Mind* (Londres: Karnac), 2008, p. 8.

19. Ibid., p. 9.

20. Marilyn Lawrence, *The Anorexic Mind* (Londres: Karnac), 2008. Lançado no Brasil como *A Experiência Anoréxica*.

21. Michael A. Lerner, *Choices of Healing: Integrating the best of conventional and complementary approaches to cancer* (Boston: MIT Press), 1994, p. 21.

22. Artigo, Nature Communications, *Evolutionary Instability in Zero-determinant Strategies Demonstrates that Winning is not Everything*, de Christophe Adami e Arend Hintze, publicado em 1º ago 2013.

14

SUICÍDIO E OS ESTÁGIOS DE DESENVOLVIMENTO

Tirar a própria vida é o derradeiro mecanismo de enfrentamento. Quando você não é mais capaz de suportar a dor de viver, pode escolher renunciá--la. A maioria das pessoas que cometem suicídio o faz quando desistiu de ter esperanças de satisfazer suas necessidades. O suicídio é a forma encontrada pelo ego de abortar o desejo da alma de experienciar a percepção da 3ª dimensão (3-D).

No capítulo anterior, explorei a conexão entre as dificuldades em superar os estágios de desenvolvimento psicológico e o surgimento de desordens físicas. Cheguei à conclusão de que, para conquistar a saúde ideal, precisamos aprender a nos libertar dos medos do ego sobre conseguir satisfazer nossas necessidades de sobrevivência, proteção e segurança e incluir plenamente os desejos de nossa alma por autoexpressão, conexão e contribuição. Neste capítulo, quero explorar a ligação entre os estágios de desenvolvimento psicológico e a incidência de suicídio.

Quando pensamos no suicídio, normalmente nos vem a ideia de fracasso, a impossibilidade de aceitar as vicissitudes da vida. Mas isso não é tudo. Não é apenas o fracasso em superar os entraves cotidianos que fazem com que as pessoas tirem a própria vida. Existem muitas outras razões. Uma pessoa com uma doença terminal decide tirar a vida para evitar a dor envolvida no processo de morte; outras o fazem por um ato de vingança. No Japão, a prática do seppuku (hara-kiri) é uma forma ritualizada de suicídio inicialmente praticada por guerreiros samurais como um meio de expiação. Mais recentemente, o hara-kiri tem sido praticado como uma forma de protesto. Homens-bomba tiram a própria vida para a glória de seu Deus.

A Nova Psicologia do Bem-Estar Humano

Minha intenção neste capítulo não é cobrir toda a gama de causas do suicídio, mas limitar meu foco no suicídio como meio de superar a dor psicológica decorrente de se esforçar e fracassar em atender às necessidades associadas aos estágios de desenvolvimento psicológico. Quando, apesar dos esforços, somos incapazes de suprir nossas necessidades, chega um momento em que perdemos a esperança, nos sentimos encurralados e não enxergamos outra maneira de lidar com a dor além de tirar nossa própria vida.

A partir dessa perspectiva, o suicídio representa o mecanismo de enfrentamento derradeiro — a última forma de controle que exercemos sobre nossas vidas — depois que todas as demais nos foram renegadas. Mesmo quando não conseguimos controlar todo o resto, a única coisa sobre a qual ainda temos controle é se vivemos ou morremos, se encerraremos ou não o experimento da alma de tentar viver em um mundo material de 3ª dimensão (3-D).

Ao focar as dificuldades enfrentadas para superar os diferentes estágios de desenvolvimento como causas do suicídio, reconheço que estou negligenciando o importante tópico do suicídio como forma de lidar com a dor do Transtorno do Estresse Pós-traumático (TEPT). O suicídio associado ao TEPT pode ocorrer em qualquer momento de nossa vida, normalmente vários anos depois que o trauma ocorreu. Por essa razão, o suicídio como resposta à dor do TEPT não tem uma ligação direta com os estágios de desenvolvimento psicológico. O que estou propondo é que o suicídio associado ao TEPT é provocado pela crise relacionada à incapacidade de atribuir sentido à morte, tortura ou abuso físico significativo: problemas relacionados aos nossos maiores medos existenciais.

Psicólogos existenciais identificam quatro causas de conflito interno: morte, liberdade, isolamento e ausência de significação. O TEPT normalmente envolve dois desses conflitos: o enfrentamento da morte e a ausência de significado da vida.[1]

Minha hipótese

A hipótese básica que desejo testar neste capítulo é a seguinte:

> A maioria das pessoas que cometem suicídio o faz quando não é mais capaz de suportar a dor associada às dificuldades de satisfazer suas necessidades no estágio de desenvolvimento que eles alcançaram.

Gostaria de propor que não é a desesperança em seus esforços para atender a suas necessidades que faz com que as pessoas cometam suicídio, mas, sim, sua sensação de *aprisionamento na desesperança em não ter suas necessidades atendidas.*

O Modelo Motivacional-Volitivo Integrado

O Modelo Motivacional-Volitivo Integrado (IMV, em sua sigla em inglês) do comportamento suicida[2] desenvolvido por Rory O'Connor no Laboratório de Pesquisa sobre Comportamento Suicida da Universidade de Glasgow sugere que existem três fases do suicídio: a pré-motivacional, a motivacional e a volitiva.

- **Fase 1:** A fase pré-motivacional se refere aos fatores históricos, como predisposição ao suicídio, falta de apoio ambiental e acontecimentos de vida negativos significativos.

- **Fase 2:** A fase motivacional se refere a pensar em cometer suicídio e o desenvolvimento da intenção. Esses pensamentos são decorrentes dos sentimentos de derrota, humilhação e aprisionamento.

- **Fase 3:** A fase volitiva se refere ao comportamento suicida em si.

Fase 1: Pré-motivação

De um ponto de vista de desenvolvimento, a fase pré-motivacional se refere às impressões, ao esquema e às crenças que aprendemos sobre nossa incapacidade de satisfazer nossas necessidades enquanto o cérebro/mente reptiliano (mente-corpo), cérebro/mente límbico (mente emocional) e o cérebro/mente neocórtex (mente racional) estão em formação. Em outras palavras, as memórias das dificuldades enfrentadas ao tentar satisfazer nossas necessidades durante os estágios de desenvolvimento psicológico de sobrevivência, conformidade e diferenciação podem nos predispor a vivenciar a desesperança em nossa vida adulta. Se nos esforçamos para atender a nossas necessidades quando jovens, criamos um depósito de memórias dolorosas que podem ser acionadas sempre que deparamos com situações semelhantes em nossa vida adulta. Se não tivemos dificuldades em suprir nossas necessidades quando jovens, não teremos essas memórias dolorosas.

Fase 2: Motivação

A fase motivacional se refere às dificuldades em atender às necessidades no estágio de desenvolvimento que atingimos. Se tivermos que nos esforçar continuamente e, ainda assim, não conseguirmos satisfazer nossas necessidades, a dor das memórias de situações semelhantes aumentarão nossa sensação de não conseguir enfrentá-las e reforçarão o sentimento de desesperança e de aprisionamento.

Fase 3: Volição

A fase volitiva somente entra em ação se a dor de não conseguir satisfazer nossas necessidades se torna insuportável. Nessa fase, há outros fatores contribuintes. Os principais são nossa impulsividade, capacidade de planejar o suicídio e acessar os meios para cometê-lo, como armas, veneno etc.

Pesquisadores descobriram que, acima de todos os outros fatores, a alta tolerância à dor e um alto limiar de dor estão fortemente relacionadas ao risco de suicídio. Seria mais lógico pensar o oposto: uma alta tolerância e um alto limiar de dor supostamente nos tornaria mais resilientes. Esses indicadores são elevados *porque* já experimentamos uma grande quantidade de dor no passado. Adquirimos prática em tolerar e disfarçar. Isso não torna a dor mais suportável.

Tendo identificado os fatores que influenciam o risco de suicídio, analisamos agora como esses fatores se relacionam com os estágios de desenvolvimento psicológico.

Suicídio e os estágios de desenvolvimento psicológico

Estágio 1: O estágio de sobrevivência

Esse estágio de desenvolvimento, que ocorre do momento do nascimento até os 2 anos de idade, contribui para a fase pré-motivacional do modelo IMV. Qualquer experiência de não receber atenção ou cuidados nesse período (enquanto o cérebro/mente reptiliano está crescendo e se desenvolvendo), que crie uma impressão em nossa mente-corpo de que lutar para satisfazer nossa necessidade de sobrevivência é inútil (desesperança aprendida), pode enfraquecer significativamente nossa determinação em continuar lutando quando as coisas estão complicadas, comprometendo, assim, nossa capacidade de lidar com as vicissitudes da vida e debilitando nossa determinação para continuar tentando nos expressar no estágio de desenvolvimento de autorrealização.

Estágio 2: O estágio de conformidade

Esse estágio de desenvolvimento, que ocorre entre os 2 e os 7 anos de idade, também contribui para a fase pré-motivacional do modelo IMV. Qualquer experiência de não se sentir amado ou aceito durante esse período (enquanto o cérebro/mente límbico está crescendo e se desenvolvendo), que provoque a formação de crenças limitadoras em nossa mente emocional de que lutar para satisfazer nossas necessidades de proteção é inútil, pode enfraquecer significativamente nossa determinação de continuar tentando construir relacionamentos amorosos e comprometem nossa capacidade de satisfazer os desejos de nossa alma de conexão no estágio de desenvolvimento de integração.

Estágio 3: O estágio de diferenciação

Esse estágio de desenvolvimento, que ocorre dos 8 a meados da faixa dos 20 anos, pode contribuir para a fase pré-motivacional ou motivacional do modelo IMV. Qualquer experiência durante esse período que crie crenças limitadoras sobre nossa capacidade de satisfazer nossas necessidades de segurança (autoestima) pode afetar a capacidade de ser respeitado e reconhecido por nossos pares e compromete a habilidade de satisfazer os desejos de nossa alma de contribuição no estágio de desenvolvimento de serviço.

Estágio 4: O estágio de individuação

Esse estágio de desenvolvimento, que ocorre de meados da faixa dos 20 anos até o final da faixa dos 30 anos, contribui para a fase motivacional do modelo IMV. Quaisquer dependências ou acontecimentos que bloqueiem ou nos impeçam de encontrar a liberdade e a autonomia necessárias para explorar quem somos aumenta significativamente o risco de suicídio neste estágio de desenvolvimento.

Estágio 5: O estágio de autorrealização

Esse estágio de desenvolvimento, que ocorre na faixa dos 40 anos, contribui para a fase motivacional do modelo IMV. Nesse estágio de desenvolvimento, estamos tentando satisfazer os desejos de nossa alma de autoexpressão. Quaisquer dependências ou obrigações que sentimos ter em relação a outras pessoas que nos impeçam de encontrar significado e propósito na vida aumentam consideravelmente o risco de suicídio nesse estágio de desenvolvimento. Essas dificuldades em satisfazer o desejo de nossa alma de autoexpressão podem ser exacerbadas por crenças limitadoras que aprendemos por não sermos capazes de atender a nossas necessidades de sobrevivência.

Estágio 6: O estágio de integração

Esse estágio de desenvolvimento, que ocorre na faixa dos 50 anos, contribui para a fase motivacional do modelo IMV. Nesse estágio de desenvolvimento, estamos tentando satisfazer o desejo de nossa alma por conexão. Qualquer crença limitadora criada durante o estágio de desenvolvimento de conformidade sobre não se sentir seguro ou amado dificulta nossa conexão com as outras pessoas no estágio de desenvolvimento de integração e aumenta nossa sensação de solidão. A solidão não surge da ausência de pessoas à sua volta, mas de se retrair, de não comunicar o que é importante para você ou de ter opiniões que acha que os outros não aceitariam.

Estágio 7: O estágio de serviço

Esse estágio de desenvolvimento, que ocorre a partir dos 60 anos, contribui para a fase motivacional do modelo IMV. Nesse estágio de desenvolvimento, estamos tentando satisfazer o desejo de nossa alma de contribuição. Qualquer crença limitadora formada durante o estágio de desenvolvimento de diferenciação sobre não se sentir seguro, respeitado ou reconhecido torna difícil contribuir no estágio de desenvolvimento de serviço e aumenta nossa sensação de isolamento. O isolamento não surge da falha em se conectar, mas de não buscar outras pessoas e compartilhar nossas habilidades, dons e talentos para o bem-estar alheio.

Baseado nisso, podemos identificar sete fatores de desenvolvimento essenciais que contribuem para o risco de suicídio. São eles: desesperança aprendida, falta de amor-próprio, de reconhecimento, de liberdade e de autoexpressão (significado), de conexão (solidão) e de contribuição (isolamento).

Agora analisaremos como esses fatores afetam a incidência de suicídio no Reino Unido, Suécia e Estados Unidos.

Incidência de suicídio no Reino Unido

Os dados que utilizo para analisar a incidência de suicídio no Reino Unido são baseados em uma pesquisa realizada pelo Office of National Statistics (ONS) do Reino Unido em 2012. Os resultados dessa pesquisa são mostrados na Figura 14.1. Sobrepostos nessa figura estão os períodos dos diferentes estágios de desenvolvimento psicológico.

O que é imediatamente evidente é que a incidência de suicídio aumenta significativamente no início da faixa de 20 anos e novamente no início da faixa de 40 anos — no fim do estágio de diferenciação e no fim do estágio de individuação. O auge da incidência ocorre no estágio de desenvolvimento de autorrealização. Depois, a incidência de suicídio diminui durante os estágios de desenvolvimento de integração e de serviço.

FIGURA 14.1: INCIDÊNCIA DE SUICÍDIO NO REINO UNIDO POR IDADE E GÊNERO EM 2012

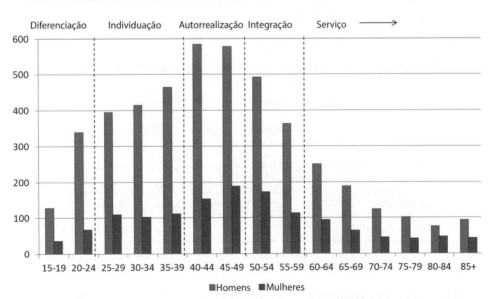

Fonte: The Office of National Statistics, Reino Unido.

A incidência de suicídio entre homens é significativamente mais alta do que entre mulheres, especialmente durante o final dos estágios de desenvolvimento de diferenciação, de individuação e o início do estágio de autorrealização. Essas diferenças levantam algumas questões importantes sobre a criação de meninos e jovens rapazes comparativamente à de meninas e jovens mulheres.

No Reino Unido[3], o número mais elevado de suicídios entre homens está na faixa entre 40–44 anos, indicando a incapacidade de superar o estágio de desenvolvimento psicológico de individuação. O impacto completo desse fracasso normalmente ocorre durante a parte final de um estágio e a inicial do seguinte. Para as mulheres, a faixa etária com mais suicídios é ligeiramente mais tarde, entre 50–54 anos, indicando uma incapacidade de superar o estágio de desenvolvimento psicológico de autorrealização.

Em outras palavras, em termos gerais, homens têm mais dificuldade na individuação — de se libertar de suas dependências culturais —, enquanto as mulheres têm mais dificuldade na autorrealização — de expressar quem são na essência de seu ser para que possam satisfazer o desejo de autoexpressão de sua alma. Isso está correlacionado ao aumento de incidência de mortes causadas por câncer de mama e problemas respiratórios no estágio de desenvolvimento de autorrealização mostrado nas Figuras 13.10 e 13.11.

Quando dividimos os dados do Reino Unido por país — Inglaterra, Escócia, País de Gales e Irlanda do Norte — e gênero, percebemos algumas diferenças interessantes (veja a Tabela 14.1) nas taxas de suicídio.

TABELA 14.1: TAXAS MAIS ALTAS DE SUICÍDIO POR FAIXA ETÁRIA E GÊNERO PARA OS PAÍSES DO REINO UNIDO EM 2012

País	Homens Faixa etária (anos)	Mulheres Faixa etária (anos)
Inglaterra	40–44	45–49
Escócia	35–44	45–49 e 50–54
País de Gales	30–34	30–34
Irlanda do Norte	25–29	50–54

Fonte: Suicide Statistics Report 2014, Samaritans, baseada em dados da ONS.

No que tange aos homens, a faixa etária com taxa de suicídio mais alta na Irlanda do Norte é dos 25 aos 29 anos; no País de Gales, 30–34 anos; na Escócia, 35–44 anos; e na Inglaterra, 40–44 anos. Todas essas faixas etárias, exceto a da Irlanda do Norte, são indicativas de incapacidade de superar o estágio de desenvolvimento psicológico de individuação. Na Irlanda do Norte, a faixa etária de 25–29 é indicativa de incapacidade de superar o estágio de diferenciação.

Em relação às mulheres, a faixa etária com a taxa de suicídio mais alta no País de Gales é dos 30 aos 34 anos; na Escócia, 45–54 anos; na Inglaterra, 45–49 anos; e na Irlanda do Norte, 50–54 anos. Todas essas faixas etárias, exceto a do País de Gales, são indicativas de incapacidade de superar o estágio de desenvolvimento psicológico de autorrealização. No País de Gales, a faixa etária de 30–34 é indicativa de incapacidade de superar o estágio de desenvolvimento de individuação.

Acredito que as diferenças dizem muito sobre os desafios específicos que homens e mulheres enfrentam em seus respectivos países. Por que jovens mulheres na Irlanda do Norte têm grande dificuldade em dominar o estágio de desenvolvimento psicológico de diferenciação, de se tornar um membro da comunidade onde possam ser respeitadas e reconhecidas? Por que jovens mulheres no País de Gales têm grande dificuldade em superar o estágio de desenvolvimento psicológico de individuação, de encontrar a autonomia de que precisam para abandonar suas dependências culturais e parentais? Em outras palavras, quais necessidades esses dois grupos não estão conseguindo satisfazer em seus países?

Homens jovens na Irlanda do Norte

Um estudo envolvendo adolescentes da Irlanda do Norte[4] descobriu que o principal problema era encontrar um senso de identidade coletiva: a questão fundamental da diferenciação. Uma incapacidade de se diferenciar significa que não conseguimos nos estabelecer em um grupo com o qual nos identificamos e em que nos sentimos respeitados e reconhecidos.

O que provoca esse problema na Irlanda do Norte é o sectarismo. O sectarismo é uma forma de discriminação ou ódio decorrente de uma importância excessiva às diferenças, como afiliações religiosas.

Discussões com os jovens envolvidos no estudo na Irlanda do Norte revelaram um forte senso de "nós e eles" ou "nossa área *versus* a área deles". Os homens jovens, mais do que as mulheres, sentem que estão sendo forçados a se diferenciar dos outros de uma maneira que não se alinha com quem são. Essa diferenciação forçada para um dos dois grupos — católicos ou protestantes, sem se identificar fundamentalmente com nenhum deles — faz com que se sintam aprisionados, incapazes de se juntar a um grupo que respeite e reconheça quem eles são. Por causa dessa insatisfação de suas necessidades do estágio de desenvolvimento de diferenciação, seu risco de suicídio aumenta.

Muitos participantes do estudo censuraram o impacto negativo que os pais e outros adultos importantes em sua vida tiveram na formação de suas atitudes em relação aos outros grupos. A esmagadora maioria dos participantes disse que as escolas deveriam ser integradas para oferecer aos jovens a chance de se misturar com outros de diferentes contextos sócio-religiosos desde cedo, mas que a integração deveria ser opcional, e não imposta.

Mulheres jovens no País de Gales

Um estudo de uma instituição de caridade para mulheres (Platform 51)[5] descobriu que 53% das jovens mulheres e meninas no País de Gales relatam problemas de saúde mental. Trinta e cinco por cento das mulheres que sofrem desses problemas se afastaram pelo menos uma semana do trabalho, 22% se automutilavam e 33% perderam amigos em resultado de seus problemas. A pesquisa também descobriu que dois terços não saíam de casa por longos períodos, 20% se embriagavam regularmente e um sexto se afundava em dívidas.

O principal problema para essas jovens mulheres é a incapacidade de encontrar um emprego vantajoso. Sem um trabalho, não podem experimentar a liberdade e a autonomia necessárias para a individuação. Isso faz com que se sintam desamparadas, inúteis e aprisionadas. Consequentemente, sua vontade de viver — de estar presente em nossa realidade física — é enfraquecida.

Incidência de suicídio na Suécia

A incidência de suicídio na Suécia segue um padrão semelhante à do Reino Unido, exceto pelo fato de os dois picos — no fim dos estágios de diferenciação e de autorrealização — serem mais pronunciados (veja a Figura 14.2). A incidência de suicídio em homens cai significativamente durante o estágio de desenvolvimento de individuação. O desequilíbrio na proporção entre os suicídios de homens e mulheres é menos pronunciado na Suécia do que no Reino Unido. Isso pode se dever ao fato de haver uma maior igualdade de gênero na Suécia.

FIGURA 14.2: INCIDÊNCIA DE SUICÍDIO NA SUÉCIA POR IDADE E GÊNERO EM 2012

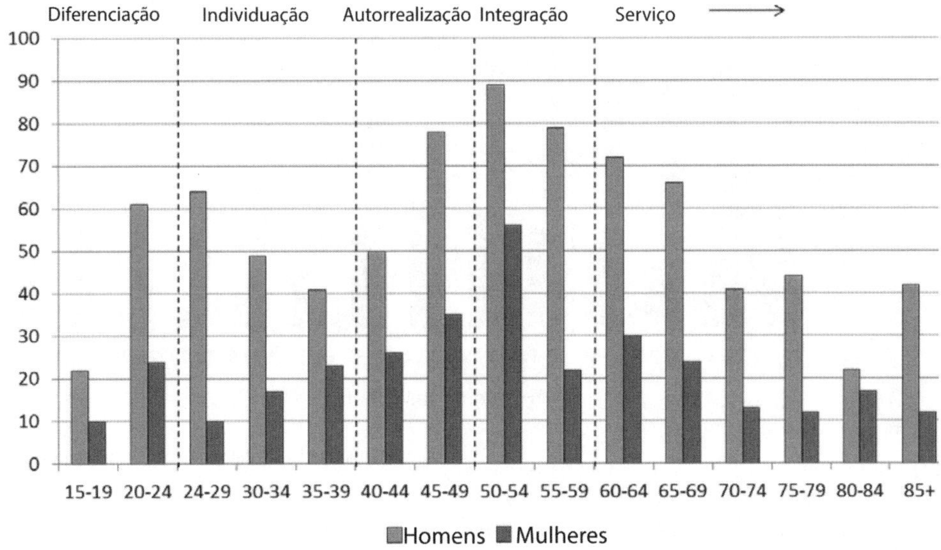

Fonte: National Board of Health and Welfare, Suécia.

Incidência de suicídio nos Estados Unidos

Os resultados de uma pesquisa sobre suicídio realizada pelo National Centre for Injury Prevention and Control em 2009 são mostrados na Figura 14.3. Sobrepostos nessa figura estão os diferentes estágios de desenvolvimento psicológico. A incidência de suicídio nos Estados Unidos é semelhante à da Suécia e à do Reino Unido.

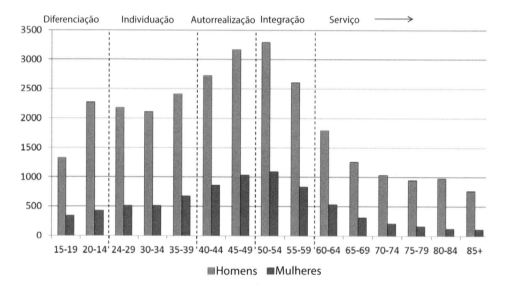

Figura 14.3: Incidência de suicídio nos Estados Unidos por idade e gênero em 2009

Fonte: National Centre for Injury Prevention and Control.

O número de mortes por suicídio em homens brancos mostra dois picos. O primeiro, que ocorre na faixa dos 20 anos, representa uma dificuldade de diferenciação. O segundo, que ocorre no início da faixa dos 50 anos, representa uma dificuldade de autorrealização. Entre os picos, a incidência de suicídio aumenta no fim da faixa dos 30 anos e início da faixa dos 40 anos, indicando dificuldade de individuação. Assim como no Reino Unido, a incidência de suicídio diminui ao longo dos estágios de desenvolvimento de integração e de serviço. Depois dos acidentes, o suicídio representa a segunda maior causa de morte nos estágios de desenvolvimento de diferenciação e de individuação nos Estados Unidos.

A semelhança entre os dados dos Estados Unidos e do Reino Unido é que a incidência de suicídio entre homens é significativamente maior do que entre as mulheres. Esse desequilíbrio está em seu auge durante o estágio de diferenciação.

Ao contrário dos homens, não há picos significativos na incidência de suicídio entre mulheres, apenas um aumento constante até o início da faixa de 50 anos.

Jovens veteranos nos Estados Unidos

Nos últimos anos, o número de jovens veteranos abaixo dos 30 anos de idade cometendo suicídio teve um salto dramático: um aumento de 44% em uma década.[6] Em média, dois jovens veteranos tiram a própria vida todos os dias. O National Mental Health Director for Suicide Prevention declara que as razões não estão claras. Eles sugerem que pode haver inúmeros fatores, entre eles problemas para se reajustar à vida civil, lesões de combate e TEPT.

É interessante notar que o aumento de suicídios se aplica tanto a jovens homens veteranos que estiveram em zonas de combate como aos que não estiveram, sugerindo que o trauma pode ser apenas parte do motivo para a alta prevalência de suicídio entre jovens veteranos. Entre as jovens mulheres veteranas também houve um aumento de 11% nos suicídios nos últimos anos.

Baseado nesses fatos, acredito que a alta incidência de suicídio entre jovens veteranos, especialmente entre os que não experienciaram o combate — e não sofrem de TEPT —, está ligada às dificuldades enfrentadas para superar o estágio de desenvolvimento de diferenciação, em especial a reintegração à vida civil.

A maioria dos jovens do sexo masculino ingressa nas forças armadas no final da adolescência ou aos 20 e poucos anos e sai alguns anos depois. Enquanto estão nas forças armadas, vivem em uma comunidade estruturada. São cuidados e normalmente fazem parte de uma equipe coesa, em que cada membro depende dos demais para o próprio sucesso. Eles se tornam parte de um grupo em que têm identidade e se sentem respeitados e reconhecidos. Isso é reforçado por uma forte atitude de "nós" — a equipe — e "eles" — o inimigo.

Quando deixam as forças armadas, não fazem mais parte de uma equipe coesa. Sua vida se torna desestruturada, e perdem sua comunidade. Eles precisam encontrar um senso de identidade e uma nova comunidade em que se sintam respeitados e reconhecidos. Para muitos, isso é difícil. Essa incapacidade os leva a considerar o suicídio.

Suicídios entre escritores talentosos

Em seu livro *A Revolta do Corpo*, Alice Miller (1923–2010) propõe que a supressão precoce dos talentos inatos de uma criança leva ao suicídio quando essas pessoas atingem a faixa dos 40 e dos 50 anos: o estágio de desenvolvimento psicológico de autorrealização.[7]

Descrevo no Capítulo 4 como Miller relata a infância abusiva de dez escritores que viveram entre meados do século XVIII e meados do século XIX, todos os quais apresentaram tendências suicidas na meia-idade ou pouco tempo depois. A Tabela 14.2 lista esses escritores, descreve seus sofrimentos e os relacionamentos que tiveram com os pais ou família próxima.

Em todos os casos, as pessoas envolvidas tiveram a infância repleta de medo: por sua sobrevivência ou por sua segurança. Além disso, a maioria, mas não todos, teve seus impulsos criativos sistematicamente suprimidos pelos pais. A memória de seus medos e da dor de seus esforços para sobreviverem e se sentirem protegidos quando crianças criou conflitos internos a ponto de, quando atingiram os estágios de individuação, autorrealização e integração de seus desenvolvimentos — os estágios da liberdade, autoexpressão e conexão —, não desejavam continuar vivendo.

TABELA 14.2: TENDÊNCIAS SUICIDAS ENTRE ESCRITORES TALENTOSOS

Escritor	Idade de morte	Sofrimentos físicos e mentais	Qualidade do relacionamento com a família próxima
Arthur Rimbaud	37	Câncer ósseo na perna	Mãe severa e violenta. Opressão da autoexpressão
Franz Kafka	41	Solitário, deprimido e suicida. Morreu de tuberculose.	Pai abusivo
Anton Tchekov	44	Tuberculose	Pai abusivo
Yukio Mishima	45	Desconhecidas	Opressão da autoexpressão pela avó e pelo pai
Friedrich von Schiller	46	Na juventude, sofreu de inúmeros problemas, como convulsões e cãibras	Pai abusivo. Opressão da autoexpressão
Marcel Proust	51	Asma	Mãe controladora e dominadora

Escritor	Idade de morte	Sofrimentos físicos e mentais	Qualidade do relacionamento com a família próxima
Friedrich Nietzsche	56	Na juventude, sofreu de reumatismo, fortes dores de cabeça e muitos outros problemas	Pais abusivos
Virginia Woolf	59	Cometeu suicídio depois de enfrentar estados depressivos	Abuso sexual pelos meio-irmãos
James Joyce	59	Problemas oculares	Pai violento, abusivo e alcoólico
Fiódor Dostoiévski	60	Insônia, pesadelos, ataques epiléticos, vício em jogo	Pai violento e abusivo

Suicídio entre idosos

Uma variedade de fatores tem sido implicada no comportamento suicida em pessoas idosas. Eles podem ser descritos em termos gerais como fatores psicológicos, físicos e sociais.

Fatores psicológicos

De acordo com estudos de autópsia psicológica de suicídios em pessoas idosas, entre 71–95% deles sofriam de um importante distúrbio psicológico no momento de sua morte.[8] Transtornos depressivos são, de forma prevalente, o diagnóstico mais comum. Idosos que morreram como resultado de suicídio apresentaram altos níveis de neurose, baixa pontuação em abertura para experiências e uma gama restrita de interesses.[9]

Fatores físicos

Em um estudo envolvendo residentes de uma casa de repouso com idades superiores a 85 anos, pesquisadores descobriram que ter múltiplas desordens físicas é um preditivo de sentimentos suicidas exacerbados e um desejo de morrer. O desejo

A Nova Psicologia do Bem-Estar Humano

de morrer também foi identificado em pacientes idosos atendidos por causa de depressão, ansiedade e alto grau de abuso de álcool.[10]

Fatores sociais

A diminuição do apoio social e o isolamento social estão associados com sentimentos suicidas exacerbados em idosos.[11] Outros estudos sugerem que a solidão e a baixa interação social são preditivos de suicídio.[12] Em geral, idosos viúvos, solteiros e divorciados têm um risco de suicídio mais alto, sendo o casamento aparentemente um fator protetor. O luto também está associado com a tentativa ou a consumação de suicídio em idosos: homens parecem especialmente vulneráveis à perda da esposa, pois o risco de suicídio relativo é três vezes maior do que o de homens casados.

A religiosidade e a satisfação com a vida também foram identificadas como fatores protetores contra a ideação suicida. Descobertas similares são relatadas nos doentes terminais, em que altos níveis de bem-estar espiritual e satisfação com a vida foram fatores preditivos de menores índices de sentimentos suicidas.[13]

Conclusão

Esse breve panorama do suicídio e dos estágios de desenvolvimento psicológico mostra, acredito, uma forte correlação entre a incapacidade de suprir as necessidades associadas a estágios de desenvolvimento psicológico específicos e o suicídio. Essa correlação é particularmente evidente entre os jovens que estão tentando se diferenciar, jovens adultos tentando se individuar e entre as pessoas por volta dos 40 anos tentando se autorrealizar.

Resumo dos pontos principais

Os principais pontos do Capítulo 14:

1. O suicídio representa o mecanismo de enfrentamento derradeiro, a última forma de controle que temos sobre nossa vida. Mesmo quando não conseguimos controlar mais nada, a única coisa que ainda podemos controlar é viver ou morrer, encerrar ou não o experimento da alma de tentar viver em um corpo na consciência física tridimensional.

2. As pessoas cometem suicídio quando não conseguem mais suportar a dor associada à insatisfação de suas necessidades no estágio de desenvolvimento que atingiram.
3. Não é a desesperança em seus esforços em atender a suas necessidades que faz com que as pessoas cometam suicídio, mas sua sensação de aprisionamento no estado de desesperança.
4. O Modelo Motivacional-Volitivo Integrado (IMV, em sua sigla em inglês) do comportamento suicida propõe que existem três fases do suicídio: a pré-motivacional, a motivacional e a volitiva.
5. O estágio de desenvolvimento de sobrevivência contribui para a fase pré-motivacional do modelo IMV.
6. O estágio de desenvolvimento de conformidade contribui para a fase pré-motivacional do modelo IMV.
7. O estágio de desenvolvimento de diferenciação, que ocorre entre os 8 e meados da faixa dos 20 anos, pode contribuir para a fase pré-motivacional ou para a fase motivacional do modelo IMV. Nesse estágio de desenvolvimento, a falta de reconhecimento e de respeito aumenta significativamente o risco de suicídio.
8. O estágio de desenvolvimento de individuação, que ocorre de meados da faixa dos 20 anos ao fim da faixa dos 30 anos, contribui para a fase motivacional do modelo IMV. Nesse estágio de desenvolvimento, a falta de liberdade e autonomia aumenta significativamente o risco de suicídio.
9. O estágio de desenvolvimento de autorrealização, que ocorre na faixa dos 40 anos, contribui para a fase motivacional do modelo IMV. Nesse estágio de desenvolvimento, a falta de significado e propósito aumenta consideravelmente o risco de suicídio.
10. O estágio de desenvolvimento de integração, que ocorre na faixa dos 50 anos, contribui para a fase motivacional do modelo IMV. Nesse estágio de desenvolvimento, a solidão aumenta significativamente o risco de suicídio.
11. O estágio de desenvolvimento de serviço, que ocorre a partir dos 60 anos, contribui para a fase motivacional do modelo IMV. Nesse estágio de desenvolvimento, o isolamento aumenta significativamente o risco de suicídio.

Referências e notas

1. Irvin D. Yalom, *Existential Psychotherapy* (Nova York: Basic Books), 1938.
2. Rory C. O'Connor, Stephen Platt e Jacki Gordon, *Towards an Integrated Motivational-Volitional Model of Suicidal Behaviour*, International Handbook of Suicide Prevention (Londres: Wiley and Sons), 2011.

3. http://www.samaritans.org/sites/default/files/kcfinder/files/research/Samaritans%20Suicídio%20Statistics%20Report%202014.pdf (conteúdo em inglês)
4. http://www.ofmdfmni.gov.uk/voices.pdf (conteúdo em inglês)
5. http://www.bbc.co.uk/news/uk-wales-12156198 (conteúdo em inglês)
6. http://www.stripes.com/report-suicídio-rate-spikes-among-young-veterans-1.261283 (conteúdo em inglês)
7. Alice Miller, *The Body Never Lies: The lingering effects of hurtful parenting* (Nova York: W. W. Norton & Company), 2006, pp.43–81. Publicado no Brasil com o título *A Revolta do Corpo.*
8. Y. Conwell, P. R. Duberstein, E. D. Caine, *Risk Factors for Suicide in Later Life.* Biology and Psychiatry 2002; 52: 193–204.
9. P. R. Duberstein, Y. Conwell, E. D. Caine, *Age Differences in the Personality Characteristics of Suicide Completers: Preliminary findings from a psychological autopsy study.* Psychiatry 1994; 57: 213-24.
10. E. Rubenowitz, M. Waern, K. Wilelmson, P. Allbeck, *Life Events and Psychosocial Factors in Elderly Suicides — case-control study.* Psychol Med 2001, 31:1193–1202.
11. J. M. Bertolote, A. Fleischmann, D. De Leo, D. Wasserman, *Suicide and Mental Disorders: Do we know enough?* Br J Psychiatry 2003, 183:382–383.
12. H. F. Chiu, P. S. Yip, I. Chi, S. Chan, J. Tsoh, C. W. Kwan, et al. *Elderly Suicide in Hong Kong: A case-controlled psychological autopsy study.* Acta Psychiatr Scand 2004, 109:299–305.
13. C. S. McClain, B. Rosenfeld, W. Breitbart, *Effect of Spiritual Wellbeing on End of Life Despair in Terminally Ill Cancer Patients.* Lancet 2003, 361: 1603–1607.

15

Um Modelo de Bem-estar Humano

A raiz de todo o bem-estar está na capacidade de superar os desafios envolvidos em cada estágio de desenvolvimento psicológico. Só é possível começar a florescer quando você consegue dedicar atenção total ao desejo de sua alma de autoexpressão, conexão e contribuição. Chegamos ao ápice do florescimento quando conseguimos recriar a realidade de 4ª dimensão (4-D) de nossa alma na consciência de 3ª dimensão (3-D).

O propósito original de escrever este livro foi explorar a ideia de Maslow de criar uma área mais ampla de autoridade para a psicologia: a possibilidade de construir uma teoria do bem-estar humano que una ciência, psicologia e espiritualidade, que integre corpo, mente e alma. Acredito que minha investigação acabou indo além. Ao encontrar as conexões entre os estágios de desenvolvimento psicológico, o sistema energético humano e os chacras, creio que consegui fazer uma contribuição para unir a psicologia ocidental e a medicina oriental.

A teoria do bem-estar humano que proponho postula que:

1. Seres humanos são almas energéticas de 4ª dimensão (4-D) tentando viver em corpos materiais de 3ª dimensão (3-D). Na realidade, nosso corpo físico é um padrão de energia da alma visto através das lentes da consciência material de 3ª dimensão (3-D).

2. O propósito da alma ao reencarnar (o desejo de estar presente na consciência material de 3ª dimensão (3-D)) é recriar sua realidade energética de 4ª dimensão na percepção material de 3ª dimensão (3-D). Isso às vezes é chamado nos círculos religiosos de "recriar o Céu na Terra".

A Nova Psicologia do Bem-Estar Humano

3. O corpo físico, que é o padrão energético da alma, é mantido "vivo" na consciência material de 3ª dimensão por uma entidade conhecida como mente-corpo representada na consciência material pelo cérebro/mente reptiliano. O cérebro/mente reptiliano mantém o corpo vivo através de processos biológicos chamados de homeostase. Em termos quadridimensionais, a finalidade da homeostase é manter o padrão energético da alma em equilíbrio energético.

4. Os três principais desejos da alma — expressar plenamente seu caráter, se conectar com os outros e contribuir para o bem da humanidade — dependem da capacidade do ego de dominar os estágios de desenvolvimento psicológico de sobrevivência, conformidade e diferenciação.

5. O aprendizado necessário para dominar esses estágios de desenvolvimento ocorre principalmente enquanto o cérebro/mente reptiliano, o cérebro/mente límbico e o cérebro/mente neocórtex estão se formando e se desenvolvendo.

6. O ego é criado pela alma para protegê-la da dor (instabilidades energéticas) experienciada na consciência material de 3ª dimensão.

As instabilidades energéticas experimentadas pela mente-alma durante seu período no útero, durante o processo de nascimento e nos primeiros dois anos de vida têm duas origens: a dor fisiológica — a instabilidade energética vivenciada pela mente-corpo quando ela tem dificuldade em manter o funcionamento homeostático — e a dor psicológica — a instabilidade energética experienciada pela mente-corpo e pela mente-alma quando tem dificuldade em atribuir significado para as sensações desagradáveis que chamamos de dor fisiológica.

Por volta dos 2 anos de idade, pouco tempo depois do cérebro/mente límbico se tornar dominante, a alma começa a sentir a dor da separação, quando a criança percebe que não está mais vivendo em um estado de unicidade indiferenciada, e a alma começa a criar o ego para servir de amortecedor para a instabilidade energética experimentada por estar na consciência material de 3ª dimensão.

A mente-ego protege a alma da dor psicológica envolvida em estar presente em um corpo físico em um mundo material de separação — tentando proporcionar à alma uma estrutura de existência física, social e cultural livre de medo —, a partir do qual tenta recriar sua realidade de 4ª dimensão (4-D) na percepção material de 3ª dimensão (3-D).

Quando a mente-ego enfrenta dificuldades em lidar com a dor envolvida em tentar suprir suas necessidades de sobrevivência, proteção e segurança — as necessidades que precisam ser atendidas para criar um alicerce seguro para a alma

Um Modelo de Bem-estar Humano

estar plenamente presente na consciência de 3ª dimensão —, a consciência plena da mente-ego fica comprometida. Para minimizar esse comprometimento, a mente-ego dominante (mente emocional ou mente racional) reprime a dor para seu subconsciente. Isso permite que a mente-ego dominante permaneça focada em atender às necessidades de sobrevivência do corpo, às necessidades de proteção da mente emocional e às necessidades de segurança da mente racional, reforçando, assim, as bases para que a alma continue presente na percepção material 3-D.

Embora a dor reprimida pela mente-ego dominante não esteja mais na percepção consciente, ela não desaparece. A instabilidade energética associada (dor) continua nas camadas do campo energético do ego que correspondem aos níveis de consciência de sobrevivência, relacionamento ou autoestima, no subconsciente e no inconsciente da mente-ego.

As instabilidades energéticas associadas às necessidades de sobrevivência não satisfeitas do ego são armazenadas no campo etéreo inferior: o campo relacionado com o funcionamento da mente-corpo e o subconsciente da mente racional. As instabilidades energéticas associadas às necessidades de relacionamento não atendidas do ego (proteção) são armazenadas no campo emocional inferior: o campo relacionado ao funcionamento da mente emocional e ao subconsciente da mente racional. As instabilidades energéticas associadas à necessidade de autoestima não atendidas do ego (segurança) são armazenadas no campo mental inferior, o campo relacionado ao funcionamento da mente racional do ego.

Se as instabilidades energéticas armazenadas no consciente, subconsciente ou inconsciente não puderem se dissipar — se forem negadas, não sentidas ou não encontrarem uma liberação emocional —, elas surgirão como desordens mentais ou físicas mais tarde na vida, primeiramente como desordens mentais e em seguida como desordens físicas. As desordens físicas aparecem depois das mentais porque leva mais tempo para que as instabilidades energéticas se manifestem no mundo material de 3ª dimensão do corpo do que para afetarem o funcionamento da consciência plena da mente energética de 4ª dimensão.

As desordens mentais que emergem estão conectadas ao nível de consciência e à camada do campo energético em que a instabilidade energética está armazenada, e as desordens físicas estão relacionadas às partes do corpo associadas ao chacra correspondente à camada do campo energético em que as instabilidades energéticas estão armazenadas.

O impacto mais significativo que a instabilidade energética tem em nossa vida ocorre durante os períodos em que o cérebro/mente reptiliano (mente-corpo), o cérebro/mente límbico (mente emocional) e o cérebro/mente neocórtex (mente racional) estão crescendo e se desenvolvendo, entre 0 e 2 anos de idade, 3 a 7 anos e 8 a 24 anos, respectivamente. Entre eles, o período em que o cérebro/mente reptiliano está se formando é o mais crítico, porque afeta a regulação de nosso sistema endócrino e dos órgãos do corpo.

Existem duas razões para o impacto da instabilidade energética ser maior durante a formação do cérebro/mente reptiliano. A primeira é que essa mente é a menos sofisticada dos três cérebro/mente e tem a maior dificuldade em atribuir significado às experiências vividas quando não consegue atender a suas necessidades. Portanto, a experiência da dor durante esse estágio de desenvolvimento é mais frequente e aguda. A segunda é que as necessidades associadas à sobrevivência são consideravelmente mais importantes para apoiar a alma em seu desejo de estar presente na consciência material de 3ª dimensão do que as necessidades associadas a proteção e segurança. Assim, a dor (medo e raiva) experimentada durante os dois primeiros anos de nossa vida e o tempo passado no útero é mais severa.

O próximo período mais crítico é entre 2 e 7 anos, em que o cérebro/mente límbico está tentando suprir suas necessidades de relacionamento para que possa se manter seguro. O cérebro/mente límbico é mais sofisticado do que o cérebro/mente reptiliano, mas menos sofisticado do que o cérebro/mente racional. Consequentemente, enfrenta menos dificuldades para atribuir significado do que o cérebro/mente reptiliano.

Portanto, as adversidades enfrentadas para atender a nossas necessidades de sobrevivência e proteção durante o período uterino, o processo de nascimento e a partir do momento que nascemos até os 7 anos têm o maior impacto nas impressões e crenças que desenvolvemos sobre como sobreviver e nos manter seguros mais tarde na vida.

Existe uma quantidade considerável de evidências que sugerem que as desordens mentais mais graves — transtornos clínicos e de personalidade, e os distúrbios físicos mais graves —, doença coronária e câncer, podem ser rastreadas até esses dois períodos de nossa vida. Esses são os períodos em que estamos engajados na aprendizagem emergente rápida, em que as sinapses estão se formando em nosso cérebro, quando nossa atribuição de significado é menos sofisticada e quando nossos medos são maiores.

Para entender a origem de nossa instabilidade energética e as subsequentes desordens psicológicas e físicas que se seguem, precisamos reunir diversos ramos da psicologia, e também unir a psicologia com a espiritualidade e com a ciência.

Unificando abordagens psicológicas

Os ramos da psicologia que a nova teoria psicológica do bem-estar humano começa a unificar são:

- Certos aspectos da psicologia psicoanalítica
- Psicologia do desenvolvimento
- Psicologia existencial.
- Psicologia humanista
- Psicologia fenomenológica
- Psicologia transpessoal

Psicologia psicoanalítica

A psicologia psicoanalítica foi a primeira psicologia contemporânea. Essa abordagem incentiva o indivíduo a expressar verbalmente seus pensamentos, por associações livres, fantasias e sonhos. Baseado nesses pensamentos e imagens, o analista infere os conflitos inconscientes que estão causando os sintomas do indivíduo e os problemas de caráter. A nova psicologia do bem-estar humano reconhece o papel desempenhado pelos conflitos subconscientes e inconscientes na criação das desordens psicológicas.

Psicologia do desenvolvimento

A psicologia do desenvolvimento é o estudo científico de como e por que os seres humanos se desenvolvem ao longo da vida. Originalmente relacionado a bebês e crianças, o campo se expandiu para incluir a adolescência, o desenvolvimento adulto e o envelhecimento. Em especial, ela examina as influências da natureza e da criação no processo de desenvolvimento humano. De todas as psicologias, essa é a mais focada nos estágios de desenvolvimento. A nova psicologia do bem-estar humano é baseada em uma interpretação particular da psicologia de desenvolvimento, a que me refiro como dinâmica ego-mente.

Psicologia existencial

A psicologia existencial é um método filosófico de terapia que atua sobre a crença de que os conflitos internos de uma pessoa se devem aos confrontos do indivíduo com as "condições estabelecidas/realidade fática" da existência material no corpo. As premissas existenciais são morte, liberdade e seus corolários: responsabilidade, isolamento e falta de significado.

De todas as psicologias, essa é a mais focada na realidade física e material. A nova psicologia do bem-estar humano reconhece a importância da atribuição de significado, do isolamento, da morte e da liberdade na criação das desordens psicológicas.

Psicologia humanista

A psicologia humanista é uma abordagem que enfatiza o impulso inerente do indivíduo na direção da autorrealização, o processo de realizar e expressar seu potencial inato. Essa abordagem conquistou notoriedade em resposta às limitações percebidas nas teorias psicoanalíticas de Sigmund Freud. De todas as psicologias, essa é a mais focada na psicologia positiva. A nova psicologia do bem-estar humano reconhece a importância fundamental do impulso à autorrealização na expressão do potencial inato do indivíduo.

Psicologia fenomenológica

A psicologia fenomenológica é uma abordagem intensamente pessoal à psicologia que foca a experiência subjetiva, sobre como os indivíduos se sentem em relação aos acontecimentos que ocorrem em sua vida e o significado subjetivo que o indivíduo atribui a essas experiências. Sentimentos são considerados a experiência subjetiva da emoção. Essa abordagem tem fortes conexões com a psicologia humanista e existencial. A nova psicologia do bem-estar humano reconhece a importância da atribuição de sentido subjetiva e dos sentimentos na criação da realidade do paciente.

Psicologia transpessoal

A psicologia transpessoal é uma abordagem que integra os aspectos espirituais e transcendentes da experiência humana, em que o senso de identidade do indivíduo pode expandir além do senso do eu material normal para incluir a humanidade, o planeta e o cosmos. De todas as psicologias, essa é a mais focada no desenvolvimento pessoal. Ao reconhecer nossa natureza essencial de alma, a nova psicologia do bem-estar humano integra plenamente o desenvolvimento "espiritual" aos estágios de desenvolvimento psicológico.

Unificando espiritualidade e psicologia

Embora não exista uma definição única de espiritualidade, ela é geralmente considerada como o princípio unificador que junta todas as religiões do mundo. O significado tradicional de espiritualidade é um processo de reformação ou transformação pessoal pelo qual um adepto dos princípios espirituais constantemente busca atingir níveis "superiores" de conexão consciente plena. Isso conduz a uma reunificação com a força originária no universo — com a alma e através da alma para o campo energético universal referido como a mente-única, que alguns chamam de Deus.

O termo "superior" neste contexto significa um senso de identidade mais inclusivo. Sempre que você assume uma identidade mais ampla, seu senso de eu se expande para incluir todos que compartilham dessa identidade. Você ainda estará funcionando a partir do interesse próprio, mas o eu que tem o interesse terá um senso de identidade expandido.

Por exemplo, quando você deixa de ser solteiro para ser casado e ter filhos, expande seu senso de identidade para incluir seu parceiro e seus filhos; você se identifica com sua família. Quando encontra um emprego de que gosta, em uma organização em que se sente confortável — uma que apoie seu crescimento pessoal bem como profissional —, você expande seu senso de identidade para incluir os colegas com quem trabalha. Conforme você avança para áreas de gerenciamento ou liderança, pode começar a se identificar com a própria organização.

Uma das mudanças mais notáveis ocorridas quando assumimos um nível de identidade mais alto é começarmos a nos preocupar com o bem-estar dos membros do grupo com o qual nos identificamos. Quando você se identifica com sua família, se preocupa com o bem-estar dos seus membros. Quando se identifica com sua equipe de trabalho, se preocupa com o bem-estar dos seus membros. Quando se identifica com uma organização, se importa com o bem-estar das pessoas que nela trabalham.

Se deixar de se importar com os membros do grupo a que pertence e permanecer principalmente focado em seu interesse próprio, acabará ignorado, marginalizado ou não incluído nas atividades do grupo. O grupo perde sua coesão, e você perde um aspecto de sua identidade. Quando se identifica com sua alma, você se identifica e se importa com toda a humanidade.

Outro significado que normalmente damos a "superior" no contexto de consciência é a capacidade de operar em estruturas de existência cada vez mais complexas. Conforme avançamos de recém-nascidos para bebês, crianças, adolescentes, jovens adultos e depois adultos maduros, a estrutura física e social de nossa existência se torna cada vez mais ampla e mais complexa. Para sobreviver e prosperar em ambientes maiores e mais complexos, precisamos desenvolver mentes mais complexas, que precisam aumentar sua amplitude de percepção (conhecimento) e a profundidade de percepção (compreensão), não apenas sobre o que está acontecendo à nossa volta, mas também sobre como nos relacionamos conosco e com os membros dos grupos com os quais nos identificamos em nossa estrutura de existência expandida.

No momento em que paramos de expandir nossa consciência, nossa força vital começa a se fechar. Quando paramos de expandir nossa identidade, negamos a possibilidade de experienciar a plenitude de quem podemos nos tornar. O fechamento e o encolhimento do potencial da alma se apresenta no corpo físico como um atrofiamento do cérebro/mente neocórtex, que conduz a várias formas de demência, AVCs e à doença de Parkinson. A expansão final da identidade que podemos experimentar é nossa conexão com a mente-única. Precisamos nos identificar com nossa alma antes que possamos nos identificar com a mente-única.

Alguns dos resultados naturais de sermos mais inclusivos, desenvolvermos uma mente mais complexa e expandirmos nossa identidade se relaciona com o aumento do nosso nível de maturidade; aprendemos a lidar com a ambiguidade, começamos a pensar em longo prazo e nos tornamos menos temerosos, menos críticos e mais confiantes — mais confortáveis com a incerteza.

Unificando ciência e psicologia

É largamente reconhecido que a ciência está associada aos níveis de organização evolutivos encontrados na natureza. A física, o estudo da organização dos átomos, é o nível mais básico de organização. A química, o estudo da organização das moléculas, é o próximo. Elas são seguidas pela biologia, o estudo da organização das moléculas e dos órgãos; a fisiologia e a psicologia, o estudo da organização da natureza externa e interna dos indivíduos humanos; a sociologia e a cultura, o estudo da organização da natureza externa e interna dos grupos humanos.

Cada nível evolutivo pode ser considerado como um plano de existência. O plano de existência energético é explicado pela física de partículas e pela teoria quântica; o plano atômico é explicado pela química; o plano celular, pela biologia; o plano das criaturas é explicado pela fisiologia e psicologia no nível individual, e pela sociologia e cultura no nível de grupo. Cada plano de existência oferece um alicerce em que o plano seguinte pode ser construído. Os planos de existência evolutivos e as escalas de organização evolutivas em cada plano são mostrados na Tabela 15.1.

TABELA 15.1: PLANOS DE EXISTÊNCIA E ESCALAS DE ORGANIZAÇÃO

Planos de existência	Escalas de organização	
Humanidade	Raça humana	
Criaturas (*Homo sapiens*) Sociologia Fisiologia	Grupos regionais e agrupamentos globais	Evolução
	Bandos, tribos, cidades-estados, nações	
	Seres humanos	
Plano celular (células eucarióticas) Biologia	Organismos complexos	
	Organismos	
	Células	
Plano atômico (átomo de carbono) Química	Moléculas complexas	
	Moléculas	
	Átomos	
Plano energético Teoria quântica	Dualidade onda-partícula	

Cada plano de existência é dividido em três subplanos, diferenciados pela escala e pela complexidade de organização: a escala de existência e de organização de uma entidade individual; a escala de existência e de organização das estruturas do grupo que se formam quando as entidades individuais se conectam umas às outras; e a escala de existência e de organização dos grupos de estruturas de grupos que são formados quando estruturas de grupo cooperam umas com as outras.

Uma dessas estruturas de grupo de ordem superior assim formada então se torna a entidade que serve como base para o plano de existência seguinte. No plano atômico, a entidade que evoluiu para o próximo plano de existência foi o átomo de carbono; no plano celular, a célula eucariótica; na escala de existência das criaturas é o *Homo sapiens*. A vida, como conhecemos em nosso mundo material de 3ª dimensão, é construída sobre as bases oferecidas pelas partículas energéticas, átomos de carbono e células eucarióticas.

Não apenas essas três entidades exibem níveis de consciência e de organização mais elevados do que seus predecessores nos planos de existência, as estruturas de grupo e os grupos de estruturas de grupo que elas formam, apresentam níveis de consciência e de organização superiores às de seus predecessores. A progressão evolutiva mostrada na Tabela 15.1 não apenas representa a evolução física, como também a evolução da consciência ou, em termos humanos, a evolução do desenvolvimento "psicológico". O esquema evolutivo mostrado na Tabela 15.1 suscita diversas questões.

A primeira pergunta é o que o átomo de carbono, as células eucarióticas e o *Homo sapiens* têm que os fez se tornarem elos-chaves na cadeia evolutiva? A resposta é tão simples quanto profunda: todos eles apresentam a propensão mais alta para conexões e cooperações dentre todas as entidades que existem em seus respectivos planos de existência.

A segunda, que decorre da primeira, é que, como cada plano de existência forma a fundação para o próximo plano de existência de ordem superior, e cada escala organizacional forma a base para a próxima escala organizacional de ordem superior, o que acontece quando o funcionamento de um plano de existência ou de um nível de organização é comprometido? Em outras palavras, o que acontece quando uma entidade perde sua capacidade de se conectar e cooperar? Quando ela se torna energeticamente instável?

Mais uma vez, a resposta é tão simples quanto profunda. A resposta é: quando a capacidade de uma entidade de se conectar e cooperar é comprometida, o funcionamento dessa escala de existência e de todos os planos de existência de ordem superior que dependem dessa escala de existência também é comprometido.

Problemas de funcionamento no nível celular em um ser humano também comprometerão as funções do órgão e do corpo a que a célula pertence. Por exemplo, quando o câncer, que começa no nível da célula individual, não é tratado, ele acabará em algum momento comprometendo o funcionamento do órgão a que pertence a célula e o funcionamento de toda a entidade no nível fisiológico.

O mesmo se aplica no nível do indivíduo. Quando um indivíduo é incapaz de criar vínculos e cooperar em uma estrutura familiar ou comunitária, o funcionamento da família ou comunidade é comprometido. Da mesma forma, quando países não conseguem cooperar, o funcionamento das entidades de ordem superior, como as Nações Unidas ou o Banco Mundial, é prejudicado.

A terceira e quarta perguntas, que talvez sejam as mais importantes para nossa atual, são: qual é a causa fundamental do fracasso das entidades físicas — átomos, células e *Homo sapiens* — em criar vínculos e cooperar? Como originalmente surgiu a ideia de conexão e cooperação?

Para responder a essas perguntas, precisamos nos lembrar de que toda forma física e estrutura de grupo física na cadeia da evolução material de 3ª dimensão — átomos, células, criaturas e suas estruturas de grupo — representa um campo energético na consciência de 4ª dimensão. Somente quando a "alma" de uma entidade entra na consciência de 3ª dimensão é que ela percebe os campos de outras entidades como formas materiais de 3ª dimensão. Em outras palavras, o que minha alma de 4ª dimensão percebe quando entra na consciência de 3ª dimensão é o aspecto material de 3ª dimensão dos campos energéticos de 4ª dimensão de outras almas. Quando nossa alma se olha através das lentes da consciência de 3ª dimensão, elas veem corpos físicos, e quando se olham através das lentes da consciência de 4ª dimensão, veem campos energéticos.

No nível de consciência de 4ª dimensão, tudo está conectado: somos todos aspectos individuais do mesmo campo energético universal. No nível de consciência de 3ª dimensão, tudo parece estar separado. O que percebemos como conexão e cooperação em nossa realidade de 3ª dimensão é simplesmente as entidades de 4ª dimensão tentando recriar suas realidades de 4ª dimensão de conectividade na percepção consciente de 3ª dimensão.

A evolução física de 3ª dimensão é a história de como almas, que escolheram se manifestar na consciência de 3ª dimensão, estão tentando recriar a realidade que experienciam na consciência de 4ª dimensão, um campo de conexão energética a que chamamos em nosso mundo material de 3ª dimensão de campo de amor. O amor supera tudo porque ele nos põe em alinhamento com a realidade energética de nossas almas e o campo energético universal.

Energia como o elo para a psicologia

Vistos sob essa ótica, os Sete Estágios de Desenvolvimento Psicológico podem ser considerados etapas na recuperação da realidade de 4ª dimensão da alma na consciência de 3ª dimensão.

Primeiro, a alma decide viver na consciência de 3ª dimensão, onde cria um ego para se proteger da dor de estar em um corpo e da dor da separação. O ego,

A Nova Psicologia do Bem-Estar Humano

agindo como protetor da alma, aprende como se tornar viável e independente nas estruturas física, social e cultural de seu mundo material de 3ª dimensão e filtra sua verdadeira identidade — a alma — no processo. Isso ocorre durante os primeiros três estágios de desenvolvimento psicológico.

Para se reconectar com a alma, o ego tem que se desvencilhar de sua identidade material, abandonar seu falso eu e aceitar sua verdadeira identidade. Ele abandona seu falso eu no estágio de desenvolvimento de individuação, e se conecta à alma (seu verdadeiro eu) no estágio de desenvolvimento de autorrealização. A alma então tenta recriar sua realidade de 4ª dimensão se conectando e cooperando com outras almas em comunidades no estágio de desenvolvimento psicológico de integração e ajudando outras almas em sua jornada até a consciência de 4ª dimensão no estágio de desenvolvimento de serviço.

Em cada estágio crítico nesse processo, a chave para o sucesso é o alinhamento energético: o alinhamento energético do ego com a alma, da alma com outras almas e das almas com a mente-única.

O único fator que impede o alinhamento energético é o medo. A única forma de superar o medo é pela confiança. Você supera o medo no estágio de autorrealização aprendendo a confiar em sua alma, e, no estágio de integração, a se conectar com e a confiar nos outros. Quando conclui esses estágios de desenvolvimento, você está pronto para confiar no universo para a satisfação de todas suas necessidades.

Se a energia do medo estiver presente em qualquer camada do campo energético do ego, este encontrará dificuldades em se conectar com a alma. O campo energético do ego não estará em alinhamento energético com a alma, e esta não será capaz de cooperar com outras almas. Esse é o trabalho envolvido no estágio de desenvolvimento psicológico de individuação.

O desenvolvimento psicológico se refere ao equilíbrio energético e alinhamento das camadas do campo energético humano. Sempre que existe uma instabilidade energética, há uma falta de alinhamento energético em razão da presença do medo. Sempre que o medo está presente, existe a possibilidade de desordens psicológicas e fisiológicas.

Redefinindo cura

Na abordagem materialista tridimensional para a correção de desordens fisiológicas e psicológicas, o foco é a restauração da saúde do paciente e o *tratamento* do comprometimento do funcionamento que impedia o paciente de levar uma vida normal.

Na abordagem energética de 4ª dimensão que proponho aqui, o foco é a *cura*, em vez de tratamento. Uma intervenção de cura bem-sucedida foca a restauração da integridade do paciente e a dissipação das perturbações energéticas que estão causando o desalinhamento entre a mente-ego e a mente-alma. Você restaura sua integridade quando supera seu senso de separação e estabelece o alinhamento energético entre seu ego e sua mente. Quando consegue curar essa dissociação, abrindo seus medos e conectando seu ego e sua alma, você se torna um. Em *Loyalty to Your Soul* ["Lealdade a Sua Alma", em tradução livre], Ron e Mary Hulnick descrevem a cura da seguinte forma: "Cura é a aplicação de amor nos lugares que doem dentro de nós."[1]

Em resumo, a cura é cuidar da vida da alma. Esse cuidado envolve três dimensões: ajudar a alma a satisfazer seu desejo de expressar sua criatividade e atingir seu potencial, apoiar a alma no desenvolvimento de conexões de amor incondicional, e incentivar a alma a levar uma vida de serviço para o bem da humanidade.

Essa abordagem não é nova. É tão antiga quanto o xamanismo. Xamãs eram, e ainda são, curandeiros espirituais.

> Um dos ensinamentos mais profundos dos curandeiros xamânicos era que os xamãs, para prestar a maior assistência possível aos seus pacientes, deveriam se preocupar menos com a manutenção da saúde física e mais em proteger a alma do paciente.[2]

Cuidar da alma resulta na cura do corpo, pois o corpo físico é a expressão de 3ª dimensão do modelo energético de 4ª dimensão da alma.

Proteger a alma é também uma das tradições centrais e comuns da filosofia perene.[3] Se você busca salvaguardar e expressar seu caráter, dons e talentos únicos e disponibilizar esses dons e talentos para o mundo, viverá uma vida saudável e feliz por toda a velhice.

Redefinindo bem-estar

Baseado em tudo que já vimos, agora temos uma forma de redefinir o bem-estar humano que nos leva à essência de quem somos. Como mostrado no Capítulo 4, os fatores que influenciam o bem-estar são diferentes em cada estágio de desenvolvimento. Durante os três primeiros estágios de desenvolvimento, o ego experiencia o bem-estar como felicidade. O oposto da felicidade é o estresse e a preocupação associados ao medo de não satisfazer nossas necessidades.

A felicidade sentida pelo ego surge de sua capacidade de satisfazer suas necessidades de sobrevivência, proteção e segurança. Durante os três últimos estágios de desenvolvimento, o ego experiencia o bem-estar como significado. O significado vivenciado pelo ego decorre da satisfação dos desejos da alma de autoexpressão, conexão e contribuição.

A maior falta de bem-estar ocorre por volta da meia-idade (o estágio de desenvolvimento de autorrealização), porque o ego adentrou a zona do caos: a transição de uma vida focada na felicidade para uma focada no significado; de uma vida em que o ego é a autoridade dominante na tomada de decisões para uma vida em que alma é a autoridade dominante.

Elliott Jacques (1917–2003), psicoanalista canadense e psicólogo organizacional, refere-se aos sintomas comportamentais associados ao fracasso em atravessar essa fase crucial no desenvolvimento humano como crise de meia-idade. Nem todo mundo vivencia uma crise de meia-idade, e os que a enfrentam podem não experienciá-la da mesma forma. Isso depende dos tipos de medos (sobrevivência, proteção e segurança) aos quais o ego ainda se apega, isto é, necessidades ainda insatisfeitas. Algumas pessoas enfrentam uma crise de meia-idade na faixa dos 40 anos, outras, na dos 50 anos. Quando ela ocorre na faixa dos 40 anos, normalmente está relacionada com a sobrevivência e encontrar um trabalho significativo. Na faixa dos 50 anos, geralmente ela está ligada aos relacionamentos e encontrar uma conexão (íntima) amorosa e sexual significativa.

Podemos concluir, como mencionado no Capítulo 4, que a origem de todo bem-estar está na capacidade de dominar os desafios envolvidos em cada estágio de desenvolvimento psicológico. Você só é capaz de começar a florescer quando dominar cada estágio de desenvolvimento e puder expressar plenamente os desejos de sua alma de autoexpressão, conexão e contribuição. Em outras palavras, florescemos quando somos capazes de recriar a realidade de 4ª dimensão da alma na consciência de 3ª dimensão.

A razão para ter nascido é a de expressar quem é e explorar o potencial de sua alma. Chame isso de desenvolvimento pessoal, crescimento pessoal, autorrealização ou do que quiser, sua vida neste mundo material de 3ª dimensão é a tentativa de sua alma de evoluir, crescer e se desenvolver. Se quiser ser feliz e realizado, não pense em sua vida em termos de conquistas e sucesso, mas em ser a melhor pessoa que você pode se tornar.

Resumo dos pontos principais

Os principais pontos do Capítulo 15:

1. Seres humanos são almas energéticas de 4ª dimensão tentando viver em corpos materiais de 3ª dimensão.

2. O propósito da alma ao reencarnar (o desejo de estar presente na percepção material de 3ª dimensão) é recriar sua realidade energética de 4ª dimensão na consciência material de 3ª dimensão.

3. O corpo físico, que é o modelo energético da alma, é mantido "vivo" na consciência material de 3ª dimensão por uma entidade conhecida como mente--corpo, representada na percepção material pelo cérebro/mente reptiliano, que mantém o corpo vivo por meio de processos biológicos chamados homeostase. Em termos quadridimensionais, a finalidade da homeostase é manter o modelo energético da alma (corpo) em equilíbrio energético.

4. Os três principais desejos da alma — expressar plenamente seu caráter, se conectar com outras e contribuir para o bem da humanidade — dependem da capacidade do ego de dominar os níveis de consciência de sobrevivência, relacionamento e autoestima.

5. O ego é criado pela alma para protegê-la da dor (instabilidades energéticas) que ela vivencia estando presente na consciência material de 3ª dimensão.

6. O ego protege a alma da dor psicológica envolvida em estar em um corpo físico em um mundo material de separação tentando proporcionar à alma uma estrutura de existência física, social e cultural livre de medo a partir da qual ela é capaz de recriar sua realidade de 4ª dimensão na consciência material de 3ª dimensão.

7. A teoria do bem-estar humano proposta neste livro reúne não apenas diversos ramos da psicologia, mas também a espiritualidade e a psicologia e a ciência e a psicologia.

8. Cuidar da alma resulta na cura do corpo, porque o corpo físico é a expressão de 3ª dimensão do modelo energético de 4ª dimensão da alma.

9. A origem de todo bem-estar está na capacidade de dominar os desafios envolvidos em cada estágio de desenvolvimento psicológico.

10. Você só é capaz de começar a florescer depois que dominar cada estágio de desenvolvimento e puder expressar plenamente o desejo de sua alma de autoexpressão, conexão e contribuição. Em outras palavras, florescemos quando conseguimos recriar a realidade de 4ª dimensão de nossa alma na consciência de 3ª dimensão.

11. Não pense em sua vida em termos de conquistas e sucesso, mas em ser a melhor pessoa que pode se tornar.

Referências e notas

1. H. Ronald Hulnick e Mary R. Hulnick, *Loyalty to Your Soul: The heart of spiritual psychology* (Carlsbad: Hay House), 2010, p. 174.
2. Michael A. Lerner, *Choices of Healing: Integrating the best of conventional and complementary approaches to cancer* (Boston: MIT Press), 1994, p. 122.
3. Aldous Huxley, *A Filosofia Perene*, 2010.

Apêndice 1

LEALDADE À SUA ALMA: PRINCÍPIOS-CHAVE[1]

1. Não somos seres humanos com almas, somos almas vivenciando uma experiência humana.

2. A essência de Deus é o Amor.

3. Experiência direta é o processo pelo qual a crença ou fé é transformada em conhecimento direto.

4. Como todos somos parte de Deus, nossa essência também é o amor, e temos a oportunidade de conhecer nossa essência de amor experimentalmente, aqui e agora.

5. A realidade do mundo físico existe para fins de evolução espiritual.

6. A evolução espiritual (crescimento) é um processo, não um acontecimento.

7. Toda a vida é um aprendizado.

8. Uma questão não resolvida é qualquer coisa que perturbe sua paz.

9. Toda vez que uma única pessoa resolve uma única questão, anjos se alegram e toda a humanidade segue adiante em sua evolução.

10. Todas as desculpas são apenas gatilhos para questões internas não resolvidas exigindo conclusão.

11. Perturbações internas são por si só um componente fundamental do currículo espiritual que você está aqui para completar.

12. Questões não resolvidas não são ruins, elas são apenas parte de nosso currículo espiritual e são uma oportunidade para a cura.

13. Responsabilidade pessoal é a chave fundamental que abre a porta para a liberdade.

14. Nada fora de você pode causar perturbação.

15. Você cria seu futuro pelo modo como responde às experiências neste momento.

16. Como você se relaciona com uma questão é a questão, e como se relaciona consigo mesmo enquanto enfrenta uma questão é a questão.

17. Aquilo em que você acredita determina sua experiência.

18. Uma vida repleta de aceitação é uma vida desprovida de sofrimento emocional desnecessário. É uma vida repleta de amor.

19. Seu principal objetivo não é mudar a escola, e sim se graduar.

20. A cura é a aplicação de amor nos lugares que doem dentro de nós.

21. Amar, curar-se e evoluir são um mesmo processo.

22. Julgamento é autocondenação. Autoperdão é redenção; e compaixão, aceitação, paz e alegria fluem naturalmente.

Fonte: H. Ronald Hulnick e Mary R. Hulnick, Loyalty to Your Soul: The heart of spiritual psychology
(Carlsbad: Hay House), 2010.

Apêndice 2

O DECATLO DE FLORESCIMENTO, DOS **60** AOS **80**

1. Fazer parte do Quem é Quem nos Estados Unidos.

2. Renda no quartil superior nas pesquisas de George E Vaillaut.

3. Baixo sofrimento psicológico.

4. Sucesso e prazer no trabalho, amor e diversão a partir dos 65 anos.

5. Boa saúde subjetiva aos 75 anos.

6. Boa saúde subjetiva e objetiva física e mental aos 80 anos.

7. Dominar as tarefas Eriksonianas de Generatividade.

8. Disponibilidade para o apoio social, além da esposa e dos filhos, entre os 60 e os 75 anos.

9. Estar em um bom casamento entre os 60 e os 75 anos.

10. Proximidade com os filhos entre 60 e 75 anos.

Fonte: George E. Vaillant, *Triumphs of Experience* (Boston: Harvard University Press), 2012.

Apêndice 3

Visões de Mundo Culturais

Ao pensarmos sobre a cultura, não presumiremos que a evolução cultural é a força motriz por trás da evolução pessoal. Acredito que é mais uma interação simbiótica: progressos na evolução pessoal geram oportunidades para a evolução cultural, e avanços na evolução cultural criam oportunidades para a evolução pessoal. Permita-me explicar como essa dinâmica funciona descrevendo uma teoria de evolução cultural chamada de Espiral Dinâmica.

Espiral Dinâmica

A teoria por trás da Espiral Dinâmica foi desenvolvida pelo professor Clare Graves (1914–1986), originalmente conhecida como Modelo Emergente Cíclico de Hélice Dupla dos Sistemas Biopsicossociais do Humano Adulto.[1] O cerne da teoria de Graves é a ideia de que a evolução humana é o produto de duas forças: mudanças nos problemas existenciais de modo de vida e mudanças no equipamento/software neuropsicológico para a tomada de decisão. Essas duas forças estão em constante interação. Quando os problemas do viver se tornam muito agudos, surgem novas visões de mundo que resolvem os problemas que prévias visões de mundo fomentaram.

A evolução das visões de mundo humanas de nossos ancestrais mais remotos até a atualidade é mostrada na Tabela A3.1. Os nomes das visões de mundo são apresentados na primeira coluna. Entre parênteses está a classificação de cores que Don Beck e Chris Cowan, que trabalharam com Clare Graves, atribuíram a cada visão de mundo. Beck e Cowan deram o nome de Coral à visão de mundo seguinte à Turquesa. Graves não descreveu essa visão de mundo, pois ela não era emergente quando ele era vivo. Acredito que agora ela esteja se tornando emergente e ofere-

A Nova Psicologia do Bem-Estar Humano

ço uma breve descrição de como ela deve se parecer com base nas informações apresentadas neste livro.

TABELA A3.1: A EVOLUÇÃO DAS VISÕES CULTURAIS DE MUNDO

Estágios de evolução cultural	Características principais	Foco	Primeiro surgimento da visão de mundo
Energético* (Coral)	Eu Energético: o eu como parte individuada do campo energético universal contribuindo para a evolução da consciência humana.	Unidade cósmica	Emergindo agora
Holístico (Turquesa)	Eu Holístico: o eu como parte de um todo espiritual e uma comunidade global mais amplos e conscientes que servem ao eu e ao bem de todas as entidades vivas.	Humanidade	30 anos atrás
Integrativo (Amarelo)	Eu Integral: liberdade pessoal para todos sem danos aos outros ou ao ambiente físico. Limita os excessos do interesse próprio. Foca a autoexpressão e as abordagens sistêmicas.	Estados interconectados	50 anos atrás
Comunitário (Verde)	Eu Sensível: explora o eu interior e a comunidade. Compartilha os recursos entre todos. Toma decisões por consenso. Libera os humanos da ganância e dos dogmas.	Estados sociais	150 anos atrás
Realizador (Laranja)	Eu Racional: busca pelo sucesso e melhorias da vida por meio da ciência e tecnologia. Busca independência e autonomia. Joga para ganhar e gosta de competição.	Estados econômicos	Mil anos atrás
Intencional (Azul)	Eu Regra/Papel: traz ordem e estabilidade a todas as coisas e controla a impulsividade por meio de uma autoridade superior. Sacrifica-se agora para ter recompensas mais tarde.	Estados religiosos	5 mil anos atrás
Impulsivo (Vermelho)	Eu Poder: gratifica impulsos e sentidos, luta sem piedade para sobreviver e defende a reputação para evitar a vergonha e conquistar o respeito.	Cidades-estado	10 mil anos atrás

Visões de Mundo Culturais

Estágios de evolução cultural	Características principais	Foco	Primeiro surgimento da visão de mundo
Mágico (Roxo)	Eu Mágico: une-se para resistir e encontrar segurança vivendo em harmonia com os outros e com as forças da natureza.	Grupos tribais	50 mil anos atrás
Sobrevivencialista (Bege)	Eu Instintivo: foca as necessidades biológicas humanas através dos instintos com pouca consciência do eu como um ser distinto do ambiente.	Bandos caçadores/ coletores	100 mil anos atrás

* Minha interpretação.

O evidente sobre a evolução de novas visões de mundo é a significativa aceleração ocorrida nos últimos 150 anos desde a chegada da visão de mundo Comunitária. Ela nasceu na Revolução Industrial, que libertou as pessoas da terra e equilibrou o cenário em termos de oportunidades para que as pessoas acumulassem riquezas. Esse desenvolvimento, junto com a evolução de igualdade e práticas democráticas, proporcionou às pessoas oportunidades de suprir suas necessidades de sobrevivência, proteção e segurança, libertando-as assim de suas necessidades deficitárias e da necessidade de focar o interesse próprio.

A Figura A3.1 apresenta há quantos anos cada visão de mundo começou a emergir. A visão de mundo sobrevivencialista surgiu com o nascimento do gênero *Homo sapiens,* há 250 mil anos (não mostrado na Figura A3.1). A visão de mundo mágica (tribal) surgiu cerca de 50 mil anos atrás. A visão de mundo impulsiva (cidades-estado) emergiu há 10 mil anos, e assim por diante. Em anos mais recentes, a visão de mundo comunitária surgiu há 150 anos, a integrativa, há 50 anos, e a holística, há 30 anos. A filosofia por trás da visão de mundo Coral está começando a emergir agora.

Figura A3.1: A emergência de novas visões de mundo (anos atrás)

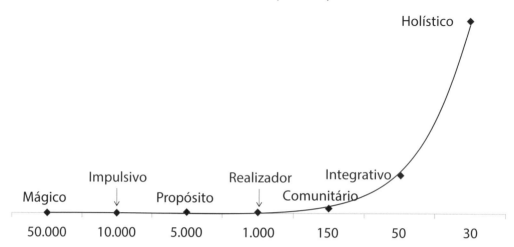

O que causa as mudanças culturais das visões de mundo?

Uma visão de mundo apenas permanece dominante em uma cultura desde que essa cultura consiga manter a estabilidade interna. Quando uma massa crítica de pessoas dentro de uma cultura não é mais capaz de suprir suas necessidades, a entropia cultural começa a aumentar, e a estabilidade interna, a diminuir. Quando isso acontece, a visão de mundo é contestada. Em determinado momento, um *tipping point* (ponto crítico)[2] é atingido, e uma nova visão de mundo emerge. Essa nova visão responde às necessidades que não estavam sendo satisfeitas pela antiga, mas, em seu próprio tempo, essa nova visão acabará criando novos problemas de existência que fazem com que ela se torne cada vez mais disfuncional e um novo ciclo seja iniciado.

Visões de mundo têm origem claramente cultural, e não étnica. A visão de mundo mágica que iniciou o tribalismo ainda é encontrada em muitas partes da África subsaariana, e o mundo intencional que iniciou estados religiosos e monárquicos ainda é prevalecente no Oriente Médio. As democracias mais avançadas, a maioria ocidental, como os países escandinavos, operam principalmente a partir de uma visão de mundo Comunitária. As demais democracias — países como os Estados Unidos, Reino Unido, França, Alemanha e Itália — operam predominantemente a partir de uma visão de mundo Realizadora.

Até o momento, não existem países que adotaram a visão de mundo Integrativa, mas ela vem surgindo em algumas pequenas comunidades urbanas e rurais, e também em algumas organizações pequenas e médias dirigidas por líderes iluminados.

O que vem a seguir?

Dada a rápida aceleração nas visões de mundos ocorridas desde o advento da Revolução Industrial, é altamente provável que veremos outra visão de mundo emergindo nas próximas décadas. A forma exata dessa visão de mundo ainda é incerta. Acredito que a próxima visão de mundo (Coral) será um reflexo dos princípios que governam o estágio de desenvolvimento psicológico de serviço — uma mudança na direção de um senso de inclusão mais amplo e um desejo de fazer uma contribuição pessoal para a evolução da consciência humana.

Como a espiral se relaciona aos sete níveis?

Depois de apresentar o Modelo da Espiral Dinâmica, acredito que é importante explorarmos como esse modelo (de desenvolvimento cultural) se relaciona ao Modelo de Sete Níveis (de desenvolvimento pessoal). Acredito que a maneira mais fácil de explicar a relação entre os dois modelos seja a seguinte:

- Operamos em níveis de consciência.
- Crescemos em estágios de desenvolvimento.
- Vivemos dentro de visões de mundo.

O nível de consciência a partir do qual operamos normalmente será igual ao estágio de desenvolvimento que atingimos. Se temos quaisquer necessidades não satisfeitas de estágios de desenvolvimento anteriores, podemos ser acionados para operar a partir desses níveis de consciência. Da mesma forma, se nossas circunstâncias de vida mudam e não podemos mais suprir nossas necessidades deficientes nós iremos, temporariamente, reverter para níveis de consciência inferiores.

Enculturação

As visões de mundos da cultura em que vivemos têm forte influência nas crenças e comportamentos que adotamos enquanto estamos crescendo. Quando atingimos a faixa dos 30 anos, estamos plenamente enculturados pela visão de mundo de nossos pais ou do grupo social em que aprendemos como sobreviver, permanecer protegidos e encontrar segurança.

Em outras épocas, digamos há mais de 150 anos, as visões de mundo de nossos pais seriam as mesmas de nossos pares. Isso porque as visões de mundo levavam séculos para emergir, se desenvolver e entrar em declínio. Isso não é mais verdade. Novas visões de mundo estão emergindo em ritmo acelerado. As visões de mundo culturais adotadas pelo grupo social das crianças nascidas hoje podem ser consideravelmente diferentes das de seus pais, nascidos há 30 ou 40 anos. É por isso que existe tanto interesse nas atitudes e comportamentos da chamada geração millennial.

Uma das razões para a rápida evolução nas visões de mundo é que a democracia e o capitalismo não trouxeram apenas estabilidade a nossa vida, elas também trouxeram liberdade. Pela primeira vez na história humana, as massas e os menos privilegiados foram capazes de suprir suas necessidades deficientes. Depois de aprenderem a sobreviver, se proteger e se sentir seguros em sua estrutura de existência, as pessoas ficaram livres para buscar liberdade e independência (o estágio de desenvolvimento de individuação) e, o mais importante, começaram a se alinhar de forma mais próxima aos valores de sua alma, que promovem autoexpressão, conexão e contribuição.

De uma perspectiva histórica, podemos dizer que a emergência da visão de mundo Comunitária foi um momento decisivo da evolução que está proporcionando a um grande número de pessoas, em todo o mundo, a possibilidade de alinhar as motivações de seu ego com as de sua alma.

Acredito que a visão de mundo seguinte — a visão de mundo Integrativa — foi um reflexo cultural das necessidades associadas ao estágio de desenvolvimento psicológico de autorrealização — a conexão entre o ego e a alma. Ela deu às pessoas a liberdade de se expressar dentro de um sistema de valores que transcende as diferenças físicas, raciais e religiosas.

Creio que a visão de mundo Holística é a continuação dessa tendência: é um reflexo do estágio de desenvolvimento psicológico de integração. Ela foca nossa conexão global. Nessa visão de mundo, nos tornamos parte de uma comunidade espiritual de consciente global que serve ao bem comum de todas as entidades conscientes.

VISÕES DE MUNDO CULTURAIS

É por isso que também acredito que a próxima visão de mundo a emergir refletirá as necessidades do estágio de desenvolvimento psicológico de serviço. Será uma visão de mundo que ajudará os indivíduos a focar sua contribuição individual para a evolução da consciência humana.

Isso me leva à conclusão de que a progressão das visões de mundo definida pelo Modelo da Espiral Dinâmica é um reflexo cultural dos Sete Estágios de Desenvolvimento Psicológico. O que temos testemunhado nos últimos 250 mil anos é o surgimento de um novo tipo de ser humano: aquele centrado na consciência da alma. Essa evolução tornou-se possível pela visão de mundo Comunitária e pelo estágio de desenvolvimento psicológico de individuação.

A correspondência entre os Sete Níveis de Consciência e as visões de mundo culturais da Espiral Dinâmica é mostrada na Tabela A3.2. A designação de cores fornecida na terceira coluna é a de Beck e Cowan, que trabalharam com Graves. A designação de cores na quarta coluna é a de Ken Wilber.[3]

TABELA A3.2: ESTÁGIOS DE DESENVOLVIMENTO PSICOLÓGICO INDIVIDUAL E VISÕES DE MUNDO CULTURAIS[4]

Estágios de desenvolvimento individual (Modelo dos Sete Níveis)	Estágios de desenvolvimento coletivo (Modelo de Dinâmica em Espiral)	Designação de cores (Graves)	Designação de cores (Wilber)
Serviço	Energético (Eu energético)	Coral	Anil
Integração	Holístico (Eu holístico)	Turquesa	Turquesa
Autorrealização	Integrativo (Eu integral)	Amarelo	Azul-petróleo
Individuação	Comunitário (Eu sensível)	Verde	Verde
Diferenciação	Realizador (Eu racional)	Laranja	Laranja
	Intencional (Eu regra/papel)	Azul	Âmbar
	Impulsivo (Eu poder)	Vermelho	Vermelho
Conformidade Eu mágico	Mágico (Eu tribal)	Roxo	Magenta
Sobrevivência Eu instintivo	Sobrevivencialista (Eu clã)	Bege	Infravermelho

315

A Nova Psicologia do Bem-Estar Humano

Você notará de imediato a partir da Tabela A3.2 que, exceto pelas visões de mundo Impulsiva, Intencional e Realizadora, que representam diferentes facetas do estágio de desenvolvimento de diferenciação, não há uma correspondência individual exata entre as visões de mundo e os estágios de desenvolvimento psicológico.

Gostaria de chamar sua atenção para o que acho que sejam as correspondências mais relevantes entre o modelo de desenvolvimento pessoal e o modelo de desenvolvimento cultural.

Primeiro, não importa em qual visão de mundo uma pessoa esteja imersa, ela sempre crescerá e se desenvolverá de acordo com os estágios de desenvolvimento psicológico. Segundo, há certas visões de mundo que ajudam a acessar estágios de desenvolvimento psicológico superiores, e outras que impedem o acesso a estágios de desenvolvimento superiores. Deixe-me explicar.

As visões de mundo situadas acima da linha pontilhada na Tabela A3.2 são gradativamente mais favoráveis ao estágio de desenvolvimento de individuação, o portal que acessamos para alcançar os estágios de desenvolvimento superiores. As visões de mundos situadas abaixo da linha pontilhada são gradativamente mais desfavoráveis ao estágio de desenvolvimento de individuação.

No que tange ao Reino Unido, essa fronteira foi ultrapassada pela primeira vez com a assinatura da Magna Carta, em 1215, embora tenha demorado mais 713 anos, até 1928, para que fosse outorgado às mulheres do Reino Unido acima de 21 anos de idade o direito de votar nas eleições e se tornar membro do parlamento.

A Magna Carta é considerada um importante símbolo de liberdade, muito respeitado pelas comunidades jurídicas do Reino Unido e dos Estados Unidos. É frequentemente citada por políticos e candidatos em campanha. Lord Denning (1899–1999) a descreve como "o documento constitucional mais importante de todos os tempos — o alicerce da liberdade individual contra a autoridade arbitrária dos déspotas".[5] A Magna Carta representou um conceito que até então nunca havia sido institucionalizada em lei.

Qualquer regime de governo que seja de natureza pouco democrática tenderá a suprimir o desenvolvimento psicológico individual. Digo "tenderá", pois isso não se aplica a todos os regimes não democráticos. O Butão é uma notável exceção. Ao longo da história, até recentemente, o Butão tem sido um reino que adota a filosofia do budismo. Essa filosofia religiosa sempre estimulou a evolução pessoal de todos. Consequentemente, a individuação não foi oprimida, mas ativamente incentivada. Isso não se aplica à antiga União Soviética, nem à China de hoje. Os dois países oprimem ativamente o livre pensamento. Intelectuais são silenciosamente removidos

VISÕES DE MUNDO CULTURAIS

da sociedade e apodrecem na prisão ou desaparecem para sempre. Requer imensa coragem engajar-se na evolução pessoal em regimes não democráticos.

Clare Graves reconheceu que algo de importância estratégica acontece durante a evolução da visão de mundo Comunitária. Ele percebeu que a visão de mundo na qual a cultura adentra — a visão de mundo Integrativa — apresentou características semelhantes à primeira visão de mundo — a Sobrevivencialista. Em vez de focar a sobrevivência no nível local, começamos a focar a sobrevivência em nível global. Ele também notou uma semelhança entre a segunda visão de mundo — a Mágica — e a Holística. Em vez de aprender como se tornar membro de sua tribo étnica, você aprende a se tornar um membro da tribo humana. Essa mesma correspondência, entre estágios de desenvolvimento inferiores e superiores, também acontece em meu modelo de estágios de desenvolvimento psicológico.

Baseado nessas observações, Graves propôs a hipótese de que a visão de mundo Integrativa (amarelo) era o ponto de partida de visões de mundo de ordem superior; a ordem inferior que foca as necessidades de subsistência (deficiência) e a ordem superior que foca as necessidades existenciais (crescimento). Isso fez com que ele denominasse as primeiras seis visões de mundo de Primeira Camada e as visões de mundo emergentes de Segunda Camada.

Compartilho integralmente da visão de Graves em relação à importância estratégica da visão de mundo Integrativa (e sua contraparte individual, o estágio de desenvolvimento psicológico de individuação). A mudança que ocorre culturalmente e a mudança que ocorre individualmente se movem na direção da possibilidade de manifestar o sistema de valores da realidade energética quadridimensional da alma em nosso mundo físico tridimensional.

De acordo com a Economic Intelligence Unit, existiam apenas 24 democracias plenas em 2012 — países que operam na visão de mundo Comunitária ou na Integrativa. Existem 52 democracias imperfeitas — países que operam em uma visão de mundo Realizadora — e 39 regimes híbridos e 52 autoritários —, e países que operam em uma visão de mundo Impulsiva ou Intencional.[6]

Para acelerar a evolução da consciência humana, precisamos fazer duas coisas: permitir que as pessoas satisfaçam suas necessidades deficientes pela eliminação da pobreza e das doenças e promover o fomento à educação; e permitir que as pessoas satisfaçam suas necessidades de crescimento pelo estímulo à liberdade de expressão.[7]

Referências e notas

1. www.clarewgraves.com/articles_content/1981_handout/1981_summary.pdf (conteúdo em inglês)
2. Um *tipping point* (ponto crítico) é um momento crucial em uma situação em evolução que leva a um desenvolvimento novo e irreversível. Dizem que o termo é originário do campo da epidemiologia para designar o momento em que uma doença sai do controle e não pode ser mais impedida de se disseminar. Um ponto crítico normalmente é considerado um momento decisivo. O termo "tipping point" agora é utilizado em muitas áreas e pode ser igualmente aplicado a fenômenos sociais, médicos, psicológicos e energéticos.
3. Para uma visão geral da abordagem de Ken Wilber ao Modelo de Dinâmica em Espiral, veja ww.awaken.com/2014/04/ken-wilber-summary-of-spiral-dynamics-model/ (conteúdo em inglês).
4. Essa tabela é ligeiramente diferente das representações encontradas em minhas publicações anteriores. Isso simplesmente se deve ao fato de minhas ideias terem evoluído.
5. Danziger e Gillingham, *1215: The Year of the Magna Carta* (Londres: Hodder), 2004, p. 268.
6. http://en.wikipedia.org/wiki/Democracy_Index (conteúdo em inglês)
7. Richard Barrett, *Love, Fear and the Destiny of Nations* (Bath: Fulfilling Books), 2012.

ÍNDICE

A

abandono, 177
Abraham Maslow, 2
acidentes físicos, 180
acupuntura, 200
adolescente, 92
Alan Watkins, 31
Albert Einstein, 37
Albert Schweitzer, 232
alegria, 133–136
    comprometimento, 136
    conexão, 136
    confiança, 136
    contribuição, 136
    criatividade, 136
    entusiasmo, 136
    expressão, 136
    otimismo, 136
Alice Miller, 208
alinhamento, 118
    ego-alma, 85
alma, xxii–xxiii
alterações de energia
    negativas, 133
    positivas, 133
amadurecimento, 109
ambiente complexo, 194
Amit Goswami, 107
amizade, 104
amor, 72
    condicional, 90
    emoção suprema, 73
    falta, 174–175
    incondicional, 95
Ana Aslan, 231
analogia do pente, 41–42
angústia, 153
anorexia nervosa, 259–260
ansiedade, 133–135
Antonio Damasio, 132
anulação, 159

aprendizagem emergente, 145–152
    normal, 146
    rápida, 146
Arthur Janov, 79
artrite, 265
asceticismo, 260
atenção plena, 19
ativação da alma, 86
atividades criativas, 49
atribuição de significado, 163
autodependência, 112
autodisciplina, 261
autoempoderamento, 142
autoexpressão, 73
    suprimida, 243
autorrealização
    conceito de, 18–20
    desenvolvimento da, 28
autorreflexivo, 113
AVCs, 233

B

Barbara Brennan, 205
Barbara L. Fredrickson, 73
behaviorismo, 2
bem-estar
    redefinindo, 301–304
Bessel van der Kolk, 167
Big Bang, 9
bulimia nervosa, 261–262
buscas criativas, 107

C

camadas do ego, 205
campo astral, 207
campo emocional
    inferior, 206
    superior, 210
        corpo celestial, 210
campo energético
    camadas, 203–204
    humano, 199–218
        organização, 212
    instabilidade, 166

Sete Estágios de Desenvolvimento
Psicológico, 199
universal, 200
campo etérico
inferior, 205
superior, 209
campo mental
inferior, 206
superior, 211
corpo causal, 211
câncer
disfunção psicológica, 222
disfunções, 266
mama, 243
ovário, 241–242
próstata, 239–240
caráter, 156
carência, 63
Carl Jung, 7
causalidade psicoenergética, 126
causas
conflito interno, 272
homeostáticas, 180
psicológicas, 180
causas de morte, 220–222
estágio
autorrealização, 226
conformidade, 226
diferenciação, 226
individuação, 226
integração, 227
serviço, 227
sobrevivência, 226
caverna de Platão, 44
cérebro/mente, 11
humano, 37
límbico, 154–158
cérebro emocional, 89
neocórtex, 154–159
neocortical, 91
racional, 158
reptiliano, 154–157
cérebro visceral, 214
chacra, 200
cardíaco, 214
cor, 200
coronário, 211
do plexo solar, 255
frontal, 210
funções endócrinas, 228

hiperativo, 202
laríngeo, 209
plexo solar, 207
raiz, 206
sacral, 206
câncer de ovário, 238
câncer de próstata, 238
subativo, 202
Chris Cowan, 309
Clare Graves, 309
clariaudiência, 56
claripercepção, 56
clarisciência, 56
clarividência, 56
coerência energética, 208
coesão interna, 20
cognitivismo, 2
comportamentalismo. *Consulte* behaviorismo
comportamento, 1
antissocial, 159
comprometimento da consciência, 166
condicionamento cultural, 84
conexão emocional
homens, 239
mulheres, 239
confiança
crescimento, 149
conformidade, 84
conhecimento científico idôneo, 17
consciência, 163
cósmica, 19
de Deus, 19
estados de, 19
estados superiores de, 19
mente-corpo, 126
mente emocional, 126
mente racional, 126
níveis inferiores de, 20
pura, 56
quarta dimensão, 41
sobrevivência, 20
unidade, 19
consciente pessoal, 10
corpo "espiritual", 199
corpo "terreno", 199
cortisol, 180
crenças, 11
biologia, 126
conscientes, 12
inconscientes, 12

ÍNDICE

limitadoras, 127
subconscientes, 12
crescimento psicológico, 147
criação de memória, 163
criatividade, 73–74
genial, 106
crise de meia-idade, 302
cromoterapia, 200
cuidado, 164
parental, 78
cura, 301
curandeiros, 301
curiosidade intelectual, 118

D

Dan Buettner, 75
David Harper, 71
David R. Hawkins, 140
deficiência de sentimentos, 120
deficiência psicológica, 186
depressão, 136–137
desejos, 122–130
alma, 117
desenvolvimento, 1
acelerado, 110
ego, 84
normal, 109
psicológico, 83–98
estágios, 23
sucesso, 151
desequilíbrio
químico, 180
desesperança aprendida, 276
desidentificação, 112
desordens fisiológicas, 180
diabetes, 256–257
diferenciação, 84
domínio, 96
Difícil Problema da Consciência, 36
dimensão
A, 38
da energia, 55
M, 38
material, 55
superior da consciência, 47
dinâmica
ego-alma, 83
estrutura, 89
ego-mente, 293

Dinâmica em Espiral, 309
disfunção cerebral, 231
distorções da realidade, 3
distúrbios
físicos, 235–270
estágios de desenvolvimento, 230–270
mentais, 3
psicossomáticos, 179–181
DNA, 14
doenças, 219–270
autorrealização, 222
cardiovasculares
DCVs, 250
hepáticas, 255–256
integração, 222
psicologia, 220–270
serviço, 222
Don Beck, 309
dor, 160–170
fisiológica, 160–168
psicológica, 160–161
reprimida, 175
dualismo, 2

E

Edward O. Wilson, 43
efeito placebo, 124–126
efeito psicoenergético, 125
ego, 7
criação, 181
necessidades do, 64
raiva, 64
Einstein, 55
eixo intestino-cérebro, 214
Elliott Jacques, 302
emoções, 131–144
básicas, 134
da alma, 133
mal administrada, 31
mente límbica, 181
percepção das, 32
reprimidas, 161–166
suprema, 196
versus sentimentos, 132
enculturação, 314
energia
amor, 38
em movimento, 43
medo, 38

A Nova Psicologia do Bem-Estar Humano

entropia, 64
  cultural, 312
Erica Sonneburg, 214
Ervin László, 38
escala vibracional de Hawkins, 141
Espírito, 57
espiritualidade, 3
  e psicologia, 295–296
Esquema Mal-adaptativo Precoce, 187–188
estabilidade interna, 68
estágios de desenvolvimento psicológico, 23
  autorrealização, 93
  conformidade, 89
  diferenciação, 91
  individuação, 85
  integração, 86
  sobrevivência, 89
estruturas
  de crenças
    ou sistemas de crenças, 146
  de existência, 11
  de existência complexas, 296
Estudo Glueck, xxi
Estudo Grant, xx
estudos prospectivos, xx–xxi
eu-superior
  inner core, xxii
eu-testemunha, 113
evolução
  cultural, 309
    estágios, 310
  da criatividade, 106
  pessoal, 309
existencialismo, 2
expansão da consciência, 61
experiência
  da realidade, 63
    da alma, 63
    do ego, 63
  de separação, 60
  espirituais/religiosas, 25
  traumáticas
    alter ego, 184

F

falso eu, 28. *Consulte também* ego
falta
  de amor-próprio, 276
  de autoexpressão, 277
  de conexão, 277

de contribuição, 277
de liberdade, 277
de reconhecimento, 277
fases do suicídio, 273
  Motivação, 274
  Pré-motivação, 273
  Volição, 274
felicidade, 133–134
  alívio, 134
  animação, 134
  orgulho, 134
  pilares, 72
  prazer, 134
  satisfação, 134
filosofia
  perene, 301
  védica, 18
filtros da percepção, 49–66
  aspectos negativos, 51
  coletivos, 49
  culturais, 50
  disfunções, 53
    medo, 53
  mecanismo de sobrevivência, 52
  pessoais, 49
  progressão, 58
  separação, 52
  surgimento, 54
física de partículas, 297
força vital, 200
frequência de vibração, 61
  alta, 61
  baixa, 61
função de anulação, 158
funcionamento biológico, 119
fúria, 132

G

geradoras de sistemas, 112
geradoras de valor, 112
Gerald Schroeder, 55
glândulas endócrinas, 200
Grande Campo
    Campo de Energia de Ponto Zero, 9

H

Henry K. Beecher, 124
Hermann Ebbinghaus, 1
hierarquia das necessidades, 18–21
hiperatividade, 201

ÍNDICE

hipoxia, 176
homens, 216
homeostase, 163
hominídeos, 158
homo sapiens, 158
honestidade, 104
humanismo, 2

I

identidade, 57
    cultural, 57
    tribal, 57
impressão traumática, 180
impulsos
    conscientes, 1
    energético
      pensamento, 38
    inconscientes, 2
incidência de suicídio, 277–284
incoerência, 208
inconsciente
    coletivo, 25
    pessoal, 10
independência
    transição, 93
Índice de Massa Corporal
    IMC, 257
individuação, 150
inner core. *Consulte* eu-superior
inspiração, 57
instabilidade energética, 60–64
    dor fisiológica, 153
    dor psicológica, 153
    impacto, 174–198
    mente-alma, 174
    mente-corpo, 179
    mente emocional, 181
    mente racional, 188
    potenciais fontes, 172–174
instabilidade interna, 150
instintos, 11
Irvine Kirsch, 125
Ivan Petrovich Pavlov, 1

J

Jay Pasricha, 214
Jeffrey Young, 187
jornada evolutiva, 147
Justin Sonneburg, 214

K

Ken Wilber, 315

L

Lee Salk, 177
lei da evolução, 103
leis da termodinâmica, 62
liberdade, 306
limitação de consciência, 185
localização, 58
longevidade, 75
Lord Kelvin, 42
Louis de Broglie, 55

M

Mal de Alzheimer, 74
mamíferos, 157
Marc Gafni, 27
Max Planck, 38
mecânica
    newtoniana, 42
    quântica, 42
mecanismo
    de adaptação, 187
    de enfrentamento, 271
medo, 133–134
    choque, 134
    consequências, 166
    crescimento, 149
    culpa, 134
    de não ser amado, 18
    de não ser reconhecido, 18
    de não ter o bastante, 18
    pavor, 134
    perturbação, 134
    preocupação, 134
    terror, 134
    vergonha, 134
membro fantasma, 205
memórias reprimidas, 161
mente
    coletiva, 159
    dominante, 155–164
      necessidades, 155
    emocional, 171
      impacto do medo, 194
    racional, 188
      impacto do medo, 194–195
    única, 56–57
mente-alma, 154–157

mente-corpo, 60
   funcionamento, 175
   impacto do medo, 193
mente-ego, 7
   mente-alma, 7
mente-espécie, 156
Michael Lerner, 220
millennials, 114–115
modelo de desenvolvimento cultural, 313
modelo de desenvolvimento pessoal, 313
modelo de Maslow
   modificações, 18–19
Modelo dos Sete Níveis, 18–21
Modelo Motivacional-Volitivo Integrado
   IMV, 273
monismo, 2–3
motivação da alma
   autoexpressão, 69
motivação do ego
   proteção, 67
   segurança, 67
   sobrevivência física, 67
motivações
   primárias, 102–103
   secundárias, 102–103
mulheres, 216
mundo material 3-D, 30

N

nações democráticas, 115
necessidades, 117–130
   amor, 123
   de crescimento, 23
   deficitárias, 18
   de pertencimento, 21
   do ego, 23
   ego, 117
   falsas, 121–122
   não atendida, 122
   reais, 121–122
neourose de guerra, 190
neurociência, 160
neuromatrix, 205
neuroses, 186–187
   angústia, 186
   ansiedade, 186
   autoestima, 189
   depressão, 186
Niels Bohr, 43
níveis de consciência, 100–101
níveis de organização, 296

nível de consciência
   problemas, 102
nível de consciência de transformação, 19
Norman Cousins, 231
Nove lições para viver mais, 75
   conexão, 76
   contribuição, 76
   físicas, 76
nutrição inadequada, 180

O

obesidade, 257–259
ordem energética, 38
otimista, 137

P

Pablo Casals, 232
padrões de disfunção, 215
partículas energéticas, 298
Paul Silvia, 107
percepção
   3-D, 65
   4-D, 65
   consciente, 57–58
   da alma, 62
   do ego, 62
   energética 4-D, 30
   energética quadridimensional, 4
   subconsciente, 50
   tridimensional, 4
perdão sem julgamentos, 141
período pós-natal, 178
período pré-natal, 175
personalidade
   aspectos sombrios, 52
pessimista, 137
plano
   atômico, 297
   celular, 297
   das criaturas, 297
   de existência, 297
   energético, 297
Planolândia, 39
Platão, 44
pressão emocional, 132
prioridades de valor, 103
problemas respiratórios, 246
processo de nascimento, 176
programação parental, 84
propósito, 95

Índice

propriedades fundamentais
  energia, 62
propriedades fundamentais da dimensão
    energética
  eternidade, 62
  onipresença, 62
prudência, 164
psicanálise, 1
psicologia
  de desenvolvimento, 293
  energia, 299
  espiritual, xxiii
  evolução da, 2
  existencial, 294
  experimental, 1
  fenomenológica, 294
  humanista, 2
  junguiana, 2
  psicoanalítica, 293
  transpessoal, 2
    psicologia humanista, 2
psicólogos existenciais, 272
psiconeuroimunologia
  PNI, 220
psicose, 185–186
  esquizofrenia, 185
  transtorno bipolar, 185
  transtorno delirante, 185
psicossíntese, 29
psique, 2
puberdade, 156

Q

quatro mentes, 171
querer, 121

R

raiva, 132–136
  amargura, 135
  ciúme, 135
  culpa, 135
  desprezo, 135
  doenças cardíacas, 128
  fúria, 135
  inveja, 135
  irritação, 135
  não expressada, 128
  ódio, 135
  repreensão, 135
  ressentimento, 135
  vergonha, 135

realidade energética 4-D, 41
realidade material 3-D, 41
recriar o Céu na Terra, 289–304
Regina Sullivan, 183
relacionamentos íntimos, 72
repressão, 3
  mecanismo de defesa, 162
requisitos, 120–121
resposta instintiva, 156
ressignificação, 2
resultados emocionais, 127–128
resultados materiais, 124–125
Robert Kegan, 110
Robert Plutchik, 132
Rory O'Connor, 273
ruminação, 51
  depressão, 51

S

saúde do corpo, 133
sectarismo, 279
sensações
  desvitalizantes, 195
  do corpo, 119
  mente reptiliana, 181
  vitalizantes, 195
senso
  de alinhamento, 118
  de propósito, 69–74
  de separação, 112
sentimentos
  conexão consciente, 132
  mente neocortéx, 181
sentimentos/sensações, 137
  intensidade, 139–140
Serviço, 95–98
Sete Estágios de Desenvolvimento Psicológico,
    60–61
  conformidade, 61
  desenvolvimento da diferenciação, 61
  mente-ego, 61
  ordem consecutiva, 100
  sobrevivência, 61
Sete Níveis de Consciência, 101
Sigmund Freud, 1
significado, 163
Síndrome da Morte Súbita Infantil
  SMSI, 178
Sir James Jeans, 57
sistema endócrino, 200
sistema nervoso

autônomo, 201
  entérico, 214
  simpático, 201
sistema parassimpático, 201
sobrevivência, 84
sofisma, 32
sombra, 52
sonho, 19
sono profundo, 19
subconsciente pessoal, 10
subjetividade, xxi–xxii
suicídio, 271–288
  escritores, 284
  Estados Unidos, 282
  fatores físicos
    idosos, 285
  fatores psicológicos
    idosos, 285
  fatores sociais
    idosos, 286
  jovens veteranos, 283
  País de Gales, 279
  seppuku, 271
  soldado, 190
  Suécia, 281
  Transtorno do Estresse
    Pós-traumático, 272
superinconsciente, 158
surpresa, 165

T

talidomida, 174
tendências suicidas, 178
teoria
  big bang, 55
  cognitivas, 131
  cordas, 59
  das emoções, 131
  de evolução cultural, 309
  do bem-estar, 289–304
  do bem-estar humano, 17
  do portão. *Consulte* membro fantasma
  fisiológicas, 131
  neurológicas, 131
  quântica, 43
terapia cognitivo comportamental, 2
tipos básicos de necessidades, 118
  emocionais, 118
  espirituais, 118
  fisiológicas, 118
  mentais, 118

tomada de decisão, 165
transtorno dissociativo de identidade
  TDI, 183–185
transtorno do deficit de atenção e
  hiperatividade (TDAH), 53
Transtorno do Estresse Pós-traumático
  reviver o trauma, 190
  TEPT, 189–192
  vergonha e culpa, 190
transtorno obsessivo-compulsivo (TOC), 53
transtornos alimentares, 255
tratamento, 300
  desordens fisiológicas e psicológicas, 300
trauma, 162–168
tristeza, 132–136
  angústia, 137
  depressão, 137
  desesperança, 137
  desespero, 137
  isolamento, 137
  pesar, 137
  sofrimento, 137
  solidão, 137

U

unicidade, 60
unidade, 42

V

valores, 13
  potencialmente limitantes, 13
verdadeiro eu, 92
veteranos de guerra, 190
vigília, 19
Viktor Frankl, 27
visão de mundo, 309
  Comunitária, 311
  mudanças culturais, 312
vocação, 94
vontade de viver, 231

W

Wilhelm Wundt, 1
William James, 1
William Nash, 190

X

xamãs, 301